결코 물러설 수 없다

"제가 계엄령을 경고하는 이유는
계엄이 무서워서가 아닙니다!
국민이 반드시 이길 것을 믿기 때문입니다!"

2024. 7. 27.

240727
박선원 필리버스터

결코 물러설 수 없다

박선원의 12·3 내란 추적기

박선원 지음

메디치

추천사

대한민국의 앞길을 밝히는 등불 같은 책

우원식
국회의장

일찍부터 불법 비상계엄 가능성을 경고했고, 12·3 이후 국정조사 특위 등에서 맹활약하며 진상규명에 앞장서 온 박선원 의원이 귀한 기록집을 내놓습니다.

서슬 퍼런 군사 독재 정권에 맞서 싸웠고 정치에 몸담아 수십 년을 보냈지만, 국회가 우리 국군의 목표물이 될 수 있다는 상상을 해본 일은 없었습니다. 그러나 2024년 12월 3일, 우리 민주주의는 생각보다 가까운 곳에서 쉽게 무너질 수 있다는 냉엄한 현실을 목도했습니다.

이 책은 위태로웠던 그날을 감정이 아니라 사실적 기록으로, 추측이 아니라 구조적 분석으로 보여줍니다. 당사자들의 진술, 내부 문건, 작전 흐름, 정치적 맥락을 하나하나 짚어내며, 우리 헌법과 민주주의가 어떻게 공격받았는지 명확히 드러내고 있습니다.

대한민국 국회의장으로서, 그리고 이 나라 민주주의의 역사를 지켜본 한 시민으로서, 이런 기록이 세상에 나오는 일을 매우 뜻깊게 생각합니다. 기록은 진실을 밝히는 힘이고, 민주주의를 굳건히 세우는 기둥이며, 역사의 교훈을 기억으로 남기는 일이기 때문입니다.

  대한민국은 앞으로 더 나아가야 합니다. 군 통수, 정보기관뿐만 아니라 국회, 사법부, 행정부 등 헌법기관 모두가 투명성과 상식, 보편성과 민주주의의 최소 원칙으로 운영될 때, 우리는 더 강한 나라가 될 것입니다. 이 책이 그 앞길을 밝히는 등불이 되리라 확신합니다. 모든 국민께 권합니다.

가장 치밀하게 추적한 12·3 내란 기록

정청래

국회의원·더불어민주당 대표
전 국회 법제사법위원장·대통령(윤석열) 국회 탄핵소추단장

12·3 내란과 윤석열 대통령 탄핵 이후, 국회 윤석열 대통령 탄핵소추위원단은 가장 무거운 책무를 맡았습니다. 우리는 군 병력의 국회 투입 준비, 정보기관의 왜곡된 보고, 통수권자의 비상계엄 악용 시도 등을 증거와 사실로 재구성해 헌법재판관들에게 설명해야 했습니다. 그 모든 과정에서 박선원 의원은 안보와 정보 분야의 오랜 경험을 살려, 비상계엄을 준비하면서 군 내부 지휘체계가 어떻게 일탈했는지, 어떤 보고와 명령이 오갔는지를 구조적으로 정리해주었습니다.

이 책은 민주주의와 헌법을 무너뜨리고, 권력욕을 채우려던 사건의 전모를 가장 치밀하게 추적한 기록입니다. 헌법재판소 심판 절차에서는 분량과 시간의 한계, 증인들의 비협조로 담을 수 없었던 맥락과 경위를 훨씬 더 구체적이고 생생하게 복원했습니다. 역사가 앞으로만 갈 것이라는 믿음은 그러한 역사 기록이 있을 때만 가능합니다. 이 책은 그 믿음을 지켜주는 귀한 기록이며, 민주주의가 흐르는 강이 다시는 거꾸로 밀리지 않도록 하는 힘입니다. 역사는 직진하지 않지만 결코 후퇴하지 않습니다. 오늘도 역사는 전진합니다.

12·3 내란의 전모를 역사 속에 새기는 단단한 이정표

추미애
국회의원·국회법제사법위원장
전 국회 국방위원·내란국정조사특위 위원·내란진상조사단장

비상계엄 사태의 충격이 남아 있는 지금, 박선원 의원의 이 책은 어둠을 밝히는 등불처럼 다가옵니다.

내란 전후 국방위원회에서 활동하며 지난 정권의 군 통수 체계가 어떻게 왜곡되었고, 어떤 방식으로 민주 헌정 질서를 뒤흔들려 했는지 추적해온 저에게도 이 책은 특별한 의미가 있습니다.

국방·정보 라인의 문건과 지휘 체계, 권력의 비정상적 작동을 입체적으로 분석한 기록은 내란의 진실규명과 함께 민주주의의 '복원력'을 확인하게 해줍니다. 또, 진실과 책임 앞에서 물러서지 않겠다는 박선원 의원의 집요함은 우리 시대가 붙들어야 할 헌정 수호 정신의 표본이라고 생각합니다.

이 책이야말로 12·3 내란의 전모를 역사 속에 정확히 새기는 단단한 첫 이정표로, 앞으로의 민주주의 논의도 이 기록 위에서 다시 시작되어야 할 것입니다.

대한민국의 헌정 질서를 지키는 믿음직한 동지

김병주
국회의원·국회 국방위원·더불어민주당 최고위원
전 육군대장·내란국정조사특위 위원

대장으로 군을 지휘했던 제게도 12·3 비상계엄 사태는 국가안보 시스템이 얼마나 쉽게 비틀릴 수 있는지 보여준 아픈 사례였습니다. 그 위험을 가장 먼저 감지하고 구조적으로 해부해낸 사람이 박선원 의원이었습니다. 현역 시절의 경험으로 봐도 그의 분석은 군사·정보 체계의 논리를 정확히 꿰뚫고 있으며, 이 책은 그 통찰이 가장 응축된 기록입니다. 작전지휘·보고 체계, 권력의 오·남용, 문건의 성격과 파급력까지 짚어내는 그의 능력은 군 출신인 저조차 감탄하게 했습니다.

왜 우리가 그날의 위기를 겪어야 했는지, 다시는 반복되지 않게 하려면 무엇을 고쳐야 하는지 이 책은 흔들림 없이 보여주고 있습니다. 대한민국의 헌정 질서를 지키는 길 위에서 박 의원은 늘 믿음직한 동지였습니다.

12·3 그날 밤에
여의도 국회와 민주주의를 지켜주신 분들!
남태령에서 한강로에서 눈에 뒤덮이며
꼬박 새벽을 지켜내주신 분들!
광화문에서 집회와 행진,
노숙을 마다하지 않으신 모든 분들!
그리고 사랑하는 부평의 시민들께 바칩니다!

책을 펴내며

책은 몸부림이다!

내가 사는 아파트. 2025년 10월의 마지막 밤. 입주 2주년 축제. 한 젊은이가 다가온다. 30대 후반 정도로 보인다.

"의원님! 계엄령 경고를 믿지 못해 죄송했습니다. 그래도 지켜주셔서 감사합니다."

손을 꼭 잡는다. 지난 열 달 동안 이와 비슷한 말을 참 많이 들었다.

나 자신에게 묻는다. 지난 1년간 뭘 했는지. 올해 3월부터 책을 쓰기로 했다. 우선 보좌진에게 모든 걸 기록으로 남겨달라고 당부했다. 그동안 상황은 변했다. 몇 번이나 위기를 넘겨도 또다시 위기가 들이닥쳤다. 예닐곱 번은 되는 것 같다. 모두 우리 시민들이 물리쳤다. 그런데도 내란이 끝났다는 생각이 전혀 들지 않는다. 단단히 부여잡고 가야 한다. 10월 30일 2025년도 국회 국방위원회 국정감사를 마쳤다. 마지막까지 내란 척결을 부여잡았다.

책은 시대의 균열과 그 균열을 견뎌낸 사람들의 기억을 복원하려는 몸부림이다. 12·3 비상계엄 사태는 대한민국 현대사에서 민주주의와 헌법의 근본 질서가 흔들린 사건이었다. 그날의 공기와 온도, 침묵과 분노, 그리고 두려움 속에서도 꺼지지 않았던 양심의 떨림을 나는 글을 통해 붙잡고자 했다. 이 책의 문장들은 그날을 살아낸 한 사람의 기억이자, 아직 끝나지 않은 진실을 향한 몸부림의 기록이다.

이 책을 쓰면서 나는 당시의 상황을 가능한 한 충실히 재현하고자 했다. 문장을 쓸 때마다 '현장의 시선은 어디에 있었을까?', '목소리는 어떤 떨림을 가지고 있었을까'를 스스로 물었다. 역사는 기록되는 순간 이미 현재를 벗어나지만, 기억은 여전히 현재를 흔들며 살아 있기 때문이다. 그래서 나는 그날의 장면들, 그 속에 있었던 사람들의 감정, 망설임과 눈빛까지 복원하려 했다.

집필 과정은 평탄하지 않았다. 무엇보다 계엄 주도 세력들의 기밀주의는 진실에 다가가는 길을 끝없이 가로막았다. 국방부조차 전체를 파악하지 못할 정도로 흩어진 문서와 보고서, 불완전한 증언들이 뒤엉켜 있었다. 왜곡과 은닉이 끼어든다. 수사와 재판이 진행되며 새롭게 드러나는 사실들에 원고의 구조를 끝없이 바꾸어야 했다. 시점은 뒤섞이고, 인물의 행적이 새롭게 밝혀질 때마다 서술의 방향은 다시 흔들렸다. 그래서 이 책은 완결된 결과물이 아니라 시간과 진실이 부딪히며 다시 써내려간, 지금도 살아 있는 기록에 가깝다.

글을 쓰며 가장 고단했던 일은, 사건의 방대함이었다. 12·3은 특정 시점의 단일 사건이 아니라 수많은 개인의 두려움과 결단,

조직 내의 명령과 침묵, 권력의 계산과 양심의 저항, 정파와 정치가 서로 얽혀 있는 서사였다. 하나의 장을 마무리하면 또 다른 인물이 등장하고, 그 인물이 다시 새로운 맥락으로 이어졌다.

그래서 이 책의 구조는 기억의 단층을 따라가는 하나의 지도에 가깝다. 그 지도 위에는 미완의 선들이 여전히 남아 있고, 나는 그 선들 사이에서 길을 더듬으며 구조물을 만들어갔다. 씨줄 날줄로 옷감을 짜듯 교차하고 되새기며 이야기를 이어갈 수밖에 없었다.
  이 책은 진실의 최종 보고서가 아니다. 오히려 진실을 향해 가는 여정의 중간 보고서, 아직 끝나지 않은 탐사의 기록이다. 나는 그 첫 페이지를 연 사람일 뿐이다.
  진실은 비록 늦게 오더라도 사라지지 않는다. 그날을 견뎌낸 사람들, 그리고 이제 그날을 알아가려는 사람들에게 이 책이 그들 사이를 잇는 조용한 다리가 되기를 바란다.

이 책은 싸움의 흔적이다. 많이 힘들었다. 우리 가족들도 고통을 겪었다. 지난 4월 말 그토록 아껴주시던 장모님이 뜻밖의 이유로 돌아가셨다. 6월에는 캐나다에서 직장 다니는 둘째가 발목 인대 파열로 병원 신세를 졌다. 8월에는 아내가 방에서 넘어져 팔목이 부러졌다. 9월에 들어서자, 이제는 큰아들이 고열과 통증으로 긴급 입원했다. 뇌염으로 사경을 헤맸다. 마침내 나까지 몸살로 몸져누웠다. 집필이 많이 늦어졌다. 가위에 눌린 수많은 밤. 두려움에 다시 깨어나 핸드폰으로 맞이한 푸르스름한 새벽 시간. 이제

다 털어낼 수 있을까? 깊은 잠에 들 수 있을까?

이 책은 나의 동지들과 함께 썼다. 강화수 선임 보좌관, 신동일 보좌관, 그리고 김지혜 선임 비서관이 머리를 맞대고 하나하나 되짚었다. 나의 유능하고 충실한 보좌관들도 많이 힘들었을 게다. 그럼에도 그들은 아픔 같은 건 말하지 않는다. 미안하다. 사랑한다.

차례

추천사 4
책을 펴내며: 책은 몸부림이다! 10
프롤로그: 바로 그날! 그 자리! 21
  계엄 전야: 12월 2일, 부평에서 국회로 | 비상계엄령, 목을 조여오는 주문 같은 말!

1장 조용히 다가오는 폭풍
어둠의 시작: 2016년 11월 탄핵 국면에서의 계엄령 검토 의혹 34
  2016년 11월의 계엄령 검토 | 기무사 개혁과 계엄령 문건 논란 | 위수령과 계엄령의 차이 | 기무사 계엄 문건의 의미와 정치적 함의

2장 어둠이 숨을 고르던 밤
"무엇부터 해야 하나?" 40
꿈틀거리는 계엄의 기운 45
  국방부 장관 신원식을 무력화하다 | 김용현 장관 임명, 내란의 마각을 드러내다
국방부 내 파벌 형성과 계엄령 53
  ■ 김용현의 학연, 근무연

3장 계엄을 경고하다
2024년 7월 27일 국회 본회의 필리버스터 58
계엄 준비 징후 제보가 이어지다 61
  수상한 움직임 제보: 방첩사령부가 실기동 훈련을 한다고? | 거의 확정적 제보: 결코 있어서는 안 될 막강 3사령관의 경호처장 공관 회동 | 제2의 북풍 공작과 연평도 포격 훈련, 그리고 즉강끝 | 또 하나의 결정적 증거, 계엄령과 방첩사-경찰청 MOU | 계엄 아니면 있을 수 없는 정기 인사 지연

2024년 9월 김용현 인사청문회에서 고삐를 잡다   70
10월 1일 국군의날 행사에 참석하다   73
10월 8일 국방부에서 열린 국정감사장에서 제대로 다시 붙다   75

4장 밤이 무너진 자리

미스터 Z의 거의 실시간 제보   82
2024년 12월 3일, 혼돈의 국무회의와 계엄 선포   84
　오후 8시 40분: 대통령실 집결, 계엄 의도 드러나다 | 오후 8시 40분~9시: 소위 '계엄 관계 국무위원'들의 면면 | 오후 9시경: "와이프도 모른다" | 오후 10시 17분 ~22분: 5분 만에 끝난 회의 | 오후 10시 22분: 계획대로 비상계엄 강행 | 오후 10시 27분: 계엄 선포, 위법과 위헌의 시작
거짓과 허위, 망상에 사로잡힌 계엄   89
　국회 독재와 의회 무력화 주장 | 부정선거 의혹에 대한 집착 | 사회 혼란 방지와 공공질서 유지 | 절차적 문제점 | 왜 하필 12월 3일이었을까? | 계엄을 통해 무엇을 하려 했나?
그날 국방부의 시계는 거꾸로 돌았다!   98
　권력욕의 화신, 김용현 | 12·3 내란의 핵심 김용현의 내란 수행
김용현 국방부 장관, "국회와 민주당사를 확보하라!"   100
　계엄 당일 새벽 김용현과 노상원의 만남 | 긴박했던 12월 3일, 국방부와 합참 전투통제실 | 군단장급 이상 전군 주요 지휘관 회의 개최 | 김용현의 구체적 지시: "국회와 선관위를 장악하라"

5장 결코 물러설 수 없다

12월 3일 국회 본회의장   106
윤석열 대통령의 합참 전투통제실 방문과 김용현   115
12·3 진상규명의 첫걸음, 계엄군 식별 보도자료 배포   117
2차 계엄 저지의 분수령, 특전사·수방사 방문(12월 6일)   121
　곽종근 사령관과의 46분 면담 | 국가정보원 제1차장 홍장원의 등장 | 수도방위사령부 이진우 사령관을 만나다
윤석열의 사병으로 전락한 경호처   134

6장 역사에 오점을 남긴 특수전사령부

특수전사령관 곽종근 중장은 누구인가 144

특전사령관 곽종근, "뚫을 수 있겠나?" 146
　계엄 전야: 명시적인 작전명령은 12월 1일 | 작전 발동: "국회와 민주당으로 보내라!" | 철수: 안전하게 철수하라 | 김어준 체포 시도 | 우원식 국회의장 체포 시도 | 선관위 출동

707특수임무단의 작전명령, "문짝 부셔서라도 끄집어내" 151
　특수전사령부 707특수임무단과 단장 김현태 대령 | 707특수임무단에 혹한 윤석열과 김용현

유독 불길했던 707특수임무단 155
　오늘 밤 뭔가 일어날 것 같다 | 707특수임무단의 작전 개시 | 707특수임무단의 작전 전개와 충돌 | 707특수임무단장의 거짓말

7장 내란의 심장부, 수방사

수도방위사령부 이진우 사령관 164

작전 실패: "서강대교 넘지 말라" 166

수도방위사령부 수호신TF의 활동 168

8장 방첩사의 거짓된 충성 맹세

국군방첩사령관 여인형 중장 172

12·3의 여인형 176

여인형 방첩사령관의 작전명령, "체포자 명단을 불러준다!" 180
　전야: 12·3 계엄의 실행자 | 작전 실행 | 방첩사, 국방부와 경찰에 협조 요청

12월 7일 정보위, 여인형을 부르다 184

9장 그림자 부대, 정보사의 두 얼굴

미스터 X 188

정보사령관 문상호 소장 189

노상원이라는 슈퍼 괴물 192

문상호의 사전 모의 195

문제의 '햄버거집 모임' | 무엇을 논의했나

정보사의 작전, "이제 모든 것이 합법이다!" 197

전야: "똘똘한 애들을 뽑아놔라" | 선관위 청사에 난입한 계엄군 | 실패로 돌아간 서버 탈취 작전 | 문상호의 진실과 은폐

10장 그림자 속의 사냥꾼, 노상원과 제2수사단

12·3 내란을 기획한 전 국군정보사령관 노상원 예비역 소장 204

노상원은 누구인가 206

내란의 큰 그림을 그린 기획자들 208

구삼회와 방정환은 왜? 209

노상원이 직접 지휘할 예정이었던 제2수사단 213

제2수사단의 작전: "수거하고 고문하라" 215

■ 노상원 수첩(약 70페이지) 내용 요약

충격적인 계엄의 전모, 노상원 수첩 218

수집소 운영은 어떻게 하려 했나? 223

하필 영현백은 왜 갑자기 많이 준비했는가? 225

내란 세력의 외환유치 기도를 최초로 분석한 '김어준 암살조' 보고서 226

11장 양심은 숨었다, 육군본부와 계엄사

박안수 육군참모총장 234

박안수의 책임과 지휘관 리더십의 붕괴

계엄사령관 육군대장 박안수 238

전야: 서울에서 대기한 박안수 | 전두환 신군부를 참고한 계엄 포고령 | 2차 계엄 의혹 | 마지막까지 책임을 은폐한 박안수

계엄 포고령과 계엄 241

계엄 포고령의 위헌성 | 계엄 포고령의 불법성 | 박안수의 헬기 국회 진입 허가

■ 계엄사령부 포고령(제1호)

내란 직후 엉망이 된 국방부 245

계엄 관련자 인사 조치의 불투명성과 책임 회피 | 일관성 없는 인사 조치 | 실 병력 지휘관에 대한 늑장 대응 | 박안수 처리 지연과 국방부의 책임 회피 | 진상규명의 방향

12장 국회 봉쇄의 총대를 멘 경찰청

2024년 8월 초 김용현 경호처장을 만난 조지호 경찰청장   250
계엄 당시 경찰청의 역할   251
12·3 계엄령 당시 정치인 체포 계획과 연루자들   253

13장 내란 가담의 기로에 섰던 국가정보원

아마도 가장 멋진 사나이, 홍장원   258
윤석열과 긴밀한 관계를 유지한 국가정보원장 조태용   262
홍장원 차장과 윤석열 대통령의 통화   265
홍장원의 메모   267
국정원의 중앙선관위 보안 점검   270

14장 외환유치

외환유치와 불법 내란의 상관관계   274
계엄 명분 조성을 위한 북한 도발 유도 의혹   279
　군이 나서 대북 전단으로 북한을 자극 | 의도적으로 방치된 북한의 오물 풍선 | 북한 영공 무인기 침투 | 해병대 포사격 및 아파치 헬기를 동원한 통합정보작전 | 노상원의 기획 | 정보사의 300단위 계획, 알파벳으로 시작되는 공작 계획 | 정보사 요원들의 북한 대사관 접촉 시도 | 무력 사용은 최후의 수단
　■ 2025년 11월 10일 내란 특검이 발표한 여인형 휴대폰의 메모 내용
외환유치 타임라인   289
　전방지역 실사격훈련 | 대북 확성기 방송 | 통합 정보 작전 | 무인기 작전 | 정보사 공작

15장 국가안보실과 국민의힘

국가안보실 제1차장 김태효   296
　윤석열과의 특수 관계에 기댄 김태효의 권력 기반 | 국가안보실 현안대응TF
계엄을 옹호했던 국민의힘   299

16장 부서진 권력의 잔해 위에서 헌법과 민주주의를 위해서

계엄 저지의 숨은 주역들 304

의원 보좌진 및 국회 직원들 | 계엄군의 망설임과 철수 | 국회 밖 시민과 계엄군의 대치 | 내란을 막은 시민들의 힘

응원봉과 키세스단, 그리고 '12·3 시민혁명' 312

민주당의 윤석열 탄핵 추진 315

윤석열 체포 노력과 사실상의 탈옥 317

사상 초유의 대통령 체포 작전 | 구속기소까지, 그리고 무너진 수사 의지 | 법원의 '시간 단위 계산': 구속취소의 황당한 이유 | 검찰의 항고 포기: 국민을 배신한 침묵

2025년 4월 4일, 운명의 날 320

에필로그: 그래도 남은 의문들 329

조희대의 법란: 윤석열의 마지막 승부수? | 김건희의 역할은 무엇인가? | 문건 작성자는 누구인가 | 군 최고 서열 합참의장은 정말 몰랐나 | 강호필 지작사령관은 진짜 계엄과 무관할까 | 놓쳐버린 초반의 진실 규명 기회 | 누가 포고령을 썼는가 | 인멸된 증거들에는 무엇이 담겨 있었나 | 글을 마치며

부록: 2024년 3월부터 비상계엄 선포와 해제까지 339

프롤로그

바로 그날! 그 자리!

계엄 전야: 12월 2일, 부평에서 국회로

계엄 그날, 12월 3일보다 이틀 앞선 1일부터 이미 심상치 않은 기류가 감지됐다. 육군특수전사령부(이하 특전사) 내부에서 평소와 다른 움직임이 있다는 전언이 안개처럼 스며들었다.

12월 2일, 나는 지역구인 인천 부평의 한국 지엠(GM) 부평공장에서 강연을 했다. 트럼프가 한국 지엠을 미국으로 불러들이면 어떻게 할지 고민을 나누는 자리였다. 노조 관계자들과 악수하고 국회로 가기 위해 차에 올랐다. 그때 신동일 보좌관이 조심스럽게 말을 꺼냈다.

"어제부터 들어온 건데, 하루 묵혔습니다. 특전사 707특수임무단(이하 707)이 예정된 훈련을 취소했다고 합니다. 어떻게 할까요?"

특전사는 전시에는 전쟁을, 평시에는 훈련을 위해 존재하는 조직이다. 윤석열 들어 경호 작전 지원이 너무 많았다. 가뜩이나 자체 훈련을 채우지 못한 터에 어렵게 준비한 훈련 일정을 취소한다는 건 매우 이례적이다.

"그래요? 조금 더 지켜봅시다. 무슨 이유인지 파악해보세요. 섣불리 판단하기 어렵네."

그날은 그렇게 지나갔다.

12월 3일 오후, 방송 출연을 마치고 강화수 선임 보좌관과 함께 국회로 돌아오는 길, 정문 앞이 달라 보였다. 경찰기동대 버스들이 마치 한 덩어리로 붙어 있는 것 같다.

"이상하네요. 뭘까요?"

강 보좌관이 물었다.

"글쎄요. 요즘 시민사회 집회들도 그렇고, 돌이나 쇠파이프 같은 과거식 시위 도구는 이제 완전히 사라졌잖아요. 신고된 대로 평화롭게 행진하고, 시간도 정확히 지키고 있는데, 무슨 대비를 이렇게까지 하나 모르겠네요."

"우리 민주당이 10월부터 11월까지 진행한 집회는 완전히 합법적이었습니다. 경찰과의 충돌도 전혀 없었죠."

강 보좌관의 말에 고개를 끄덕였다. 그래, 비상계엄은커녕 경비계엄을 칠 구실도 없을 거야. 그런데 왠지 코끝이 싸하다.

저녁에는 더욱 이상한 느낌이 들었다. 저녁 6시부터 8시까지 우원식 국회의장이 주최한 키르기스스탄 대통령 환영 국빈만찬이 국회 본청 옆 사랑재에서 열렸다. 국빈만찬인데 윤석열이 떠넘겨 갑자기 잡힌 거란다. 행사 내내 마음 한쪽이 불안했다. 끝 무렵 우원식 의장에게 물었다.

"여기 침대와 이부자리도 갖춰져 있죠?"

"있지요."

"간혹 여기서 주무시는 것도 좋을 것 같습니다."

계엄이 선포되면 국회의장의 움직임이 가장 먼저 차단될 가능성이 높다. 국회의장이 본회의를 열지 못하면, 국회의원들이 아무리 모여도 계엄 해제 의결은 불가능하다. 사랑재를 나섰다. 공기는 차가워졌고 국회 본청 불빛은 스산했다.

차가 국회 정문을 돌아 우회전하자, 낮에 본 것보다 더 섬뜩했다. 경찰기동대 버스들이 바짝 붙어 서 있었다. 사람은커녕 고양이도 지나가기 어려울 정도다. 국회를 완전히 포위한 모습이었다.

"이 비서관, 오늘 이 근처에서 시위 있었습니까?"

"멀리 화물연대가 잠깐 집회한 게 전부입니다."

수행 비서관의 대답은 짧았다.

오래간만에 일찍 집에 들어왔다. 키르기스스탄 대통령이 이슬람교도여서 술을 입에 대지 않아 만찬이 일찍 끝난 편이었다. 밤 9시쯤, 신동일 보좌관에게서 문자가 왔다.

"어제 훈련이 취소됐고, 오늘도 취소됐습니다. 일주일 내내 취소랍니다."

특전사령부에 작전 대기 태세 확립 지시가 내려와 부대가 주둔지 밖으로 나가지 못하고, 경찰특공대와 예정됐던 합동훈련까지 취소됐다.

"이유는 뭡니까?"

"북한의 오물 풍선 때문이라 합니다."

오물 풍선이라니. 북한은 10월까진 꾸준히 오물 풍선을 날려 보냈지만, 11월 들어 바람의 방향이 바뀌면서 거의 중단된 상황이었다. 당시엔 그 어떤 위기 징후도 없었다. 이해되지 않았다.

곧이어 또 다른 문자가 도착했다.

"이 시간에 특전사 대원들이 퇴근을 하지 않습니다. 군장 점검과 출동 대비 태세 점검이 진행 중입니다."

정기 전술 평가가 연기된 상태였는데, 출동 태세를 점검하고 군장을 재정비한다는 것은 앞뒤가 전혀 맞지 않는다. 비정상적이었다. 이천 특전사령부 영내는 뭔가 불온한 움직임이 이어지고 있었다. 이제는 문자가 아니라, 아예 전화기가 울렸다.

"개인 휴대전화를 수거하라는 명령이 내려졌답니다. 이미 수거가 시작됐습니다."

그 말을 듣는 순간, 등골이 서늘해졌다. 천안함 피격이나 연평도 포격 당시에도 없었다는 이상 행동이다. 보고가 이어졌다.

"특수작전항공단이 대기 중이라 합니다."

밤 9시 50분쯤, 목소리가 차분하다.

"의원님, 윤석열 대통령이 긴급 대국민 담화를 발표할 예정입니다. 이유는 야당이 예산을 주지 않아 국정 운영이 어렵다는 내용이라고 합니다."

"그게 무슨 소리야? 지금 이 시각에?"

즉시 김민석 수석 최고위원에게 문자를 보냈다.

"곧 윤석열이 특별 담화를 발표한다고! 예산 통과 안 시켜서 국정을 마비시키고 있다고 강하게 비난할 거라고 합니다. 이 시간에 담화라니, 불길합니다. 우리가 먼저 대응해야 할 것 같습니다. 비판 성명이라도 준비합시다."

그날 저녁은 숨 가쁘게 어딘가를 향해 치닫고 있었다. 침대에 누워 쉴 수 없었다. 특전사의 이상 대기, 경찰 버스의 밀집 진형, 윤석열의 갑작스러운 담화 예고…. 모든 조각이 머릿속에서 서로 연결되며 한 가지 결론으로 향하고 있었다.

'무언가 무서운 것이 다가오고 있다.'

대통령실에서 "곧 정부 발표가 있을 것"이라는 긴급 공지가 대통령실 출입 기자단에 전달됐다는 정보가 득달같이 보좌관을 통해 들어왔다. 여당 쪽도 무슨 일인지 모른다고 했다. 나는 즉시 정보위로 들어오는 동향이 없는지 확인하려 연락을 돌렸다. 어둠이 짙게 깔린 그날 밤, 휴대폰 액정이 유난히 날카롭게 느껴졌다.

조금 뒤 신동일 보좌관한테서 전화가 왔다.

"의원님… 계엄입니다. 피하십시오."

나는 순간 얼어붙었다.

"무슨… 말도 안 되는 소리! 우리는 평화 시위와 합법적 집회만 했고, 북한이나 외부에도 특별한 징후가 없었는데…."

"피하셔야 합니다!"

그 짧고 단호한 한마디에 말문이 막혔다. 정보기관 실전으로 단련된 그가 떨리는 목소리로 내뱉은 단어는 단 하나였다.

'계엄.'

이미 우리는 여러 경로로 계엄 관련 동향을 면밀히 주시해왔다. 2024년 7월부터 우리 팀은 계엄령 선포 가능성과 대응 방안을 논의해왔다. 바로 그 괴물스런 에너지가 휘발성 증기처럼 이 밤에 폭발하려고 했다. 계엄군 핵심 부대 지휘관들이 모여 무언가를 의논했다는 소문, 계엄 선포 예행연습 성격의 훈련이 실시되었다는 첩보, 그리고 뜬금없이 행정안전부 장관이 국군방첩사령부(이하 방첩사)를 방문해 고교 동문 출신 장교들과 저녁 식사를 가졌다는 정보까지, 모든 조각이 한 단어로 수렴되고 있었다.

비상계엄령, 목을 조여오는 주문 같은 말!
7월 말, 우리는 대비책을 의논했다. 김민석, 추미애 의원과 함께 국회의원회관 내 방에 모여 얘기를 나눴다. 계엄을 한다는 정보가 들어오면 민주당 의원들의 차량으로 국회를 빙 둘러 군부대와 탱크의 진입을 물리적으로 차단하고, 의원회관에서 수일간 농성하면서 계엄 철회를 압박하자고 했었다. 실제 계엄이 발동되면 본회의장이 봉쇄될 수도 있으니 의원회관에서 농성하며 여차하면 의원회관 대회의실에서라도 계엄 해제를 의결해야 한다는 등…. 가능한 모든 수단을 강구해도 막을까 말까 한 엄청난 일이라 버거웠다.

8월 28일 이재명 대표는 상황실 운영을 지시했었다. 김민석 수석 최고위원과 나, 그리고 정을호 의원이 상황실을 만들었다. 나는 대외정무상황실장, 정을호 의원은 당무상황실장이 되었다. 우리의 역할은 파수꾼! 놓치지 않고 대비한다! 24시간 긴급 상황 입수 시 최고위원회에 직보하는 임무가 주어졌다. 핵심은 정보 수집과 신속 대응! 추가 인원 및 운영에 관한 행정은 정을호 의원이 사무총장과 협의하기로 했다. 이것 자체도 대외 보안이었다.

하지만 12월 3일 밤에 그들이 실행에 옮길 줄은 몰랐다. 전혀 눈치채지 못한 채 맞닥뜨린 현실 앞에서 자책이 밀려왔다. 미리 잡아냈어야 했지만, 지난 건 지난 거다. 차분하고 냉정해져야 해!

아무리 막가파라도 계엄령을 발동하려면 둘 중 하나의 조건은 있어야 한다. 첫째는 국내 혼란, 특히 폭력적 시위 등을 조성해 경비계엄을 정당화하는 것이고, 둘째는 북한의 대남 도발 같은 외부 충격이다. 어느 것도 없었다. 그 빈자리에서 '계엄'이라는 단어가 불현듯 솟구쳐 올랐다. 앞이 캄캄해졌다.

TV에 윤석열 대통령의 얼굴이 클로즈업되었다. 나는 서둘러 옷을 입으며 집에 있는 현금을 모두 챙겼다. 앞으로는 카드를 쓰지 못한다. 위치가 노출되기 때문이다. 아내에게는 선배 집에 가 있으라 하고 곧장 집을 나섰다.

주차장으로 서둘러 내려가 차를 몰고 막 나오는데, 건너편 신호등이 빨갛다. 오른쪽으로 가면 남쪽, 홀로된 어머니가 사시는 광주, 직진하면 경인고속도로 타고 여의도 국회의사당! 남쪽으로 가다가 군인들에게 발각되면 죽어서 야산에 버려지겠지. 나 죽으면 울 어머니는 어떠실까? 민주화운동으로 투옥된 것이 1985년, 상심에 빠진 아버님께서 돌아가시고 40년 가까운 세월을 홀로 보내셨다. 얼마나 우실까? 털어버리자 이런 생각! '꽤 오래 살았잖아. 1980년 광주를 봐라. 그때 희생된 분들보다 자그마치 40년 이상 더 살았다. 지난 세월은 덤으로 받은 인생이라 생각하자. 뭐 별것 있나, 죽으면 그뿐이지.'

녹색 신호등이 들어왔다. 국회를 향해 액셀을 세게 밟았다. 가자, 여의도로. 얼마 지나지 않아 수행 비서관 전화가 왔다.

"의원님, 댁으로 가겠습니다."

"아냐, 난 이미 출발했어. 안 와도 돼. 정 오려면 국회로 와."

기대하지 않았는데 오겠다니 미소가 지어졌다. 경인고속도로가 끝나고 서울 신월여의지하차도를 타고 나와서 빤히 보이는 국회로 차를 몰면서 힐끗 내려다보니 텔레그램 민주당 국회의원 단체 채팅방이 분주하다. 뭘 해야 하나요, 국회로 모입시다, 군 동향 파악이 되나요? 등등.

"707특임대 휴대폰 회수."

차를 몰며 나도 텔레그램 방에 몇 자 써넣는다. 밤 10시 42분이었다. 차가 흔들렸나 보다. 국회 정문 부근에서 교통경찰이 차를 세우란다. 국회 들어가기도 전에 잡히다니. 국회의원이냐고 물으면 뭐라 대답하지.

"술 드셨나요?"

"안 마셨는데요?"

"근데 왜 차가 흔들거려요?"

"핸드폰 만지느라…."

"핸드폰 하셨어요?"

"아뇨. 핸드폰 충전기 줄 감고 있었어요."

"그럼 가세요."

뭐야, 안 잡아가네. 국회 정문을 보니 경찰들이 막 기동대 버스에서 내려 포위하고 있었다. 좌회전해서 다시 오른쪽으로 돌아 담장을 타고 국회 소통관 뒤쪽으로 갔다. 이곳에서도 경찰들이 버스에서 내리고 있었다. 몇몇은 이미 국회 옆문을 닫고 있었다. 경찰 버스 바로 뒤에 차를 세워놓고 실내등을 켰다.

"나는 국회의원이오. 저 차 보이죠. 내 차입니다. 시동도 켜져 있어요. 잠깐 뭐 좀 가지고 나와야겠어요."

"아 네! 얼른 다녀오세요!"

뭘 해야 할지 잘 모르는 것 같은 국회 투입 경찰관이 대답한다.

'국회 본청을 향해 일단 있는 힘껏 뛰자. 옆구리로 무엇이 들어올지 몰라도 일단 들어가자! 계엄을 막자!' 계단을 다다닥 올라 국회의사당 안으로 뛰어들었다. 계엄 해제 표결을 해야 하는데, 잘 될까? 급하니 공포의 감정도 달려들지 못한다.

국회 안으로 들어와 다시 들여다보니 텔레그램 민주당 의원 채팅방이 난리다. 계엄군 도착 소식과 소속 부대를 확인하는 내용에서부터 국회 정문이 닫혔다, 담장을 넘어야 한다, 옆으로 돌아오면 된다 등등. 언제 왔는지 원내대표단 의원이 말한다. "45명 들어왔어." 텔레그램을 보니 밤 10시 40분에 김영진 의원이 "의장님. 국회로 바로 오셔야. 출발하신다고 합니다"라는 메시지를 남겼다. 난 조용히 다른 의원에게 확인했다.

"우원식 국회의장 오셨나? 이재명 대표님은?"

"이재명 대표는 아주 가까운 장소에 들어와 있다."

원내대표단의 말이다. 휴우 다행이다. 더 늦었다면 막혀서 못 들어왔을 텐데. 50, 55, 60. 들어오는 의원들을 세다가 불안했는지 "이러지 말고 상임위 간사들이 각각 연락하세요"라고 말한다. 그래야겠네. 정보위 간사니까 정보위원들한테 전화했다. 받는 분, 안 받는 분, 오고 있다는 분! 국방위원들에게도 전화를 했다. 가려고 한다는 의원, "아 지금 못 가는데, 해외 출장 왔어요", "지금 가고 있어요" 등등.

이런 순간에 처해 있다는 게 믿어지지 않으며 슬픔이 온몸을 감싼다. 광주에서 결국 당했지. 옆구리에 대검이 차갑게 뚫고 들어오는 섬뜩함에 진저리를 쳤다. 이렇게 죽는구나. 그냥 독 안에 든 쥐처럼 150명 의결정족수도 못 채우고 끌려가겠지. 나만 그런가? 광주항쟁은 승리보다 참상으로 기억을 지배한다. 승리는 패배의 시간이 지나야 가까스로 얻어지는 신기루 같은 것!

몇 달 전 필리버스터(filibuster, 무제한 토론) 때 우리가 기필코 이길 거라고 외치긴 했지만, 계엄 이야기를 하면 쓸데없는 소리 한다며 "그러지 마라, 중도층 떨어져 나간다", "증거나 내놓고 주장해라" 하는 말을 자주 들었다. "왜 아무도 믿지 않을 말을 마구 하냐"는 소리까지…. 나름대로 확신을 갖고 말하는데도 받아들이지 않는 분들이 훨씬 더 많았다. 그러니 172명 우리 민주당 의원들, 조국혁신당 다 합쳐서 184명 가운데 150명이 온다는 건 야당

의원 중 80%가 넘게 온다는 건데 어려울 거야. 본회의장 의석에 앉아 텔레그램 단톡방을 하나하나 지웠다. 이래서들 핸드폰 바꾸나보다.

헬기가 온다! "국회 운동장에 내렸답니다!" 누군가 소리친다. 본회의장 국민의힘 의원들 의석 뒤편에 한동훈 대표도 서 있다. 그 주위에 10여 명의 의원들이 두런거린다.

헬기라면 역시 특전사다. 신 보좌관 보고대로 특수작전항공단 헬기에 707 대원들이 타고 왔겠지. 곧 중무장한 채 들이닥치겠지. 급하다. 발령된 계엄을 막는 방법은 국회의원의 표결밖에 없다. 무슨 일이 있더라도 표결을 해놓고 다음을 생각하자. 빨리들 좀 들어오지! 우원식 국회의장이 본회의장에 잰걸음으로 들어왔다. 다행이다. 뭐라도 해볼 수 있겠네.

1장
조용히 다가오는 폭풍

③ 국회에 의한 계엄해제 시도시 조치사항

☐ 주요 조치방안(국방부)

○ 국회 임시회의를 소집하여 재적의원 과반수의 찬성으로 계엄해제 가결 시도
  * 재적의원 과반수의 찬성으로 계엄 해제 요구시 대통령은 해제하여야 함(헌법 77조)

○ 現 국회는 여소야대 정국으로 의결 정족수 충족, 계엄 해제 가능
  * 국회의원 총 299명 중 진보성향 의원 160여 명, 보수성향 의원 130여 명

○ 黨·政 협의를 통해 국회의원 설득 및 "계엄해제 건" 직권상정 원천 차단
  * 여방을 통해서 계엄의 필요성 및 최단 기간내 해제 등 약속을 통해 국회의원들이 '계엄 해제' 의결에 참여하지 않도록 유도
  * 黨·政 협의 제한시, '해제 요구' 안 직권상정 차단 방안 검토

○ 국회의원 대상 현행범 사법처리로 의결 정족수 미달 유도
  * 계엄사령부 집회·시위 금지 및 반정부 정치 활동 금지 포고령을 선포하고, 위반시 구속수사 등 엄중처리 관련 경고문 발표
  * 합수단, 불법시위 참석 및 반정부 정치활동 의원 집중검거 후 사법처리

☐ 검토 의견

○ 국회에서 '계엄 해제' 의결 시도시 계엄해제가 불가피한 바, 黨·政 협의를 통해 직권상정 및 표결 저지 대책 필요

어둠의 시작: 2016년 11월 탄핵 국면에서의 계엄령 검토 의혹

그날 그 순간으로 들어가기 전 아무리 급해도 먼저 알아야 할 것이 있다. 바로 국군기무사령부(이하 기무사)의 계엄 문건 검토다.

2016년 11월의 계엄령 검토

2016년 11월, 박근혜 정부 말기 대한민국은 사상 초유의 국정농단 사태로 혼란에 빠져들었다. 박근혜의 직무 유기를 넘어 최순실의 국정 개입과 농단이 드러나면서 국민적 공분이 커졌다. 촛불집회가 전국으로 확산됐다. 국민은 대통령의 퇴진을 요구하며 거리로 나섰다. 2016년 11월 18일, 더불어민주당에 제보가 접수되었다. 수도방위사령부(이하 수방사)가 당시 촛불시위를 잠재적 위협으로 간주하고 계엄령을 포함한 군사적 강경 대응을 검토하고 있다는 내용이었다. 더불어민주당 추미애 대표는 국회에서 열린 최고위원회의에서 강한 어조로 박근혜 대통령을 비판했다.

"대통령이 국민과 싸우기로 자청한 모양입니다. 국민이 조사받으라고 명령하고 있는데도 청와대에 앉아서 인사권을 행사하고 검찰 조사를 거부하며, 오히려 사정기관에 흔들리지 말라는 신호를 보내고 있습니다. 물리적 충돌을 일으키며 시간을 끌고 지지층 결집을 시도하고 있습니다. 최종적으로는 계엄령까지 준비하고 있다는 정보가 돌고 있을 정도입니다."

군 내부에서 작성된 문건과 구체적인 계엄령을 언급한 것이다. 청와대와 군은 즉각 부인했다. 청와대 관계자는 "계엄령 검토설은 전혀 사실이 아니다"라고 일축하며, 이를 '허위사실 유포'로 규정하고 민주당을 강하게 비판했다. 금방 들통날 거짓말을 하는 것은 그때나 2024년이나 달라진 게 없다.

당시 청와대 대변인은 "대통령은 국정의 안정을 위해 최선을 다하고 있으며, 현재 국가 질서가 유지되고 있는 상황에서 계엄령을 검토할 이유가 없다"라고 밝혔다. 하지만 계엄령 의혹은 쉽게 가라앉지 않았다.

기무사 개혁과 계엄령 문건 논란

2017년 3월 10일 대통령 박근혜는 파면되었다. 그런데 2018년 7월 6일 군인권센터는 탄핵 심판 직전에 기무사가 계엄 선포를 검토한 문건을 전부 공개했다. 군 병력의 서울 주요 지역 투입 계획뿐만 아니라 여당을 통해 의원들의 표결 불참을 유도하고 야당 의원을 체포하는 등의 국회 무력화 계획 및 언론 통제 방안까지 포함되어 있었다. 실행 계획 수준이었다는 지적에 파장이 컸다.

2018년 7월 문재인 정부 시기 국방부 특별수사단은 박근혜 정부 당시 기무사가 〈전시 계엄 및 합수업무 수행방안〉을 작성한 사실을 확인했다. 계엄령 선포 시 국회를 장악하고, 언론을 통제하며, 정치인과 시민사회 지도자들을 체포하는 계획이 포함되어 있었다. 또한 군 병력을 국회에 배치하여 계엄 해제 의결을 원천 봉쇄하는 방안까지 논의되었다는 것이 밝혀졌다. 이는 2024년 12·3 비상계엄과 정확히 일치하는 내용이었다.

기무사의 주목적은 쿠데타 방지인데, 정작 본인들이 세 차례(1979년 12·12, 1980년 5·18, 2017년 계엄 문건)나 쿠데타를 주도하거나 계획했다는 사실이 드러났다. 그로 인해 기무사의 존재 이유에 대한 근본적 회의가 제기되었다.

국회 국방위에서 기무사 대령이 현직 국방부 장관에게 항명하고, 노무현 대통령 서거 소식에 간부들이 환호했다는 내부고발까지 이어지며 기무사 해체 여론은 더욱 힘을 얻었다. 2018년 8월 4일 남영신 중장이 기무사령관으로 취임했다. 동시에 기무사는 해편 수순에 들어가 군사안보지원사령부가 창설되었다가, 2022년 11월 1일에는 방첩사로 변경됐다.

나는 이 기간에 중국 상하이 주재 총영사를 하다 서훈 국정원장이 불러 국가정보원(이하 국정원) 외교안보특별보좌관으로 있으면서 이 문건과 자료들을 찬찬히 살펴볼 기회가 있었는데, 구체적인 행동 계획에 놀랐었다.

위수령과 계엄령의 차이

위수령은 1950년 제정된 대통령령으로, 육군이 지역 내 경비, 군기 유지, 시설 보호를 위해 병력을 동원할 수 있게 한 법령이다. 국회 동의 없이 대통령 단독으로 발동할 수 있다. 군부 독재 시절 군부대 보호 목적이 아닌 집회·시위를 진압하고 민주화운동 탄압에 악용되는 등 위헌 논란이 있었다. 위수령은 1979년 이후 사문화되었고, 2018년 9월 11일 문재인 대통령은 공식 폐지했다.

계엄령은 "대통령은 전시·사변 또는 이에 준하는 국가비상사태에 있어서 병력으로써 군사상의 필요에 응하거나 공공의 안녕질서를 유지할 필요가 있을 때에는 법률이 정하는 바에 의하여 계엄을 선포할 수 있다"는 헌법 제77조 1항에 근거한 비상조치로, 대통령이 선포하고 입법부를 제외한 행정 및 사법 권한을 계엄사령부가 통제하는 제도다. 2024년의 경우 위수령은 없어졌기에 유사시 국회의 계엄 해제 의결 여부가 모든 것을 결정하는 첫 단추가 되었다.

기무사 계엄 문건의 의미와 정치적 함의

계엄 문건에서 눈을 뗄 수 없는 대목은 네 가지였다. 첫째, 여당을 통해 국회의원들의 표결 불참을 유도하고, 말을 듣지 않는 의원들은 집중검거해서 의결정족수를 미달시켜 국회가 계엄령을 해제하지 못하게 만드는 방법이 담겨 있다. 국회의 기능을 마비시키려는 위헌이자 중대범죄의 기획이다. 헌정질서를 무너뜨리는 일이자 장기 집권의 입구에 해당한다.

둘째, 서울 광화문, 여의도 등 주요 지역에 군 병력을 배치하고 핵심 타격 대상 시설에 특수부대를 동원하는 계획이 포함되어 있다. 수방사, 특전사, 기계화보병사단 등을 투입하여 군사력으로 어떠한 저항도 진압하겠다는 계획이다. 계엄사령관을 육해공군 출신이 돌아가며 맡는 합참의장이 아닌 육군참모총장이 맡도록 하여 어느 때건 육군이 동원될 수 있게 했다.

셋째, MBC, KBS, SBS 등의 주요 언론을 통제하고 비판 언론을 폐쇄하거나 상시 강제 검열하는 방안이 들어 있다. 보도 통제를 위반하면 형사처벌 또는 언론사 등록 취소를 추진한다는 계획이다.

넷째, 특정 정치인, 시민단체 등 저항 세력을 체포하여 사법 처리하는 방안이다. 기무사가 직접 합동수사본부를 통해 반대 세력을 체포, 구금 및 처단한다는 계획이다.

윤석열과 김용현 등은 2024년 겨울, 이 모든 것을 기도하였다.

2장
어둠이 숨을 고르던 밤

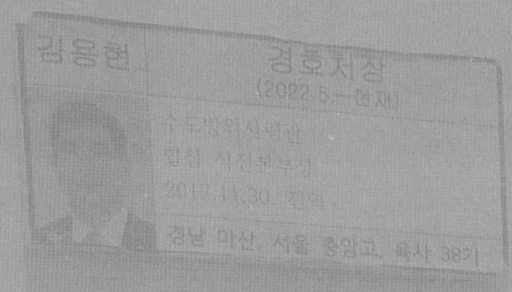

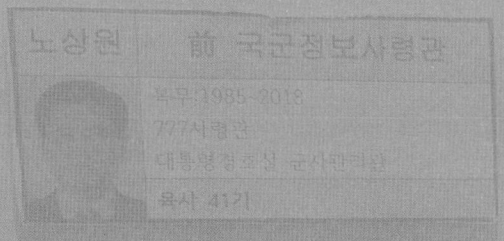

"무엇부터 해야 하나?"

"외교통일위원회보다는 국방위원회가 할 일이 더 많을 것 같습니다."

강화수 보좌관이 국방위원회를 적극 권한다. 정보위원회는 어차피 겸임 상임위원회니까 당연직처럼 하고, 나머지 하나 더 선택할 수 있는데 국방위원회를 하자는 거다. 좋다. 그렇게 하지. 나는 노무현 대통령 때 청와대 통일외교안보전략비서관으로 근무했다. 익숙한 일을 하자. 그런데 정보위까지 해야 하니 정보기관 출신 보좌진이 더 있으면 좋을 것 같아서 17년 전부터 인연을 이어오던 신동일에게 연락했다.

2024년 6월 30일, 드디어 틀이 짜였다. 청와대와 국정원에서 일했던 나와 함께 계엄을 막아낼 핵심 보좌진 말이다. 계엄 감시의 완전체가 탄생했다. 나와 생각을 같이하고 비상계엄을 준비하는 윤석열 집단의 미세한 움직임까지 포착해낼 능력 있는 전문가

들이 모였다.

선임 강화수 보좌관은 노무현 대통령 청와대에서 정책조정비서관실, 문재인 대통령 청와대에서 국가안보실에 근무했고 송영무 국방장관의 정책보좌관을 지냈다. 한때 국방과학연구소(ADD)에 몸담기도 했다. 누구 못지않게 대통령실 운영 원리, 국방부와 군의 지휘 체계와 명령 계통에 대해 잘 알고 있었다.

신동일 보좌관은 국정원 대테러국 출신이다. 2007년 7월부터 8월에 발생한 분당 샘물교회 인질 사건 해결을 위해 죽음을 두려워하지 않고 아프가니스탄의 가장 급진적인 탈레반 세력들과 비밀 교섭을 통해 인질을 석방하는 데 최선을 다한 인물이다. 나 역시 아프가니스탄의 카르자이 대통령과 협상을 위해 노무현 대통령 특사단으로 파견된 적이 있다. 그때 사선을 뛰어넘어 함께 일했던 국정원 대테러팀의 헌신과 역량에 깊은 인상을 받았었다. 신동일은 3인조 비밀협상팀 중 가장 젊었다. 세상 모든 종류의 총이란 총은 다 사랑하고, 무기란 무기는 다 외우고 있는, 정통 대테러 요원이다. 군 대테러부대와 오랫동안 함께 일한 경험도 있다. 즉 특수부대원들과 끈끈한 동료애가 있었다.

처음부터 우리 셋은 윤석열이 계엄을 하리라는 확신이 있었다. 반드시 사전에 막아내야 한다는 부담이 따르는 판단이기도 했다. 우선 대통령실을 청와대에서 용산으로 옮긴 것부터가 가장 확실한 계엄의 징후라고 판단했다. 북악산 아래 위치한 청와대에는 모든 군사 대비 시설이 갖춰져 있다. 재래식 무기에 대한 방어는 물론 심지어 핵무기가 떨어져도 버틸 수 있다고 하는, 국군통수권의 위상이 서린 '천하제일 복지'다. 대한민국 국권을 상징하는 것은 대통령이고 청와대였다.

그런데 이를 용산으로 옮겼다. 단순히 주술의 영향, 미신 혹은 천공이 보이는 사무실 앞으로 이사 와서 매 순간 천공의 점사(占事)를 듣기 위한 목적만은 아니다. 더 큰 계획이 있을 것이다. 그래서 옮긴 것이다. 과거 문재인 청와대도 광화문으로 옮기겠다는 검토를 한 적이 있으나, 대통령 생존성 보장 미흡이라는 군사적 이유로 보류되었고, 결국 포기했다.

그런데 실제로 대통령실이 통째로 국방부 건물로 옮겨가니까 국방부는 합참으로 이전했다. 전쟁을 실제로 이끌어갈 합참은 일부만 국방부 건물에 남고 여타 중요 시설 및 임무를 담당하는 부서가 여기저기 흩어졌다. 합참은 수도 서울 중앙에 버티고 있으면서 전쟁을 지휘해야 할 통합 체계다. 그런 합참이 분산되고 대통령, 국방부 장관, 합참의장은 하루 종일 반경 300미터도 안 되는 한 장소에 모여 일한다. 외부 기습에 완전히 노출된 것이다.

합참이 남태령으로 옮기려는 계획을 세우긴 했으나 국가 예산 투입에 필요한 예비 타당성 조사도 제대로 이뤄지지 않은 상태로 3년 가까이 방치되고 있었다. 국가안보를 위해 대통령실을 용산 국방부로 옮긴 것이 전혀 아니라는 말이다. 북한이 드론을 보내 용산 국방부 방공구역을 침범하고, 급기야 대통령실 앞마당에 오물 풍선을 떨어뜨린 바로 그 공간에 어떤 방어 체계도 보강하지 않았다. 패트리어트 대공 미사일을 더 배치한 것도 아니고, 레이더를 보강한 것도 아니고, 대공포 몇 개 더 갖다놓았는지도 불분명하다. 경호상의 목적으로 오히려 없앴을 가능성이 크다.

상황이 이런데 용산과 한남동 관저 지역에 들어간 이유를, 계엄을 통한 영구 집권 획책 이외에 무엇으로 설명할 수 있단 말인가? 세계 어느 문민 대통령이 군부대에 자신의 집무실을 차린단 말인가?

대통령 집무실은 용산으로 가고 생활공간인 관저는 어디로 가는가? 한남동 관저 단지로 갈 것을 검토했다고 한다. 그곳에 대통령 거소로 사용할 만한 곳이라곤 외교부 장관 공관뿐이다. 협소하다. 청와대 관저와 비교해보면 안전이라든지 보안 유지가 되지 않는 공간이다. 바람 부는 언덕 위에 건물 전체가 훤히 드러나 있다. 그런데도 낮에는 군인들이 둘러싸여 있는 국방부 건물로 들어가서 근무를 하고, 저녁에는 바로 합참의장, 그리고 국방부 장관과 함께 있는 지역을 대통령이 거주 공간으로 삼는다는 것은 군과 함께 뭔가 끝장을 보겠다고 하는 본능적인, 혹은 사전에 철저히 계획된 정치적 목적 없이는 불가능한 일이다.

강화수 보좌관은 여기에 몇 가지를 추가했다.

첫째, 용산경찰서의 인력은 400명이었던 과거 종로경찰서의 대통령 경호 지원 인력보다 1.5배 늘어난 600여 명이다. 이 용산경찰서 인력 운영권을 경호처장이 쥐고 있다. 또한, 경호처가 합참과 같이 근무를 하게 되면서 군 특수부대는 물론이고 청사 방호 부대를 경호 인력으로 활용하고 있다. 과거 오분 대기조 개념의 특공대가 청와대 안에 근무한 적은 있었다. 이것보다 더 큰 규모의 부대가 대통령이 근무하는 용산 집무실 쪽에 파견되었다.

그러다 보니 공간이 부족해 합참 경계 근무를 위해서 보관 중이던 일부 개인화기까지 합참 별관 쪽으로 보내버렸다.

둘째, 경호처장인 김용현이 윤석열의 지시를 받아서 일부 군부대 그리고 경찰 병력을 원하면 언제든지 쓸 수 있도록 훈령 개정 작업에 들어갔다. 법적으로 문제가 된다고 하자 경호처장이 군과 경찰의 인력을 직접 통제 사용할 수 있다는 문구 대신 사용하는 문제를 협의할 수 있도록 훈령을 개정했다. 권한을 경호처장이 쥐고 있기 때문에 결국 같은 이야기다.

종합하면, 집권 3년을 맞는 윤석열은 더 이상 기다리지 않고 머지않은 시기에 계엄에 나설 것이라는 결론이었다. 처음에는 박근혜처럼 당하지 않겠다는 자기 보호 차원의 결의였을 것이다. 박근혜처럼 검찰에 짓밟히지도 않을 것이며, 박근혜처럼 계획을 다 세워놓고 집행을 못 하는 일도 없도록 하겠다는 것이다. 이미 검찰을 장악한 윤석열은 위기에 봉착했을 때 막아낼 군의 물리력을 가져야 한다는 방어적 경비계엄을 염두에 뒀을 수 있다.

그런데 집권 2년을 넘어가고 총선에서 참패했기 때문에 방어적 경비계엄이 아닌 공격적 비상계엄을 자행할 가능성이 매우 높았다. 윤석열 정권은 유례없는 친일 매국 세력으로 국익을 중요시하지 않았다. 국민을 존중하거나 자신이 봉사하고 모셔야 할 대상으로 보지 않았다. 대한민국의 국헌을 파괴해서 자신들이 원하는 친일 매국 보수 정권의 영구 집권을 추구할 것이라는 생각이 들었다.

앞으로 대선까지 기간을 고려했을 때, 윤 정권은 총선에서 다수

의석을 잃은 현재의 상태, 즉 여소야대의 상태에서 새로운 국정 운영의 모색이 아니라 공세적으로 짓밟고 돌파하겠다는 방향으로 기조를 잡을 것이다. 우리에겐 그리 어렵지 않은 의견 일치였다.

그렇다면 어떤 부대가 계엄령에 투입될 것인가? 강화수와 신동일은 마치 기다리기라도 했다는 듯 "707이 옵니다!"라고 매우 확신에 넘친 어조로 말했다. 나 역시 특전사가 올 것이라는 건 당연시했지만, 707까지 온다고? 그럴 수가 있을까? 우리나라의 특수부대 중에서 가장 강력한 707까지 투입한다는 건 일시적으로 국가안보를 포기하고 최강 무력을 동원해서 피를 보겠다는 것이라서 받아들이기 어려웠다.

그러나 두 보좌관은 "그렇지 않다. 707이 온다. 당장 언제라도 망설임 없이 투입할 수 있는 무력이 바로 707이다. 707은 이미 용산에 파견되어 대통령실 경호 임무를 담당하고 있다"는 주장까지 내놓는다. 707이 어떤 부대인지도 몰랐던 경호처장 김용현이 사무실을 지나가다가 707이 훈련하는 동영상을 보고 "이 친구들을 써야겠다"고 말했고, 이후 이들과 상당히 가깝게 접촉하고 있다는 거다. 결론을 내렸다. 707이 온다, 국회에. 그렇다면 비상계엄, 친위 쿠데타는 머지않았다. 대비하자. 무엇부터 짚어야 하나?

꿈틀거리는 계엄의 기운

정치적 난맥과 군사적 긴장이 고조되면서 비상계엄 선포 가능성에 대한 우려가 커지고 있었다. 남들은 참 어이없다 할지 모르지만 그렇게 느끼는 건 나뿐만이 아니었다.

7월 초 김민석 의원과 계엄에 대해 의견을 나눴다. 2024년 1월, 신년 벽두 가덕도에서 괴한이 살상용 칼로 이재명 대표의 목을 찔렀다. 거의 죽음 직전까지 갔다. 단독범 소행으로 치부되고 말 일인가? 그런데 저들 입장에서 보자면, 이재명 대표 제거에 실패한 것이다.

아무래도 심상치 않다. 윤석열 정권은 총선에 패배한 뒤 더 조급해졌다. "상황을 받아들이지 못하고 있는 것 같다. 그래서 계엄을 할 수밖에 없는 쪽으로 몰아가고 있다." 김 의원과 나는 의견을 같이했다. 나는 구체적으로 "아무래도 특전사 최강 707이 국회를 치는 것부터 시작될 것 같다"라며 긴장도를 높였다.

김민석 의원은 2016년 조현천 기무사령관 중심으로 계엄을 준비하고 있다는 제보를 받고 추미애 대표에게 보고했던 장본인이었다. 김민석 의원이 나와 생각을 같이한다는 점에 안도감이 들었다. 홀로 뚫고 가기가 만만치 않았기 때문이다.

7월 중순 국회 본회의장에서 이재명 당 대표는 늘 그렇듯이 맨 뒷줄에 앉아 있었다. 그 옆을 지나다 안부 인사를 했다. 이 대표가 물었다.

"혹시 계엄을 할 거라는 소문 못 들었어요? 박 의원은 윤석열이 계엄을 할 것으로 봅니까 아니면 하지 않을 것으로 봅니까?"

"윤석열 하는 짓을 보면 계엄이라 확신합니다."

2023년 여름 8·15 경축사에서 반국가 세력 척결이라고 발언한 것 자체가 선전포고다. 그리고 작년부터 국정원에서 들려오는 소문도 있는데, 남북정상회담 때 모종의 연루 의혹을 제기하면서 문재인 정부 안보팀을 대형 간첩 사건으로 처리하려 한다는 얘기도 전했다.

"그리 멀지 않을 것 같습니다. 제가 이 문제를 공개적으로 제기하겠습니다. 대표님 제가 조현천이 작성한 2017년 기무사 문건을 갖고 있습니다."

"그러면 여기는 면책 특권이 있는 자리니까 본회의장에서 하세요."

나는 조현천 기무사 문건과 방송 4법의 연관성을 놓고 필리버스터에 나서겠다고 했다. 이 대표는 굳은 표정으로 그러자며 고개를 끄덕였다.

그때부터 나는 2024년 7월 27일 국회 본회의장에서의 필리버스터를 비롯한 국정감사, 유튜브 방송 출연 등의 자리에서 기회가 있을 때마다 윤석열 정부의 국방 분야를 장악하고 있는 용현파(김용현 장관과 근무연으로 이어진 인사들)와 국방파(신원식 장관과 근무연으로 이어진 인사들)의 문제를 지적하면서 군 내부 동향으로 볼 때 북한 문제를 빌미로 야당 탄압과 정치적 불안 조성을 위한 계엄 가능성을 경고했다. 지금부터 국방부 내 용현파와 국방파의 형성 및 계엄의 배경 등을 중심으로 계엄 이전의 상황을 잠깐 정리해보자. 2024년 총선이 지나고 계엄의 온도는 펄펄 끓기 직전인 70~80도까지 올라가 있었다. 이미 검토는 끝났을 것이다. 뭐, 얼마나 어렵겠는가? 조현천 문건을 현행화하는 건 간단한 일이다. 조금 수정하고 보강하면 끝이다. 대통령이 핵심 측근들과 국방부 부지에 들어가 한 손에 검찰을 쥐고, 다른 한 손에는 군을 장악하고 동원하면 되는 것이니 개념 잡고 실행 계획 세우는 게 뭐가 복잡하고 어렵겠는가? 계엄의 그림자는 그럴싸한 빌미를 만들어 단추만 누르면 될 정도로 차올랐다.

'막상 계엄을 한다면 군부대가 따를 것으로 보는가? 이제 그런 시대는 지나지 않았는가?' 그러나 우리 팀의 판단은 명료했다. 전국의 모든 병력이 동원될 필요는 없다. 국회와 언론사 그리고 몇몇 야권 결집이 가능한 지점과 시설을 선제적으로 치고 들어갈 정도면 충분할 것이다. 방첩사, 수방사, 특전사 병력에다 수도권 기갑부대로 기선을 제압하면 서슬 퍼런 공포 속에 얼마 동안은 저항하기 쉽지 않을 것이다. 다만, 전 국민 휴대폰에 장병들도 부대 안에서 휴대폰을 소지하고 있기 때문에 보안 유지가 무척 어려우니 핵심 전력이 순식간에 움직이는 방식이 될 수밖에 없다. 그래서 707이 투입될 것으로 판단한 것이다.

특전사 이외에 가장 위협적인 상대는 육군 제7기동군단이었다. 북진부대라 불리는 제7기동군단이 100대 이상 탱크를 몰고 특전사와 함께 새벽 야음을 틈타 국회를 덮친다면 뾰족한 수가 없었다. 우리는 해당 부대 대령들에게 사전에 공개 경고를 하면 어떨지 검토했다. 부대 인근에 CCTV를 두세 개 달아둘까 생각도 했다. 탱크가 한 시간 반을 넘게 달려와야 하는데, 그러면 남쪽에서 서울로 탱크가 들어올 수 있는 도로부터 막으면 어떨까 하다가 최종적으로 운명에 맡기기로 했다. 여러 곳을 두드려본 후 제7기동군단장이 비상계엄에 앞장서지는 않을 것이라 결론을 냈다.

국방부 장관 신원식을 무력화하다

2024년 여름부터 윤석열의 국정은 헝클어질 대로 헝클어졌고, 지지율은 곤두박질쳤다. 그런데도 윤석열은 야당과의 협치는 선택지에서 아예 지워버렸다.

나는 국회의원으로서 첫 데뷔전인 8월 8일 제417회 국회(임시회) 제1차 국방위원회에서 신원식을 흔들어봤다. 신원식이 약한 고리라고 판단했기 때문이다. 전체 윤곽을 잡기 위해 인용한다.

"장관 취임 이래로 많은 고민과 고통에 빠져 있다는 말을 듣고 있습니다. 군 인사권은 김용현 경호처장이 사실상 행사하고 있죠, 그래서 국방부 장관의 권한을 제대로 행사하고 싶은 마음에 조 모 예비역 중장에게 정보사 휴민트 정보 조직을 장관실 직속으로 갖는 방안을 검토하고 논의했다는 말이 있고요. 문상호 소장을 정보사령관으로 임명하셨는데 현재 문제가 되는 박○○ 여단장과 대립, 하극상이 벌어지고 있습니다.
윤 대통령의 고교 동창들이 군 인사를 장악하고 있고 주요 보직자들이 충암고 출신으로 채워지고 있어서 우리 군 합참과 장관님이 어려워하신다는 말도 들었습니다."

2024년 봄, 인간정보를 책임지는 박○○ 여단장이 인간정보가 아닌 일반정보만 다룰 줄 아는 육사 후배 문상호 사령관을 무시하고 장관과 직접 모종의 작업을 진행하려다 충돌이 생겼다. 그 와중에 정보사에서는 간첩 사건이 발생하는데, 정보사의 해외 공작을 담당하는 군무원 천○○이 중국 정보기관에 포섭되어 정보사에 대한 자료를 상당 기간 팔아먹었다는 거다. 이를 국정원이 탐지해서 방첩사에 수사를 의뢰했다. 방첩사령관은 충암파 핵심 여인형이었다. 나는 박 여단장이 천○○의 직속상관이었기 때문에 1차 책임이 있는데도 장관이 그를 비호하고 있다고 지적했다. 신원식은 일부 잘못된 점을 인정했다.

"조 모 예비역 중장이 영외 사무실을 사용했다는 것은… 적절치 않다고 생각하고 그것까지 포함해서 박 여단장의 행위에 대해서 우리 조사본부에서 수사를 하고 있습니다."

이어 채 상병 사건에 대해서도 질문했다.

"23년 7월 30일 당시 이종섭 국방부 장관이 02-800-7070 번호로 전화를 받은 직후 채 상병 사건 경찰 이첩 보류하라고 지시를 내립니다. … 국방부 장관께 지시할 사람은 누구지요? 통수권자밖에 안 계시지요?"
"그렇습니다. 그런데 제가 그 상황을 알지 못하기 때문에…"
"지금 제가 듣기로는 채 해병 사건 보고도 안 받고 들여다보려고도 않는다. 대통령이 아니신 분에 의해서 전화를 국방부 장관부터 여러 분들이 받으셨는데… 그러면 김건희 여사가 국군통수권 행사한 거 아닙니까? 그런데 그렇게 생각 안 하시지요?"
"박 위원님 말씀하신 내용에 대해서는 제가 대답할 성격도 아니고 상황도 모르고 그다음에 가정을 해서 묻는 말에 대해서 제가 적절히…."

"장관께서는 상황을 모르고 계시지요?"

"저는 그때 상황을 전혀 모르고 있습니다."

이어서 나는 정보사 내부 보안 사항을 유출해 간첩 혐의로 수사를 받고 있는 천○○ 사건의 책임이 어디에 있는지 물었다.

"정보사의 보안이 뚫린 것에 대해서 방첩사 책임이 있습니까, 없습니까?"

"예방을 해야 되는데…."

"카운터 인텔리전스(counter intelligence), 방첩해야 되는 거지요, 장관님?"

"예, 크게 보면 그렇습니다."

신원식의 반응이 이상했다. 김건희 이름이 튀어나왔는데도 격하게 반발하지 않는다. 내가 대답할 성격이 아니라고 답할 것이 아니라, 절대 그런 일은 없다고 잡아떼야 하는데 그런 것은 나에게 묻지 말라는 식으로 대답한다. 그걸 지켜봤다면 윤석열, 김건희, 그리고 국방부 장관을 하고 싶었던 김용현이 무슨 생각을 했겠는가? 채 상병 의혹을 차단하고 방어를 해줘야 할 국방부 장관이 채 상병 사건에 대해선 아예 언급도 하지 않는다. 윤석열 정권 군부 실세 여인형 방첩사령관은 또 어떠했겠는가? 정보사에 보안 유출 사고가 발생했는데 방첩사에도 책임이 있다는 나의 지적을 인정해버린 신원식. 모두들 아! 안 되겠다, 더 이상 믿을 수 없다! 그렇게 생각한 게 아니었을까?

한발 더 나아가서 만약 윤석열과 김건희가 신원식에게 비상계엄을 지시하면 따를까? 걱정이 깊어졌을 거다. 계엄 종류와 지역, 그리고 계엄사령관 임명을 검토하는 국방부 대책회의는 국방부 장관의 의지가 중요하다. 회의 구성원은 합참의장, 육군참모총장, 방첩(기무)사령관, 특전사령관, 수방사령관, 국방부 정책실장, 합참 작전본부장, 장관 군사보좌관 등 최소 인원으로 편성된다. 신원식은 이들을 끌고 갈 사람으로 보이지 않았을 것이다. 마음이 급해졌을 것이다. '계엄을 끌고 갈 국방부 체계를 서둘러 갖춰야 한다.' 위기에 이르면 최후의 수단을 동원하는 법! 축구로 치면 후반 교체 선수가 전반전에 뛰어들 듯 숨겨야 할 발톱이 드러났다.

김용현 장관 임명, 내란의 마각을 드러내다

사실 나는 2024년 7월 말 필리버스터 직후부터 묘한 징조가 잡혀 긴장하고 있었다. 계엄을 실행할 진용이 짜이고, 마침내 실행 단계에 들어서고 있다는 직감이 들었다. 언론을 장악하고 공포 분위기를 조성하려면 북한을 끌어들여야 했다. 국지전 또는 우발적 군사 상황을 조장하고 그로 인한 국내 혼란이 발생하기만 하면, 설령 윤석열 대통령의 지지율이 10%대라도 계엄은 얼마든지 할 수 있다고 판단할 것이다.

10시간 동안 똑바로 서서 쉬지 않고 온 힘을 다한 필리버스터

무제한 토론은 그렇지 않아도 부실했던 내 몸에 많은 무리를 줬다. 머리끝까지 피가 올라가지 않는 듯 어지럽기도 하고 계엄을 처음 공개적으로 거론한 터라 심적 부담도 컸다. 혼자만 느낄 수 있는 고독과 중압감에 사로잡혔다. 실제 병원에 가서 진단을 받아 보니 여러 수치가 나빠져 있었다. 깊은 잠을 잘 수 없었다. 국회 국방위에서 신원식을 윤석열 정권의 허리에서 빼내려 흔들었으니 균열이 일어나겠지. 그 사이 좀 쉬어야겠다.

8월 10일부터 강원도 고성의 국회 연수원에서 잠시 숨을 고르려 했다. 그런데 12일, 기자에게서 한 통의 전화가 걸려왔다. 신원식 국방부 장관이 교체되고 그 자리에 경호처장 김용현이 내정됐다는 거다. 어라 이렇게 빨리? 드디어 시작하겠다는 거지.

윤석열에게 김용현은 최후 보루다. 이미 경호처장 때부터 신원식 국방부 장관을 제치고 중요 인사는 다 하고 있었다. 계엄과 관련해 특전사와 방첩사 이외에 수방사도 매우 중요했다. 서울을 지키는 부대지만 계엄이 시작되면 서울을 장악하고 통제하는 부대이기도 하기 때문이다. 김용현은 그 수방사령관을 직접 해봤던 사람이고 작전본부장도 했었다. 여인형이 방첩사령관으로 군림하고 있는 상황에서, 이제 그의 고등학교 선배인 김용현이 국방부 장관이 된다는 거다.

국방부 내 파벌 형성과 계엄령

나는 2024년 7월부터 계엄령 대비를 위해 2016년 12월과 2017년

2월에 작성된 조현천 기무사령관의 계엄 준비 문건의 주요 내용을 샅샅이 살폈다. 특히 계엄을 준비하고 건의하는 단위와 계통에 신경 썼다. 대통령과 교감 하에 국방부 장관이 주도해서 합참의장, 육군 참모총장, 장관의 군사보좌관, 국방부 정책실장 그리고 수방사령관, 방첩사령관, 특전사령관, 이 8명이 결의하고 대통령에게 건의하면 계엄이 시작되는 것이다. 핵심 무력은 방첩사, 특전사, 수방사로 처음부터 정해져 있는 셈이다.

출생지, 임관 경로, 근무연 등에 따른 파벌 형성을 철저히 막으려 했던 이전 정부와 달리 윤석열 정부에서는 특정 출신 고등학교, 특정 근무연에 따라 파벌을 이룰 조짐이 보였다. 윤석열과 같은 충암고 출신들이 중심이었다. 계엄령을 건의할 수 있는 김용현 국방부 장관과 이상민 행정안전부 장관이 모두 충암고 출신이었다. 계엄령이 선포되면 합동수사본부를 꾸려 국회의원들을 체포하고 감금하며 온갖 조작 수사를 지휘하면서 국정을 장악할 여인형 방첩사령관 역시 충암고 출신이었다. 계엄의 핵심 보직은 거의 충암고 출신으로 채워질 판이었다.

김용현이 국방부 장관이 되기 전부터 그와 인연이 있는 자들이 압도적인 비율로 주요 직위에 임명되었다. 김용현이 7사단에 재직할 때 사단장이었던 이 모 장군의 아들인 이진우 수방사령관을 비롯해 김용현과 동기인 육사 38기 다수가 국방부와 국방부 산하 조직에 빼곡히 포진한 상태였다. 그래서 김용현의 전임이었던 이종섭·신원식 국방부 장관 시절, 국방부 일각에서는 국방장관 위에 국방상관이 있다며 김용현을 지목하는 우스갯소리가 돌기도

했다. 윤석열과 김용현은 용현파와 충암파를 주요 보직에 채움으로써 계엄 선포 시 완전한 지휘 체계를 확보하려 했다. 그리고 우리는 김용현 장관의 임명이 계엄을 향한 마지막 준비라고 보았다.

김용현의 학연, 근무연

학연

이름 (당시 현직)	김용현과의 인연
여인형 중장 (방첩사령관)	충암고
박종선 소장 (777사령관)	충암고
김승연 (국정원장 특별보좌관)	육사 38기
김옥채 (주요코하마 총영사)	육사 38기
신만택 (동티모르대사)	육사 38기
최병로 (국방혁신위 민간위원)	육사 38기
조성직 (국방전직교육원장)	육사 38기
조창래 (국방부 국방정책실 실장)	국민과 함께하는 국방포럼, 육사 45기
이기식 (전 병무청장)	국민과 함께하는 국방포럼 운영위원장
강구영 (한국항공우주산업 사장)	국민과 함께하는 국방포럼 운영위원장
신인호 (전 국가안보실 2차장)	국민과 함께하는 국방포럼, 육사 42기

근무연

이름 (당시 현직)	김용현과의 인연	당시 김용현 보직
정재관 (군인공제회이사장)	합동참모본부 군사지원본부 민군작전과장	합동참모본부 작전본부 작전부장(소장)
홍창식 (국방부 법무관리관)	법무법인 대륙아주 파트너 변호사	법무법인 대륙아주 고문

2장 어둠이 숨을 고르던 밤

3장

계엄을 경고하다

2024년 7월 27일
국회 본회의 필리버스터

계엄은 영어로 'Martial law', 즉 군정(軍政)이다. 군에 의해 민간 통치가 대체되는 것이다. 그리고 현행 헌법이 엄연히 존재하는데, 이를 뒤집고 군정을 실시하는 것은 쿠데타다. 쿠데타, 그것도 친위 쿠데타는 현직 대통령이 국방부와 핵심 무력을 동원해 더 많은 권력을 가지려는 시도이고, 설령 실패하더라도 여전히 세력을 유지할 수 있어 그 영향은 장기화할 가능성이 크다.

낮엔 용산 국방부 건물에 들어가 일을 하고, 저녁 이후엔 국방부 장관, 합참의장, 경호처 외에 민간인이 없는 한남동 관저 단지에 처박힌 윤석열은 계엄령으로 한 번에 쓸어버리고 싶은 욕구를 주체할 수 없었으리라. 김용현을 비롯한 계엄 핵심 세력 또한 군이 모든 것을 휘어잡는 미몽이 얼마나 달콤했겠는가?

나는 그들의 계획을 미리 알려서 힘을 빼놓거나 움츠러들게 해야 한다고 생각했다. 가만히 있으면 속수무책으로 짓밟힐 것이다. 계엄에 대해 국민적인 공론화를 어떻게 시킬 것인가? 고민 끝에 필리버스터를 활용하기로 했다.

2024년 7월 27일 야권이 발의한 방송 4법 처리를 지연시키기 위해 국민의힘은 필리버스터를 진행했다. 당시 더불어민주당을 비롯한 야권은 공영방송의 지배구조를 개선하고 방송통신위원회(이하 방통위)의 의결정족수를 강화해 방송의 독립성과 공정성을 높이려는 목적으로 법 개정을 시도했다. 하지만 국민의힘은 이를 "야당의 공영방송 장악 시도"라고 반대하며 필리버스터를 시작했던 것이었다.

방첩사가 2017년 기무사 시절에 작성했던 〈기무사 계엄 문건〉에도 언론 장악의 필요성이 명확히 나와 있었다. 진보 언론부터 보수 언론까지 모두 통제하고, JTBC와 MBC를 무력화시키며, KBS를 전략적으로 활용한다는 내용이었다. SNS까지 검열해야 계엄이 성공할 수 있다는 계획이었다.

윤석열 정부가 집요하게 MBC를 장악하려는 시도는 단순한 언론 통제 수준이 아니라, 과거 조현천이 구상했던 계엄 시나리오를 현실화하려는 움직임으로 볼 수 있었다. 이에 나는 국회 본회의장에서 10시간여의 필리버스터 발언을 통해 2017년 기무사의 계엄 검토 문건에 대해 상세히 설명했다.

방첩사가 기무사 문건을 바탕으로 방통위와 함께 계엄 준비 작업에 들어간다고 상상해보라. 윤석열의 방통위가 언론과 방송사를 사전 소집 교육을 해가며 통제하자는 것이라면 절대 용납할 수 없지 않은가? 윤석열의 방통위는 곧 계엄사 언론대책반과 같은 것인데 방송 4법을 개정하지 않을 수 있겠는가? 기무사 계엄 문건에는 언론 장악 및 통제 계획만 들어 있는 것이 아니다. 나는 '중요 시설 및 집회 예상 지역에 방어 부대 편성 운용 방안'이 있다는 것도 설명했다. 끝으로, 윤석열이 계엄을 하면 국회에 대해 어떻게 나올 것인지를 지적했다.

"더욱 가공할 만한 사실은 뭡니까? 국회가 계엄 해제를 시도할 때, 국회의원을 현행범으로 사법 처리해서 계엄 해제 의결에 필요한 정족수에 미달되도록 하겠다는 계획까지 세워놓고 있다는 겁니다."

나는 윤석열 정부의 방송 장악이 박근혜 계엄 문건의 흐름과 유사하다고 발언하면서, 국민에게 윤석열 정부의 무도한 계엄 계획에 대항해 같이 싸워달라고 호소했다. 계엄이 무서워서가 아니라, 국민이 결국에는 이길 수 있으므로 계엄을 이야기한다고도 강조했다. 이는 단순한 예견이 아니었다. 우리 팀 나름의 정보 분석과 군 내부 동향을 종합한 결과였다. 당시 국민의힘은 "거짓 선동"이라며 강력히 반발했다. 그러나 불과 4개월 뒤인 2024년 12월 3일 윤석열이 비상계엄을 선포하면서 경고는 현실이 되었다.

계엄 준비 징후 제보가 이어지다

수상한 움직임 제보: 방첩사령부가 실기동 훈련을 한다고?

2023년 3월 22일, 31년 만에 방첩사를 방문한 윤석열은 업무보고를 받고 사이버 임무 등 조직 확대를 지시했다. 그 뒤 방첩사는 부대 규모를 키우고, 2023년 9월 국회에 제출된 예산안에서 "방첩사 증원을 위한 운영비 5억 원 증액"을 요청했다. 조직 확대가 예산에 반영된 것이다.

2024년 7월 초 강화수 보좌관을 통해 제보가 하나 들어왔다. 3월 4일부터 14일까지 진행된 한미 연합훈련 '자유의 방패(FS)' 연습에서 방첩사령부가 "했다치고" 식의 훈련이 아닌 실기동 훈련을 했다는 것이다. 언뜻 들으면 방첩사 군인이 훈련에 참여한 것이 무슨 문제겠나 싶겠지만, 그게 아니다. 한미 연합훈련은 육·해·공 전군이 참여하고 소규모 야외 기동 훈련을 포함하지만, 보안·정보·수사·감찰 임무를 하는 방첩사가 3일 넘는 훈련이나 연습을 한 것은 전례가 없던 일이다. 나중에 알고 보니 전시에 계엄령이 선포되어 합동수사본부를 확대해서 꾸릴 때 어느 부대와 어느 기관으로부터 인력을 동원할지를 연습했다고 한다.

합동수사본부! 매번 계엄 문건에 등장하는 조직이다. 그 방첩사가 실제 병력을 소집하는 훈련을 했다는 것은 국방조사본부를 비롯한 각 군뿐만 아니라, 검찰, 경찰, 소방, 국정원 등의 책임자들을 모두 불러 모았다는 의미다. 충무 8000 계획(국방부의 계엄 기본 계획)을 악용한 계엄 시 부대 배치, 합동수사본부 역할 설정, 예비검속과 방송국 및 주요 기관 장악 방안, 선거관리위원회(이하 선관위) 통제 시나리오 등을 병행 훈련했다고 해석할 수도 있다. 특히 2023년 대통령령 개정으로 방첩사의 임무에 사이버 방호 태세 및 정보전 지원 업무가 추가된 상황에서 실기동 훈련은 단순한 보안 활동을 넘어 계엄을 상정한 임무 수행 작전 연습으로 의심하기에 충분했다.

거의 확정적 제보: 결코 있어서는 안 될 막강 3사령관의 경호처장 공관 회동

8월 초순 여름날 신원식과 윤석열 핵심 사이에 간극을 벌였다고 자평하고 있던 때였다. 강화수 보좌관이 내 방에 들어와 지나가듯 한마디 한다.

"진짜 이상한 말을 들었습니다. 별거 아닌 것 같기도 하고…."

"아니 뭔데 그래?"

"아닙니다. 제가 너무 예민해졌나 봅니다."

"아니 뭐냐고? 원래 단편 첩보가 모여 정보가 되고 판단 근거가 되는 거야. 틀려도 상관없어."

"얼마 전에 들은 말입니다. 어떤 고위 장성, 4성이라고도 하고 3성이라고도 합니다."

"아 그런데 뭐?"

"이 장군이 김용현 쪽 연락을 받고 한남동 경호처장 공관으로 향했답니다. 한남초등학교 운동장으로 오라 해서 갔더니 이진우 수방사령관, 곽종근 특전사령관이 와 있더랍니다. 경호처에서 나온 인솔자(나중에 알려진 것이지만, 김용현 집사로 알려진 양 모 씨다)의 차에 옮겨 타고 한남동 관저 단지에 있는 김용현 공관에 들어갔는데 여인형 방첩사령관과 함께 있던 김용현이 '너는 왜 왔어?' 하더랍니다."

"응 그래? 그래서?"

"워낙 뻘쭘해서 혼자 황급히 나왔는데 도무지 이해가 안 돼서 이게 도대체 뭐냐, 기분도 나쁘고 잘 지워지지 않는다고 하더랍니다."

"그러네. 전혀 이해가 안 되네. 경호처장이 잘해봐야 차관급인데 군내 핵심 부대 사령관 3명에 또 한 사람의 4성 장군을 불러? 그러고는 그냥 돌려보내? 말이 안 되지."

정말 중요한 첩보였다. 잘 확인하면 급소를 찌를 수 있을 정도의 특급 정보다. 3명의 사령관이 한자리에 모인 것도 위험한 일인데, 경호처장이 이를 주관한다는 것은 정말 이상하고 위험한 일이었다. 국방부 내에서 중장은 차관급으로 자체 분류한다. 그런 3명의 핵심 사령관들이 같은 차관급인 경호처장의 호출로 한꺼번에 모였다는 것은 지극히 비상식적이며 전례 없는 일이었다.

그 모임의 성격을 짐작하기 어렵다면 이렇게 상상해보자. 만약 박정희 정부 말기인 1979년에 차지철 경호실장, 장태완 수경사령관, 정병주 특전사령관, 전두환 보안사령관이 한자리에 모여 앉아 의기투합했다면 무슨 일이 벌어졌을까? 그 모임의 위험성을 어렵지 않게 알 수 있을 것이다. 나는 이 첩보를 당 상황실 멤버들과 공유했다.

그리고 얼마 뒤, 나는 인사청문회에 출석한 김용현 국방장관 내정자에게 이를 준엄히 추궁했다. "곽종근 특전사령관, 여인형 방첩사령관, 이진우 수방사령관을 한날한시 한 장소에 불러 모은 건 내란 예비 음모로 오해될 수 있다"라고 말이다. 김용현은 "역대 정권에서도 그랬던 자리"라고 주장했다. 그러나 문재인 정부 시기에 재임했던 김도균 전 수방사령관은 "25개월 재직 중 그런 회동은 없었다"라고 반박했으며, 주영훈 전 경호처장 역시 "그런 적 없다"라고 단언했다. 또 김용현은 "경호와 경비 논의"였다고 변명했지만, 설득력이 전혀 없었다.

나중에 밝혀졌지만, 이러한 회동은 최소 다섯 차례 이상 이어졌으며, 윤석열이 합석한 자리도 여러 번 있었다. 이 모임은 처음부터 끝까지 철저히 은폐되었다. 사령관들은 공관 진입로 인근 초등학교에 집결해 경호처 차량으로 갈아탄 후 출입 기록 없이 입장했다는 제보가 있었다. 정정당당한 공식 업무협의라면 전혀 불필요한 보안 조치였다. 김용현의 모의는 한남동 공관을 넘어 삼청동 안전가옥(이하 '안가'로 칭함)으로 확장되었다. 삼청동 안가는 총리실과 연결된 경호 구역으로 CCTV가 없어 불법적 계엄 모의에 이상적인 장소였다. 2024년 6월 중순 삼청동 안가에서 열린 만찬은 계엄 모의의 결정적 장면이었다. 참석자는 김용현, 여인형, 곽종근, 이진우, 강호필(당시 합참 차장, 이후 지상작전사령관)이었다. 김용현은 윤석열에게 "이 네 명이 대통령께 충성을 다하는 장군들이다"라고 말했다. 충성 맹세를 넘어 쿠데타 준비의 상징적 순간이었다. 11월 9일 윤석열과 김용현 그리고 3명의 사령관이 다시 만찬을 가졌다. 만찬 직전 여인형이 김용현에게 보낸 "ㅈㅌㅅㅂ의 공통된 의견, 4인은 각오하고 있음"이라는 문자는 계엄 준비가 구체화했음을 암시한다. 'ㅈㅌㅅㅂ'은 지상작전사령부(이하 지작사), 특전사, 수방사, 방첩사를 말한다.

계엄 준비 모임은 2023년 12월 신원식 장관, 김용현 경호처장, 김명수 합참의장, 조태용 국정원장, 여인형 방첩사령관이 참석해 비상조치를 논의한 이래, 2024년 3월 본격화한다. 3월 29일 삼청동 경호처가 관리하는 안가 만찬에서 윤석열은 격앙된 채 "계엄을 선포해야 한다. 싹 쓸어버려야 한다"며 비상조치를 강력히 언급했다. 4월 국회의원 총선거를 앞둔 상태에서 이미 패배를 절감했는지 도저히 있을 수 없는 망발이었다. 당시 신원식 국방부 장관과 조태용 국정원장은 반대했으나, 김용현은 적극 동조했다고 한다. 조태용은 국조특위에서 "대통령이 그런 마음을 품지 않도록 진언했다"라고 밝혔다.

제2의 북풍 공작과 연평도 포격 훈련, 그리고 즉강끝

북한의 도발 유도는 보수 정권의 단골 공작 소재였다. 윤석열 정권에서 가장 논란이 되었던 사안 중 하나가 북한의 오물 풍선과 이에 대한 대응 방안이었다. 보도된 자료에 기반하더라도, 2024년 5월부터 10월까지 북한은 약 3,400~3,600개의 오물 풍선을 남한에 투하했으며, 일부는 미 대사관저, 국회, 용산 대통령실 근처에 떨어졌다. 그렇지만 윤석열 정부는 국가안전보장회의(NSC)조차 소집하지 않았다.

반면 지작사가 관할하는 전방지역에서는 전면전을 유도하려는 게 아닌가 할 정도로 남한 측의 강력한 대응이 문제로 대두됐다. 북에 대한 강한 대응이 뭐가 문제냐고 생각할 수 있으나, 주한미군 사령관이자 유엔군 사령관이 남측에 대해 정전협정 준수를 요구할 정도의 지나친 대응이 반복되었다. 북한이 군사적으로 도발할 경우 비례성 원칙을 가지고 확전되지 않게 관리하는 적절한 수준의 대응이 중요하다. 신원식 장관 시절부터 '즉강끝(즉각, 강력하게, 끝까지)'을 외치며, 단 한 번의 단순한 도발도 끝까지 응징하고 적 군단 사령부를 초토화하겠다고 나서는 것은 한반도 평화 관리에 전혀 도움되지 않는다. 유엔사가 신경을 곤두세우는 것은 당연한 일이다.

특히 2023년 11월 9·19 남북군사합의가 파기되면서 서해 완충 구역에서의 포격 훈련이 재개되었다. 얼마 뒤인 2024년 1월 5일, 북한의 200여 발 해안포 도발에 대응해 해병대 연평부대가 실시한 사격 훈련에서 K-9 자주포의 포탄이 북방한계선(이하 NLL) 인근 완충 구역에 떨어졌다고 합참이 발표했다. 이는 9·19 남북군사합의로 설정된 해상 완충 구역을 위반한 북한의 도발에 대한 맞대응이었지만, 문제는 이후 훈련에서도 유사한 지역에 포탄이 떨어지는 일이 반복되었다는 점이다. 특히 자주포 사격 훈련에서 포탄이 떨어진 낙탄 지점이 연평도 사태 직전 우리 군이 포격했던 지역과 겹친다는 지적도 있었다.

연평도 사태는 2010년 11월 23일 대한민국 영토인 연평도에 대한 북한군의 포격으로 민간인 2명과 해병대원 2명이 사망하는 등 서해 5도 주민에게 깊은 트라우마를 남긴 사건이었다. 북한 측은 우리 군의 포탄이 자기네 지역으로 떨어져서 그에 대응한 사격이었다고 우겼다. 1월 5일 훈련 낙탄 지점은 북한이 연평도 도발의 빌미로 삼았던 바로 그곳이다.

서해 5도 지역은 지리적으로 북한과 근접해 있어 작은 군사적 충돌도 대규모 갈등으로 번질 가능성이 상존한다. 낙탄 지역이 연평도 사태와 연관된 곳이라면, 북한이 이를 빌미로 '남측의 도발'이라 주장하며 군사적 반응을 보일 가능성을 배제할 수 없다. 다른 곳도 많은데 하필이면 이런 민감한 지역에서 포격 훈련을 했다는 점은 시기상 이를 통해 북한의 도발을 유도하려는 것 아닌가 하는 의심을 충분히 살 만했다.

물론 북한의 도발에 대해 단호하게 대응해야 한다는 점은 민주당이나 나도 같은 의견이다. 다만, 단호한 대응도 연합사나 우리 군의 교전 수칙에 부합되게 '비례성', '효과성', '충분성'을 감안하면서 해야 한다는 것이다. 전쟁을 할 자신도 없으면서 위기를 조성해 비상계엄의 빌미로 삼겠다는 것은 휴전선의 부하들을 '즉강끝'으로 홀려 군사 충돌에 희생시키면서 자신들은 '즉강끝' 구호가 인쇄된 골프공으로 골프를 즐기겠다는 것과 다르지 않아 보인다. 북한과의 불장난을 국내 정치의 불장난으로 이어가겠다는 참으로 추악한 계략이 바로 즉강끝의 본질이다.

또 하나의 결정적 증거, 계엄령과 방첩사 - 경찰청 MOU

8월 말, 국방위 허영 의원은 매우 의미심장한 제보를 받았다. 김용현 인사청문회가 있기 전 열린 국방위 전체회의에서 부승찬 의원이 이 제보를 가지고 용의주도하게 신원식 장관을 몰아갔다. 만약 신원식 장관 본인이라면, 고등학교 후배가 어느 부대에 있는데 계급이 맞지 않아도 격려차 방문해서 함께 식사하겠느냐 물었다. 신원식 장관은 그런 일은 하지 않는다고 했다. 그러자 부승찬 의원은 그런 일이 벌어졌다며 이렇게 묻는다. "여인형 방첩사령관이 취임한 이후 이상민 행안부 장관이 2024년 3월 방첩사를 방문했다. 그 자리에서 충암고 출신 대령을 불러와서 저녁 식사를 했다. 이런 일이 어떻게 있을 수 있는가?" 그만큼 기고만장했던 거다.

나는 국방위원이면서 동시에 정보위 간사이기도 하다. 국가수사본부(이하 국수본)는 정보위 소관 기관이다. 나는 10월 하순 정보위 2025년도 예산심사소위원장으로서 국수본의 업무보고를 받았다. 그런데 바로 그 업무보고 자료에 국수본과 방첩사령부 간에 업무협조에 관한 MOU(양해각서)를 맺었다고 버젓이 나와 있었다. 놓칠 내가 아니다. 그 업무협약서는 보안 사항도 아니니 바로 사본을 정보위 간사인 나에게 보내라고 했다.

2024년 6월 28일 방첩사와 경찰청 국수본은 '안보 범죄 수사 협력에 관한 업무협약'을 체결했다. 이 업무협약서에는 계엄 때나 설치되는 합동수사본부 관련 사항이 들어 있었다. MOU 체결 시점이 윤석열이 계엄 의지를 증폭시켜가는 흐름과 딱 맞아떨어진다.

MOU에는 "합동수사본부 설치 시 편성에 부합하는 수사관을 지원한다"라는 조항이 포함되어 있었다. 우리 군의 유일한 정보 수사기관인 방첩사가 국내 기관과 MOU를 맺은 첫 사례였다. 그래서였을까? 12월 3일 계엄령 선포 직후부터 방첩사와 경찰의 협력이 시작되었다. 방첩사 여인형 사령관은 조지호 경찰청장에게 전화를 걸었다. 조 청장은 K-1A 기관단총으로 무장한 경찰기동대를 지원했다. 체포할 정치인 등의 명단도 공유했다. 즉, 방첩사와 경찰의 협력은 윤석열의 지시에 따라 이상민 행안부 장관과 국수본이 여인형과 함께 체계를 잡아둔 대로 이뤄졌다.

계엄 아니면 있을 수 없는 정기 인사 지연

김용현은 9월 초 장관 취임 직후 "올해는 3성 장군 인사가 없다"고 공언했다. 불가사의하다. 자기 사람 심기를 좋아하는 김용현이 장군 인사를 하지 않는다. 10월 국정감사가 끝나면 할 줄 알았지만 3성급 이상 정기 진급 인사를 하지 않았다. 그런데 김용현은 11월 25일 이를 뒤집고 합참 차장을 교체하라고 지시했다. 합참 차장 김봉수 중장을 정진팔 중장으로 교체한 것이 유일한 3성 장군 인사였다. 도대체 이건 뭐야?

나중에 인사기획관 오 모 씨는 "김용현과 여인형 전 방첩사령관, 정진팔 차장이 함께 근무한 이력이 있고 성격도 무난해, 강성인 김봉수와 바꾼 것 같다"라고 분석했다. 정진팔 장군은 12·3 계엄 당시 계엄부사령관을 맡아 윤석열·김용현과 함께 합참 전투통제실에 있었다. 2023년 11월 임명된 여인형 방첩사령관, 곽종근 특전사령관, 이진우 수방사령관, 문상호 정보사령관 등 내란 주도 세력의 전체적인 틀은 그대로 유지한 채 계엄 직전 두세 자리를 긴급 보강한 것이다.

정진팔 장군의 인사 발령은 비상계엄 하루 전인 12월 2일에 이뤄졌다. 나는 정진팔의 인사를 보면서 계엄을 하더라도 최소한 10일 이상은 늦어지겠다고 판단했다. 문상호 전 정보사령관의 보직 유임도 김용현의 지시였다. 신원식은 기밀 유출 사건의 책임을 물어 문상호의 해임을 검토했지만, 갑자기 후임 국방장관으로 지명된 김용현이 이를 뒤집었다.

누가 봐도 납득하기 어려웠다. 정보사령부 존폐 위기가 언급될 만큼 중대한 사고가 터졌고 육사 기수가 높은 부하와의 다툼으로 신뢰도 잃은 상황인데, 딱 찍어서 유임시킨 것은 이해할 수 없는 일이었다. 데카르트라는 철학자가 말했다. "나는 생각한다, 고로 존재한다." 원래는 "나는 의심한다, 고로 존재한다"던가? 첩보를 모으고 점을 하나하나 연결하면 선이 되고 형체의 윤곽이 그려진다. 서서히 그러나 분명하게.

2024년 9월 김용현 인사청문회에서 고삐를 잡다

2024년 9월 2일 아침 10시 제418회 정기회 국방위원회는 김용현 국방부 장관 내정자에 대한 인사청문회였다. 그 흔한 장관 내정을 축하한다는 말도 거추장스러웠다. 다짜고짜 몰아쳤다.

"김용현 후보자 스스로 국방부 장관 부적격자라는 것 인정하십니까?"

"인정하지 않습니다."

"화면 봐주십시오. 북악산 청와대입니다. 청와대는 북악산, 인왕산 등 자연 엄폐물의 구실로 유사시 대통령의 생존성, 경호처장이 가장 중시하는 대통령의 유사시 생존성을 극대화하는 천혜의 지형에 자리 잡고 있었습니다. 지하 벙커에는 최첨단 통신·영상 시설을 갖추고 북한의 폭격에도 버틸 수 있다고 합니다. 그런데 후보자가 대통령실 용산 이전 주도했지요? 무방비 밀집 노출, 지름 255미터 안에 대통령실·국방부 장관·합참의장 근무 시설 함께 있습니다. 북한이 무수히 가지고 있는 재래식 탄도미사일 몇 발이면 대통령실·국방부·합참이 초토화될 수도 있습니다. … 경호처장이 대통령 생존성을 위협해요. … 적에게 우리 전쟁 지휘부를 다 갖다 바치는 이런 반역 행위 누가 했습니까? 후보자는 대한민국 국토방위와 통수권 수호를 책임지는 국방부 장관에 부적격자입니다."

김용현의 얼굴은 일그러질 대로 일그러졌다. 윤석열의 고등학교 선배이며 가장 가까운 거리에서 수행하는, 의전비서관실에서 준비한 일정표도 마음대로 바꿔버린다는 무소불위의 권력 김용현! 윤석열이 대통령이 되고 난 이후 단 한 번도 비난을 들은 적이 없으며 늘 아첨과 칭송만 즐겼던 김용현으로서는 도저히 참기 어려운 수모였으리라.

240902
김용현 인사청문회

"김용현 국방부 장관 후보자, 그리고 전임자였던 신원식 안보실장은 매우 충동적이고 저돌적인, 대한민국 안보를 절도 있고 신중하게 책임 있게, 말이 아니라 실력으로 지킬 분들이 아닙니다.
우리 군 역사의 가장 큰 오점으로 남아 있는 하나회, 그 뒤로 뭐가 있었습니까? 알자회 그다음 충암파, 용현파가 있습니다. 김용현 후보자와 관계있는 사람들 승승장구, 이제 하나의 계보를 형성하고 있습니다. 이 정도면 제2의 하나회입니다."

그리고 최후의 일격을 날렸다.

"최근 이진우 수방사령관, 곽종근 특전사령관, 여인형 방첩사령관을 한남동 공관으로 불렀지요? 출입 기록을 남기지 않으려고 입구에서 경호처 직원의 안내로 불러들여서 무슨 얘기 했습니까? 계엄 이야기 안 했습니까? 내란 예비 음모로 비칠 수 있음을 명심하십시오."

오후에도 같은 질문을 이어갔다.

"(계엄 건의를 위한) 국방부 비상대책회의 참석자, 기무사령관·특전사령관·수방사령관, 국방부 정책실장 그리고 장관, 합참의장, 이 중에 합참의장이나 일부 사람 제외하고 최소한의 인원으로 편성하면 바로 충암파 중심으로 가는 겁니다. … 그리고 국방부 계엄비상대책회의 핵심 구성원 세 사람, 방첩사령관·특전사령관·수방사령관을 8월 초에 경호처 관저 만찬에 부르셨지요?"

김용현은 과거에도 그런 경우가 있었다며 경호 문제를 상의하기 위함이라 둘러댔으나 이미 얼굴은 굳어 있었다. 조현천 전 기무사령관과 친하냐는 질문에 그렇다고 답변하면서도 계엄 문건은 모른다고 거짓말했다. 새빨간 거짓말이다. 김용현과 조현천은 육사 38기 동기이며 절친이다. 김용현 인사청문회의 첫 번째 청문 준비 실무 책임자는 배 모 준장이었는데, 김용현은 그에게 계엄에 관한 보고서를 작성하라고 지시했다. 배 장군은 보고서를 작성해서 장관 내정자 김용현에게 보고했다. 배 장군은 이때 조현천 문건에 대해서도 보고했다고 한다.

10월 1일 국군의날 행사에 참석하다

10월 1일 국군의날, 그때도 참 이상했다. 이날에는 시가행진이 예정되어 있었다. 사실상의 계엄 동원 훈련이 아닐까? 그렇다면 가봐야지. 눈으로 똑똑히 확인해야 돼. 현장에 답이 있는 법이니.

비가 내렸다. 성남 공군 비행장에서 열린 국군의날 행사장. 각종 무기가 전시되어 있었다. 특전사를 비롯한 여러 부대가 늘어선 채 윤석열의 입장을 기다리고 있었다. 우원식 국회의장을 빼고 야당을 통틀어 국회의원은 나 혼자였다. 국민의힘은 한동훈 당대표를 비롯해 주요 당직자들, 국방위원들이 다 왔다. 윤석열이 성남 비행장으로 들어왔다. 계단을 걸어올라 연단으로 왔다. 김건희도 곁에 있었다.

관련 영상 QR
241001
국군의 날 기념식

그날따라 김건희는 조용했다. '명태균 게이트'가 터진 뒤 한 달 가까이 흘렀지만, 그 여파는 여전히 가라앉지 않은 분위기였다.

행사는 국민의례로 시작되었다. 체코에 가서 애국가가 울리는데도 국기에 대한 경례를 하지 않았던 김태효가 보란 듯이 입을 크게 벌리며 애국가를 불러대는 모습이 중계 화면에 잡혔다. 웃긴 일이다.

행사가 시작되고 각 군 분열을 할 때 김용현이 윤석열 뒷자리에서 부대와 무기가 지나갈 때마다 손으로 입을 가리고 윤석열의 귀에 쉴 새 없이 뭐라 얘기한다. 그러더니 사열을 시작한다. 김용현은 역시 지휘 차량에 올라타 옆에 있는 윤석열에게 또다시 뭐라고 주워섬긴다. 내 눈엔 저 부대는 어떨 때 쓰는데 이번에 동원될 것이고, 저 부대는 무슨 공작에 쓸 것이며, 이렇게 저렇게 해내겠다는 그들만의 음모를 공공연히 온몸을 드러낸 채 누구에게도 들리지 않는 속삭임을 주고받는 것으로 보였다.

사열을 마치고 윤석열이 다시 연단에 올라왔다. 몇 가지 의례적인 행사가 끝나고 윤석열은 국민의힘 국회의원들에게 일일이 악수를 청하며 돌아다녔다. 그리고 한마디씩 덧붙인다. "바로 점심 먹으러 올 거지?" 아, 늘 저렇게 반말이구나. 그런데 한동훈에게는 아무 말도 하지 않는다. 악수조차 청하지 않는다. 얼떨결에 윤석열은 나에게도 악수를 청했다. 이게 누군가 하는 듯 눈알을 희번덕거렸다.

행사가 끝나고 주차장을 향해 걸어가고 있는데 어떤 사람이 내리는 비를 피하듯 휘적거리며 앞으로 잰걸음이다. 한동훈! 이 친구는 다른 의원들 밥 먹으러 가는데 못 끼었나? 못 끼었나보다. 잠시 후 자신의 차량에 훌쩍 올라타고 사라진다. 완전 송충이 씹은 얼굴이다.

점심이 끝나면 성남 비행장에 동원된 군사 장비와 군부대는 광화문을 거쳐 시내를 한 바퀴 도는 시가행진이 예정되어 있었다. '에이 더 볼 것 없다. 돌아가자', '이자들이 준비를 착착 하고 있구나' 생각하며 돌아왔다.

실제로 이들은 10월 1일 저녁 한남동 대통령 관저에서 술판을 벌이며 건배를 외쳤다고 한다. 그날 윤석열은 비상대권을 주장하며 누구를 잡아넣을지 이름을 들먹였다. 취중 진담이라던가? 한동훈을 잡아오면 총으로 쏴버리겠다는 말도 서슴지 않았다고 한다.

10월 8일 국방부에서 열린 국정감사장에서 제대로 다시 붙다

그들은 자신이 넘쳤다. 국군의날 행사도 마쳤겠다, 충분한 격려와 결의가 윤석열로부터 퍼부어졌을 것이다. 국정감사장은 국방부 1층 회의실. 윤석열이 집무한다는 대통령실 건물 바로 옆이었다. 국감장에 들어가 보니 김용현이 기세등등하게 앉아 있었고 그 뒤로 별을 단 장군들이 줄줄이 배석했다. 김용현의 어깨는 뾰족하게 솟았고 눈은 두리번거리며 '아무나 걸려봐라, 별들 앞에서 제대로 보여주겠어' 하는 듯한 모습이었다.

이날 우리는 김용현, 여인형과 제대로 붙었다. 나를 비롯해 김민석, 부승찬 모두 출격했다. 보이지 않는 칼을 상대의 심장을 향해 찌르는 결전의 장이었다. 여인형은 공군사관학교 출신 부승찬 의원에게 유독 공격적이었다. 목청도 높이고 핏대도 올렸다. 부승찬 의원이 자료 제출을 지적하자 "정보는 비공개가 원칙"이라 했고, "무슨 소리냐?"는 부승찬 의원에게 여인형은 왜 고함을 치느냐고 두 번이나 목청을 높였다. '이것들 봐라. 뭐야. 다 끝냈다는 태도구만? 아주 제 세상을 만났다 그래!'

여인형 사령관은 "정보수사기관의 특징"이라는 모호한 방패를 앞세워 모든 자료 제공을 거부했다. 마치 국회가 요구하는 민주적 검증의 절차를 사소한 번거로움 정도로 여기는 듯한 태도를 드러내고 있었다. 김민석 의원의 몇몇 질문에 대해서도 이렇게 답했다. "굳이 대답할 필요를 못 느낍니다." 담력인가? 오만함인가? 아니면 오히려 민주당 의원들에게 보내는 경고였을까?

이상민 장관의 방첩사 방문과 3사령관의 김용현 관저 만찬에 대해서도 뻣뻣했다. 김용현은 "장성이 국회의원 질문에 할 말 못하면 병신"이라고까지 했다. 가관이다. 어떤 질문에 대해서는 허공에 휘두르려던 주먹을 호주머니에 쏙 담듯 날름거린다. 도저히 묵과할 수 없는 상황이었다. 미리 짜놓은 듯이 대놓고, 국회와 국민을 무시하고 모독하는 행위였다. 내가 나섰다.

"국방부 국정감사 좋습니다, 아주. 제 느낌을 말씀드리겠습니다. 충암고 기운이 넘쳐요. 장관께서 또 여인형 방첩사령관 하는 것 보면 전두환, 차지철 같아서 아주 좋습니다."

"감사합니다."

"기세가 넘쳐요, 아주."

"고맙습니다."

"그래서 충암, 그 뒤에 몇 사람 있어요. 용현파까지 다 있는 자리에서 장관이 의원들에게 '할 말 못 하면 그게 병신'이라는 말을 쓰더라고요. 대단하십니다. 대단한 충동질이에요."

241008
국방위 국정감사

더 이상 참을 수 없었다. 이런 상식 이하의 인간들이 국방을 맡아서 또 다른 농단을 일삼고 있다니.

"취임 첫 부대 방문 가서 즉강끝 말씀하셨지요? 그래서 확인했더니 유엔사 교전 규칙 안 바뀌었어요. 즉강끝 야전에서 헷갈립니다. (그거 외치다) 한 방 날아오면 (야전에서) 어떻게 하라는 거냐? 차관이 대답했어요. 즉강끝은 구호다. 그렇습니다. 즉강끝은 정치선동 구호입니다. 가짜 평화를 깨는 가짜 용기, 허세지요. 즉강끝이 그나마 적을 대하는 기본 태도이길 바랐습니다. 그런데 눈을 의심케 하는 것이 발견되었습니다. 잘난 국방부 지휘부의 즉강끝은 어디에 가 있습니까? 골프공 박스에 즉강끝, '티샷은 즉각, 임팩트는 강력하게, 팔로스루는 끝까지.' 골프공에다가 즉강끝, 공 뒤통수 때리면 김정은의 뒷대가리가 깨집니까? 안보를 어디서 어떻게 하는 거예요? 그러니 대통령도 8월 24일 성남, 8월 31일 태릉, 9월 7일 남수원, 여기에 9월 14일 동여주까지 골프장 갔죠. 허세, 만용 그리고 내실 없는 국방 구호, 바로 그것이 윤석열 정부의 안보 정책이다 이

겁니다."

그랬더니 김용현이 갑자기 꼬리를 내린다.

"박선원 위원님 말씀 존중합니다. 잘 새기겠습니다. 특히 즉강끝을 구호가 아닌 행동으로 보여 드리겠습니다. 이제 그만하시고 더 이상 좀 말씀 안 하셨으면 좋겠습니다."
"끝까지 할 겁니다."
"정치 선동 계속하시겠다? 알겠습니다. 그러면 저도 대응하겠습니다."

김용현이 내세운 '즉강끝'은 얼핏 듣기에는 강하고, 행동을 재촉하는 말이다. 하지만 그 속내를 보면 내실이 없다. 유엔사 교전 규칙은 그대로 둔 채 장병들에게만 쩌렁쩌렁 울렸다. "즉각 강력하게 끝까지." 그리고 그들은 골프공에 '즉강끝'을 새겨 넣고 다닌다. 계엄의 맥락에서 보자면 즉강끝 구호는 일종의 군불 때기, 예열이었다.

  행동과 충성을 단순화한 군사 언어, 그리고 사고의 여백을 지워버린 '즉각성과 강력함'은 명령에 대한 맹목적 복종을 부추겼다. 그런 의미에서 '즉강끝'은 정치적 구호이자 계엄 준비를 알리는 북소리와 같았다. 허세가 지나치면 군은 충성이 아닌 공포로 움직이게 된다. 그리고 그 끝은 언제나 참담했다.

  왜 그토록 오만했을까? '국정감사 끝나면 확실히 보여줄게. 기다려'라고 생각했을까? 자신들만의 주체 못 할 희열과 흥분으로 엔도르핀이 과다 분출되나 보다. 2024년 국방부 국정감사는 겉으로는 계엄을 부정하면서 진실을 감추고 그날이 오면 모든 것을 장악하겠다는 오만방자, 자제를 모르는 독선의 연속이었다. 방어의 언어를 빌린 은폐, 거짓 위에 세워진 권력욕이 드러난 순간들이었다.

'이 사람들 확실히 사고 칠 것 같지?'

'확실해.'

그것이 나와 김민석의 국정감사 결론이었다.

4장

밤이 무너진 자리

미스터 Z의 거의 실시간 제보

친구 같은 후배가 있다. 정말 좋은 친구다. 아는 것도 많고 배려심도 깊다. 젊은 시절 학생운동도 했다. 국민의힘에도 아는 사람들이 많다. 마당발이다. 무엇보다 용산 대통령실 돌아가는 건 누구보다 잘 안다. 그는 내게 문자 메시지를 자주 보내준다. 모두 다 맞진 않을 것이다. '카더라' 수준으로 가볍게 넘기곤 했으나 내부 사람이 아니면 모를 내용처럼 보이는 것도 상당히 많았다. 확신은 누구도 할 수 없고, 사실이라고 주장하지도 않는다. 다만 이런저런 메시지 중 가벼이 여길 수 없는 것들이 태반인지라 잘 간직하고 있었는데, 갑자기 미스터 Z가 싹 지워버렸네. 아깝다. 그래도 기억나는 걸 떠올려본다.

"김용현이 국방부 장관을 이렇게 일찍 맡고 싶어 하진 않았다. 많이 당겨진 것 같다."

"국정원장 생각도 있었다는 풍문이다."
"장관이 되는 과정에서 김태효가 장호진 안보실장을 밀어내고 싶다는 욕망이 겹친 것 같다. 김태효는 정통 외교관 출신 장호진이 껄끄러웠던 것 같다. 그러니 김용현은 국방부 장관으로 가고, 더 오래하고 싶었던 신원식이 안보실장을 맡았는데 신원식은 연말에 대사로 나가게 될 것 같다."
"신원식이 장군 진급 인사 때마다 김용현이 간섭하고 끼어드는 걸 싫어했다. 몇 사람 장군 이상 명단 가운데 한둘을 거부했다고 한다. 근데 신원식이 거부한 사람 중에는 김건희가 미는 사람도 있었다. 자연스럽게 신원식은 김건희에게 찍혔다. 이번에 김용현이 그런 분위기도 이용한 것 같다."
"김용현은 자신의 절친에게 차례가 됐으니 받아들여야 한다며 장관직 수행에 의욕을 갖는 것처럼 보인다."

명태균 건이 터지자 미스터 Z의 정보는 더 늘어난다.

"대통령실이 완전 마비다."
"대통령실 분위기 장난이 아니다."
"비서실 최고책임자도 명태균과 윤석열, 김건희 사이에 무슨 일 있었는지 전혀 모르니 대응할 수단과 방법이 없어 손 놓고 있다고 한다."
"정무수석은 거의 손을 놓았다. 다른 자리로 옮길 생각이라고 한다. 그래도 정진석은 정무수석과는 대화를 하는 것 같다. 정진석

본인도 관두고 싶어 한다는 소문이다."

"정무수석은 일을 안 하고 시민사회수석과 홍보수석실만 그럭저럭 움직이고 있다. 특히 홍보수석 쪽에서는 전광훈과 선을 대고 있다고 한다."

"해외 순방 때 김건희가 히스테리를 부렸다고 한다."

"재벌 총수들이 윤석열과 순방 때 마시는 술에 너무 힘들어한다는 말이 파다하다."

"이제 대통령실은 거의 돌아가지 않는 것 같다. 다들 의기소침하다. 대책도 뭣도 없다."

미스터 Z와는 자주 만나지 않는 편이다. 기껏해야 두세 번? 그런데도 꾸준히 정보를 보내준다. 어떤 지라시보다 내용이 많고, 전후 사정과 다른 정보들을 종합해보면 저절로 신뢰하게 되는 것들이다. 국민의힘 내부 분위기를 알리는 정보는 정말 많았다. 12·3 계엄 이후 안보실 고위 인사가 2023년 12월부터 비상계엄을 해야 한다는 주장을 펴서 친윤 의원들이 깜짝 놀라 "어디서 그런 말 하지 말라고 했다"는 제보도 있었다.

2024년 12월 3일, 혼돈의 국무회의와 계엄 선포

드디어 계엄 하루 전인 12월 2일 검사 탄핵안이 국회 본회의에 상정되자 윤석열은 "도를 넘었다"라며, "간부들 위주로 군을 국회로 투입하라"고 지시했다고 한다. 김용현은 훗날 검찰 조사에서 이 발언을 확인했으며, 윤석열의 분노가 계엄 결정의 핵심 계기였다고 진술했다. 2024년 3·4분기 경제성장률이 0.1%로 저조했고, 반도체 산업 위기와 삼성전자 주가 하락이 이어졌지만, 윤석열 정부는 경제관계장관회의나 실질적 대책 없이 반대파 제거와 정권 보위를 위한 계엄에만 매달려 있었다.

12월 3일 계엄 당일 새벽, 김용현은 국방부에서 국회로 파견된 국방부 국회협력단장에게 윤 정부 출범 후 야당의 탄핵 시도 횟수(22번)를 집계하게 했으며, 이는 윤석열의 대국민 담화문에 반영되었다. 김용현은 또 국회 국방부협력단에게 비상계엄 선포 전날까지 김건희 특검법 진행 상황을 점검토록 지시했다.

계엄 선포를 위한 국무회의는 법적 절차를 무시한 채 진행되었고, 국무위원들의 소극적 의사 표시에도 불구하고 윤석열의 강행 의지로 마무리되었다. 다음은 그날의 상황을 시간대별로 재구성한 것이다.

오후 8시 40분: 대통령실 집결, 계엄 의도 드러나다

이상민 행정안전부 장관이 울산 행사를 마치고 KTX로 서울에 복귀하던 중 비화폰으로 김용현과 통화하다가 '서울 도착하는 대로 바로 용산으로 오라'는 급박한 지시를 받았다고 한다.

오후 8시 40분, 이상민이 대통령실에 도착했을 때 이미 김용현과 박성재 법무부 장관이 자리를 지키고 있었다. 곧이어 한덕수 국무총리, 김영호 통일부 장관, 조태열 외교부 장관, 조태용 국정원장이 차례로 들어왔다. 총 7명이 모인 그 순간, 윤석열이 '비상계엄 선포' 의사를 밝혔다.

오후 8시 40분~9시: 소위 '계엄 관계 국무위원'들의 면면

계엄을 동조하고 이끌었던 김용현 국방부 장관, 이상민 행정안전부 장관, 박성재 법무부 장관, 한덕수 총리, 찬성하지는 않았다지만 평생 예스맨으로 출세한 조태용 국정원장과 좌파 출판사 사장 출신 김영호 통일부 장관, 현장에서 반대했다는 조태열 외교부 장관, 이창용 한국은행 총재의 말을 듣고 나중에는 반대하기로 마음먹었었다는 최상목 경제부총리. 내란 세력이다. 조태열을 빼면 모두 내란의 주역들이다.

이상민 장관은 윤석열의 지시대로 소방청을 통해 언론사와 방송사에 단전, 단수를 지시했다고 한다. 당시 참석자 대부분은 대통령의 결정을 기정사실로 받아들였으며, 사태가 성공할 경우 정치적 이익을 기대했을 수도 있다.

사실 윤석열 같은 스타일에게는 국무위원들, 장관이라는 존재가 그리 중요하지 않다. 그러나 이날은 거사의 순간 아닌가? 시간도 없고 각자에게 임무를 수행토록 해야 하는 상황에서조차 그는 흥분과 분노에 사로잡혀 있었다.

그런데 반대했다는 한덕수도 알고 보니 새빨간 거짓말이었다. 수많은 인간 군상 가운데 거짓말을 뻔뻔스럽게 하는 데는 한덕수를 따라갈 사람도 별로 없을 것이다. 자신을 '반대자'로 포장하려 했고, 나중엔 윤석열이 선택한 대선 후보가 되려 하지 않았던가!

한때 좌파였다는 김영호 통일부 장관은 아마도 김용현이 포함시켰을 것이다. 통일부는 최근 화천에 있는 제2하나원을 리모델링했다고 한다. 노상원 수첩에 나오는 '수집소'가 당장 필요해서, 하나원을 수집소로 쓰려고 통일부 장관을 부른 것일까?

오후 9시경: "와이프도 모른다"

윤석열은 이날 오후 9시 대통령실에서 한덕수 국무총리, 이상민 행정안전부 장관 등에게 "이거 아무도 모른다. 심지어 우리 와이프도 모른다. 비서실장도 모르고 수석도 모른다. 와이프가 굉장히 화낼 것 같다"라며 비밀리에 진행된 결정임을 강조했다.

윤석열이 와이프도 모른다는 말을 한 것은 비상계엄 빼곤 모든 국사를 김건희가 도맡아 했거나 최소한 상의를 다 했다는 자기 고백 아닐까? 윤석열은 자신의 입으로 자신의 잘못을 폭로하는 경우가 많다. 헌법재판소 신문 때도 그런 모습을 여러 차례 노출했었다.

오후 10시 17분 ~ 22분: 5분 만에 끝난 회의

오후 10시 17분 계엄 선포를 위해 국무위원들이 둘러앉았다. 참석자는 윤석열, 한덕수, 김용현, 이상민, 최상목 등 11명으로, 전체 18명 중 일부가 불참했다. 윤석열은 국회를 "범죄자 집단의 소굴"이자 "반국가 세력"으로 규정하며 계엄 필요성을 역설했다. 김용현은 군 동원 계획을 보고했고 비상계엄 선포문을 복사해 배포했다.

반대 의견은 공식적으로 제기되지 않았다. 한덕수는 이후 국회에서 당시 우려를 표시했다고 증언했지만, 최근 CCTV 등을 통해 확인된 바로는 그런 일은 없었다. 회의는 불과 5분 만에 끝났으며, 끝까지 최소한의 절차와 형식도 무시되었다. 윤석열은 참석자들의 말을 듣지도 않고 계엄을 선포하겠다며 나가버렸다.

오후 10시 22분: 계획대로 비상계엄 강행

허울뿐인 국무회의가 끝난 직후 신원식 국가안보실장이 대통령 집무실에 도착했다. 아무것도 몰랐다는 신원식의 주장은 어디까지 진실일까? 안보실장이면서 계엄을 모른다는 건 절대 말이 되지 않는다. 다만 모르는 체했겠지. 물론 12월 3일 당일 결행할 것이라는 건 놓쳤을 수도 있겠다.

신원식은 정진석 비서실장이 '망연자실한 표정'으로 앉아 있는 모습을 보았다고 한다. 무슨 일인지 묻자, 정진석은 "대통령님이 비상계엄을 선포하기 위해 국무회의를 하고 있습니다"라고 답했다. 복도로 나온 윤석열에게 정진석은 "절대 안 됩니다"라며 마지막으로 만류했다고 한다. 신원식 실장도 반대하는 듯했지만, 반응은 없었다고 한다.

대접견실에 남아 있던 한덕수, 조태열, 최상목 등은 신원식에게 "큰일 났다"라고 짧게 말하며 불안해했다. 신원식은 이 대목에서 진실을 밝혀야 할 것이다. 정확하게 한덕수가 무슨 말을 했는지. 모두 계엄령 이후 내란에 엮이지 않기 위한 본인들의 변명일 가능성이 높다.

오후 10시 27분: 계엄 선포, 위법과 위헌의 시작

오후 10시 27분, 윤 대통령은 대국민 담화를 통해 비상계엄을 선포했다. 계엄군은 즉시 국회와 선관위로 출동했고, 박안수 육군 참모총장이 계엄사령관으로 임명되었다. 그러나 이 과정은 법적 근거를 상실한 상태였다.

헌법 제77조는 계엄 선포 시 지체 없이 국회에 통고해야 한다고 규정하고 있고, 계엄법 제2조는 계엄을 선포하고자 할 때에는 국무회의의 심의를 거쳐야 한다고 규정하고 있다. 그러나 윤석열의 계엄은 국회에 통고되지 않았을 뿐 아니라 국무회의 요건도 갖추지 못해 위헌, 위법 논란이 불거졌다. 우원식 국회의장은 "통고를 전혀 받지 못했다"라고 확인했다. 더 심각한 것은 국회의 활동을 금한다는 계엄 포고령 조항이었다. 이는 계엄이 행정과 사법 분야에만 적용된다는 계엄법 제2조는 물론, 헌법마저도 정면으로 위반한 것이었다.

국무회의록은 애초에 작성되지 않았으며, 작성할 생각도 없었다. 이상민은 "행안부 의정관이 참석하지 못했고, 내란 프레임으로 기록이 곤란했다"라고 증언했다. 전자 서명(부서)도 이루어지지 않았다. 한덕수는 "통상의 국무회의와 달랐다"라며 간담회로 봤고, 주태열도 2월 25일 국회 답변에서 "의견을 듣는 자리일 뿐"이라며 국무회의로 인정하지 않았다.

거짓과 허위, 망상에 사로잡힌 계엄

육사 갔다면 계엄을 했을 거라던 윤석열, 이런 과대망상증 환자가 3년 가까이 우리나라를 지배했었다. 그의 계엄 이유를 들어보자.

결국 비상계엄 요건을 하나도 갖추지 못했음을 스스로 폭로하는 것과 다름없다는 것을 알 수 있다.

국회 독재와 의회 무력화 주장

윤석열은 계엄 선포 연설에서 "국회는 범죄자 집단의 소굴이 되었고", "국회가 예산안을 통과시키지 않아 국가 운영이 마비됐다"며 목청을 높였다.

윤석열은 "국회가 민주주의 체제의 전복을 기도하고 있다, 민주주의 체제를 붕괴시키는 괴물이 되었다"고 주장했다. "종북 반국가 세력이 국민의 자유와 행복을 약탈하고 있다"라고도 하고, "대한민국은 당장 무너져도 이상하지 않을 풍전등화의 운명에 처해 있다"라고 했다. 모두가 실체 없는 주장이다. 그런 주장은 망상 속에 휘두르는 썩은 칼날이 되어 허공으로 흐트러진다. "파렴치한 반국가 세력을 일거에 척결하겠다"라고? 다 쓸어버리겠다, 내 맘대로 휘두르겠다는 얘기다.

부정선거 의혹에 대한 집착

윤석열은 "2022년 대선과 최근의 부정선거 의혹을 해소해야 한다"라는 허언을 반복해왔다. 계엄군이 선관위 본청과 수원 연수원에 출동해 서버를 탈취하려는 명분 만들기였다. 그러나 부정선거 의혹의 근거는 전혀 없다. 선관위가 "부정선거 증거는 없다"라고 반박했으나, 윤석열과 그를 따르는 사람들은 지금도 부정선거를 운운하고 있다. 이는 계엄을 통해 국회의원 총선거 결과를 뒤집으려는 핑계였을 뿐이었다.

진짜 부정선거가 있었다면, 2022년 대선에서 본인이 어떻게 당선될 수 있었겠는가? 국회 정보위 간사로서 윤석열이 국정원 과학담당 차장실에 지시한 내용을 보면, 그는 이성적으로 판단을 아예 못 하는 존재로 보였다. 거의 금치산자 수준의 판단력을 갖고 있다고 해도 과언이 아닐 것이다.

사회 혼란 방지와 공공질서 유지

윤석열은 평소 "불법적인 집단행동은 절대 허용될 수 없다"는 발언을 여러 차례 했다. 이는 계엄 포고령에서 "집회 금지" 조항으로 구체화 되었다. 윤석열은 이것이 "국민 안전을 지키려는 조치"라고 강변했다. 그러나 이는 역설적으로 국민 저항을 키웠다. 12월 3일과 그다음 날인 4일, 수만 명이 국회 앞에서 "계엄 철폐"를 외쳤고, 계엄 선포가 오히려 사회 혼란을 촉발했다.

절차적 문제점

헌법과 법률이 요구하는 절차는 철저히 무시되었다. 헌법 제77조 4항과 계엄법 제4조는 계엄 선포 후 지체 없이 국회에 통고해야 한다고 명시하고 있다. 윤석열은 밤 10시 27분 계엄을 선포하지만, 우원식 국회의장은 통고를 전혀 받지 못했다. 이는 명백한 위법 행위다.

또 헌법 제82조는 대통령의 국법상 행위는 문서로 작성되고,

국무총리와 관계 국무위원이 부서(서명)해야 한다고 규정한다. 그러나 국무회의는 불완전했다. 전체 18명 중 11명만 참석했으며, 의결정족수(3분의 2 이상) 충족 여부도 불분명하다. 김용현은 헌재에서 "정족수가 안 됐는데 심의했다"라고 증언했고, 한덕수조차 "통상의 국무회의가 아니었고 형식적, 실체적 흠결이 있었다"라고 인정했다. 개의·폐회 선언, 안건 상정, 심의 과정이 생략된 회의는 법적 효력을 갖춘 국무회의로 볼 수 없다.

윤석열 측은 헌법재판소의 탄핵 심판에서 "정족수를 맞춘 후 결정이 이루어졌다"라고 주장했지만, "윤석열이 5분 만에 브리핑룸으로 이동해서 비상계엄을 선포했다", "정족수가 안 됐는데 심의했다"라는 김용현의 발언은 이를 정면으로 부정한다. 실질적 논의 없이 일방적으로 선포문만 배포하고 회의를 끝내버린 것은 이날 참석자들이 거수기 역할조차 못 했다는 것을 의미한다.

계엄의 실체적 요건도 충족되지 않았다. 헌법 제77조 1항은 "전시·사변 또는 이에 준하는 국가비상사태"에서만 계엄을 선포할 수 있다고 규정한다. 당시 전시나 사변 상황은 존재하지 않았으며, 북한의 군사적 위협이나 비상 상황이라는 증거도 없었다.

계엄군의 국회 진입은 절차적·실체적 문제 외에 위헌성을 더한다. 헌법 제44조 1항과 계엄법 제13조는 현행범이 아니라면 국회의원을 체포·구금할 수 없다고 보장한다. 그러나 12월 3일 밤 11시 48분, 특전사와 수방사 병력이 국회로 진입했고, 곽종근 특전사령관은 "문짝을 부수고 끌어내라"는 윤석열의 지시를 폭로했다.

윤석열 측은 "비무장·비폭력을 지시하며 국회 기능을 정지시키려는 의도가 없었다"라고도 주장했다. 그러나 헬기 12대가 국회에 착륙한 장면을 온 국민이 TV를 통해 지켜보았고, 언론 통제 계획 역시 폭력적 의도를 반영하고 있다. 민주주의와 헌정질서에 대한 직접적 공격이었다. 윤석열 측은 "반나절 계엄으로 국민에게 경각심을 주려 했다"라며 "국민주권 확립을 위한 조치"라고 억지 논리를 폈지만, 터무니없는 궤변이다.

국무회의의 절차상 문제와 계엄의 실체적 요건 미충족, 국회통고 생략, 형식적 심의 부재, 비상사태 없는 강행은 헌법과 계엄법을 무시한 결과다. 국회 및 중앙선거관리위원회 침탈은 헌정과 민주주의를 위협한 결정적 증거다. 이렇게 차고 넘치는 증거들로 2024년 12월 14일 윤석열에 대한 탄핵안이 가결되었고, 2025년 4월 4일 헌법재판소에서 탄핵이 인용되었다. 그리고 지금은 윤석열에 대한 내란죄 수사가 이어지고 있다.

왜 하필 12월 3일이었을까?

계엄이 실행된 시점에 대한 의문은 여전히 풀리지 않는다. 왜 하필 12월 3일이었을까? 그 단서가 있다. 11월 중순부터 잘 모르는 기자들의 전화가 자주 걸려 왔다. "의원님, 김용현 장관 탄핵 언제 할 거예요?" 어떤 날은 여성 기자, 어떤 날은 전혀 알지 못하는 남성 기자가 전화했다. 평소 연락하는 국회 정보위 관련 기자들이나 민주당 출입 기자들은 소속 매체와 기자 이름이 전화번호와 함께 저장되어 알 수 있다. 그런데 이상하게도 김용현 탄핵에 관해 묻는 기자들은 나에게 저장되어 있지 않은 전화번호였다. 처음엔 국방부 출입 기자들인가 생각했지만 아마도 정보기관 요원들일 수도 있겠다는 의심이 들어 김민석 의원과 상의했다.

"혹시 언제 김용현 탄핵할 거냐 묻는 전화 받았어?"
"두어 번 받았어. 이상하지?"
"응."
"우리 동태를 살피는 것 같아! 아니 계엄 할 생각을 안 하면 되지."

더불어민주당이 김용현 국방부 장관 탄핵을 추진하면서, 그가 직무에서 배제되는 상황이 윤석열에게 공포를 불러일으켰을 것이다. 김용현이 없으면 윤석열 곁엔 아무도 남지 않는 상황이 되기 때문이다. 그러면 계엄이고 뭐고 다 물거품이 된다. 그래서 윤석열은 우리가 순식간에 탄핵 발의를 하고 통과시켜버릴 것을 두려워하고 있었을 것이다. 윤석열은 헌재에 나와서 김용현 탄핵을 언급했으며, 김용현 본인도 야당이 자신을 탄핵해서 윤석열의 오른팔을 자르려 한다고 말한 적이 있다. 10월부터 11월까지 그토록 발악하듯 북한 도발을 유도했으나 아무런 반응이 없자 결국 윤석열은 명태균 게이트 때문에, 김용현은 자신의 탄핵 가능성 때문에 서둘렀다고 봐야 한다.

11월 24일 윤석열이 더 이상 기다릴 수 없다고 하자, 즉각 실행 단추를 누른 것은 김용현이었다. '내가 탄핵당하기 전에 해치워버려야지'라고 생각했을 것이다. 택일은 김용현이 무속에 심취한 노상원과 같이했을 것이다. 자신들이, 아니 누가 하든 장기 집권의 길이라고 무당으로부터 받은 '길일'이 12월 3일이라 하니, 윤석열에게 건의했을 것이다. "12월 3일 해치우자."

그 무렵 나는 윤석열이 칼을 빼 드는 순간이 가까워졌다는 것을 직감할 수 있었다. 그러나 딱 12월 3일로 생각하지는 못했다. 아는 게 병이라던가. 12월 10일 정도 되면 미국은 연말 크리스마스 시즌을 맞아 국제 문제 개입에 소극적이게 된다. 12월 10일이 지나면 휴가에 들어가거나 휴가만을 생각한다. 그즈음이 되면 11월 초 당선된 트럼프는 아직 취임을 한 달 반 이상 남겨두고 있어 확고한 통제력을 갖추지 못하는 한편, 물러가는 바이든 행정부는 힘이 빠지기 시작한다. 소위 사고 치기 딱 좋은 계절이 다가오고 있었다. 11월 말 이미 계엄 실행을 위한 모든 준비가 차근차근 진행되었고, 언론 장악, 국방부 장악, 그리고 국수본과 방첩사의 협력 체계도 다 갖춰졌겠지만, 그래도 12월 10일은 지나야 그날이 오리라 생각했었다.

계엄을 통해 무엇을 하려 했나?

영구 집권이 진짜 목적이라는 근거나 증거를 찾기가 쉽지는 않았다. 그런데 검찰 특별수사본부에서 작성한 김용현 공소장이 2025년 1월 5일부터 의원회관에 돌아다녔다. 작전 부대 명칭이나 피의자 이름이 가, 나, 다로 표기되어 있고, 부호 처리가 되어서 읽기 쉽지 않았다. 끈기가 필요했다. 그런데 그 공소장을 읽다가 무릎을 '탁' 칠 일이 생겼다. 김용현 공소장 후반부에 최상목이 윤석열로부터 받은 문건 내용이 나온다. "국가비상입법기구 관련 예산을 편성할 것." 이게 뭔가? 전두환의 국가보위입법회의를 그대로 따온 거다. 윤석열의 12·3 계엄은 전두환의 12·12 쿠데타와 5·17 전국 비상계엄 확대를 합친 것과 같았던 것이다.

난 바로 내란진상조사단 일원으로서 기자회견을 했다. "윤석열의 불법 비상계엄의 목적은 영구 집권을 위한 국회 해산이며, 국가비상입법기구를 통한 반헌법적 정치구조 구축이다." 나는 '윤석열 정부의 비상계엄 선포를 통한 내란 혐의 진상규명 국정조사 특별위원회'에서 최상목을 직접 신문했다.

당시 공개된 최상목 계엄 문건에는 비상계엄 선포 이후 조치할 구체적인 사항이 담겨 있었다. 주요 내용은 다음과 같다.

- **국회 자금 완전 차단**. 국회의 운영비뿐만 아니라 의원들의 임금 등 모든 자금 흐름을 차단하라는 지시였다. 이는 단순히 국회 운영을 방해하는 수준을 넘어 헌법기관인 국회의 기능을 완전히 무력화하려는 시도였다.
- **국가비상입법기구 설치**. 계엄 상태에서 국가비상입법기구를 설치하고, 이를 운영하기 위한 재정 자원을 확보하라는 지시였다. 계엄령이 국회의 입법권을 박탈하고 윤석열 중심의 영구 집권 체제를 구축하려는 계획임을 시사하는 지시였다.
- **예비비 확보**. 경제적 혼란을 관리하고, 계엄 정국을 유지·관리할

자금 확보를 위한 지시였다.

윤석열은 헌법재판소에서 "내가 썼는지 김용현이 썼는지 기억이 가물가물하다"라며 책임을 모호하게 넘겼다. 하지만 이 건은 윤석열의 내란죄 혐의를 입증하는 핵심 증거라고 할 수 있다. 특히 '국회 자금 완전 차단'과 '국가비상입법기구 설치'는 헌법이 보장한 국회의 권한을 소멸시키려는 시도로 형법상 국헌 문란에 해당하기 때문이다.

한편, 최상목은 계엄을 무시하기로 해서 쪽지를 바로 보지 않았다고 국정조사에서 밝혔는데, 두말할 나위 없는 거짓말이다. 최상목은 박근혜 청와대와 윤석열 대통령실에서 비서관과 수석 비서관을 한 사람이다. 그런 경력의 소유자가 대통령이 준 문서를 읽지도 않고 구겨서 호주머니에 넣는다고? 거짓말도 유분수지.

한편, 최상목 문건의 하단을 보면 쪽번호 '8'이 기재되어 있다. 즉, 적어도 1페이지부터 7페이지까지가 존재한다는 뜻이다. 당시 회의는 윤석열의 집무실 옆 회의실에서 시작되었으며, 초기 참석자는 김용현, 한덕수, 박성재, 김영호, 조태열 등 7명이었다. 김용현은 "여러 개의 문건을 준비해 참석자들에게 배포했다"라고 증언했는데, 이는 이상민의 진술과 일치한다. 이상민은 집무실에서 종이쪽지 몇 개를 멀리서 본 게 있는데, 그중에 "소방청장, 단전, 단수"라는 내용이 적혀 있었다고 했다. 물론 이것도 거짓말로 들통났지만.

그날 국방부의 시계는 거꾸로 돌았다!

권력욕의 화신, 김용현

윤석열 정권 내내 12·3 내란의 핵심 주동자 김용현의 영향력은 최강이었다. 김용현은 윤석열의 고등학교 1년 선배로, 윤석열과의 긴밀한 관계 속에서 대통령경호처장으로, 국방부 장관으로 승승장구했다. 특히 신원식이 윤석열의 눈 밖에 나면서 김용현은 더욱 안하무인이 됐고, 윤석열 정권과 자신을 동일시했다. 그런 김용현도 막상 국방위에서 계엄을 할 거냐고 물었더니 부인한 적이 있는데, 김용현 안에 들어 있는 또 하나의 김용현이 내뱉은 말일 수도 있겠다.

김관진이 국방부 장관과 안보실장이던 시절, 그는 수방사령관과 합참 작전본부장을 지내며 국방 정책의 핵심 위치에 있었다. 하지만 한민구 장관 시절 진급에서 배제되자 앙심을 품었다는 소문도 있었다.

결국 김용현은 2017년 문재인 정부 첫해에 대장 진급에 실패하고 전역한다. 군 전역 이후 예비역단체에서 활동하며 여·야 의원들과 폭 넓게 친분을 쌓아오던 중 충암고 1년 후배이자 대통령 후보로 거론되던 윤석열과 급속히 가까워졌다. 국민의힘 중앙위원회 국방안보위원장, 선거대책위원회 등에서 활동하며 본인의 입지를 다져갔고, 대선 이후 윤석열 정부 초대 경호처장에 임명되었다.

12·3 내란의 핵심 김용현의 내란 수행

2024년 11월부터 이전과는 달리 구체적인 논의와 지시가 내려가기 시작했다. 계엄 포고령 작성과 실행을 위한 움직임도 본격화됐다. 2024년 11월 9일, 서울 용산 국방부 장관 공관에서 김용현 국방부 장관은 여인형 방첩사령관, 곽종근 특전사령관, 이진우 수방사령관과 함께 식사하며 비상계엄을 논의했다. 증언에 따르면, 김용현이 "비상사태가 발생하면 군부대들이 어떻게 할 것인지"를 물었고, 곽종근과 이진우는 "준비태세를 잘 유지하겠다", "출동태세를 갖추겠다"고 답변했다

11월 24일에는 대통령 관저에서 윤석열과 김용현이 차를 마시며 대화를 나눴다. 윤석열은 "이게 나라냐? 국회가 패악질하고 있다"라며 강한 불만을 쏟아냈고, 김용현은 이를 계엄 선포의 신호로 받아들였다고 한다.

12월 1일에 김용현은 곽종근에게 구체적인 작전 지시를 내렸다. "국회, 선관위 과천청사, 관악청사, 선거연수원, 민주당사, 여론조사 꽃에 특전사 부대를 투입해 시설을 확보하라." 이 지시는 계엄 실행의 핵심 목표를 보여준다. 이어 12월 3일 저녁, 김용현은 여인형과 통화하며 "계엄에 대비하라"고 지시했고, 계엄이 선포되자 정치인, 전직 대법원장, 법조인 등의 위치를 파악하라는 명령도 내렸다. 이는 계엄 포고 직전 군부의 실질적 준비가 완료되었음을 의미했다.

김용현 국방부 장관, "국회와 민주당사를 확보하라!"

계엄 당일 새벽 김용현과 노상원의 만남

2024년 12월 3일 새벽, 국방부 장관 공관을 지키던 경비병들은 손님을 맞았다. 경비병들이 보기에 누군지 알 수 없지만 최근 들어 자주 방문한 사람이었다. 그 사람은 김용현의 측근이자 집사 역할을 하던 양 모 씨의 안내로 은밀하게 새벽에 들어왔다가 빠져나갔다. 김용현의 출근길을 수행하려던 군사보좌관에게 관리부사관이 이 사실을 보고했다.

그날 새벽 김용현을 방문한 이는 정보사령관 출신 노상원이었다. 노상원과 김용현은 계엄 전까지도 하루에 수차례씩 통화하며 계엄을 준비해왔다. 노상원은 민간인 신분이었으나, 계엄의 비선 기획자로 중요 인물이다. 11월과 12월, 노상원은 이미 문상호 사령관을 비롯한 정보사 간부들과 여러 차례 '햄버거집 모임'을 가지고 그 자리에서 선관위 장악을 지시했다. 계엄 당일 아침 김용현과 노상원의 만남은 최종 점검으로 보인다.

긴박했던 12월 3일, 국방부와 합참 전투통제실

평생을 군인으로 산 김용현도 2024년 12월 3일만큼 긴장했던 날이 없었을 것이다. 그는 새벽에 노상원을 만나 계엄령 선포와 작전 지침을 최종 확인한 뒤, 오전 9시 15분에 공관을 떠나 10시 국무회의에 참석했다. 이어 오전 11시 30분에 8·15 통일 독트린 챌린지 사진 촬영에 참석했고, 11시 40분에는 국방혁신기획단 단원들과 오찬을 함께 했다.

방정환 육군 준장(계엄 시 제2수사단 부단장)과 함께 진행한 국방혁신기획단 오찬 자리에서 김용현은 무척 상기되어 있었다. 특히 국회의 예산 심의 과정을 문제 삼으며 민주당 의원들을 성토했다고 한다. 민주당 국방위원 개개인에 대해 입에 담을 수 없는 험담을 퍼붓고 국회 예산 심사 과정에 대해서도 상당한 불만을 토로했다. 특히 특정 의원에 대한 인격 모독성 험담이나 탱크로 국회를 밀어버리겠다는 이야기도 서슴지 않았다고 한다.

오후 4시 30분, 육군총장 박안수가 독대 대면보고를 위해 김용현의 집무실로 들어갔다. 그 자리에서 계엄령 선포에 관한 내용과 계엄사령부 구성 방침이 전달되었겠지만, 박안수는 나중에 국회 국방위 전체회의에서 이를 부인했다. 이후 5시에 김용현은 국방부 인사기획관의 보고를 받으며 그에게 "21시 30분에 집무실로 다시 와서 대기하라"는 지시를 내렸다.

김용현은 오후 6시 장관실의 결산 보고와 일정 보고를 마치고 6시 40분경 저녁 식사를 위해 구내식당으로 이동하다가 대통령실의 호출을 받고 그대로 대통령실로 출발했다. 저녁 7시 직후 조지호 경찰청장과 김봉식 서울경찰청장, 김용현과 윤석열은 삼청동 안가에서 모여 비상계엄 선포에 따른 지시 사항을 주고받았다.

김용현은 비상계엄이 선포된 직후인 밤 10시 28분, 합참 전투통제실로 이동해 계엄 작전을 통제했다. 합참 전투통제실은 전혀 준비되지 않은 상태였는데, 실무자들이 급히 통신망을 연결했다. 김용현은 특전사·수방사·방첩사 사령관에게 각각 윤석열의 계엄 담화문 발표를 시청토록 전파했고, 대기 중인 인원들을 소집했다. 김선호 차관, 박안수 육군총장, 김○○ 육군 정책실장, 정○○ 합참차장, 이○○ 합참 전비태세검열차장, 오○○ 국방부 인사기획관, 전하규 국방부 대변인 등이 모였다. 이외에 실무자들이 급히 연락을 받고 모이기 시작해 50여 명의 지휘관과 실무자가 모였으나, 모두 어리둥절한 채 앉아 있었다.

군단장급 이상 전군 주요 지휘관 회의 개최

밤 10시 30분, 대통령의 계엄령 선포 방송이 끝난 다음 김용현은 전군 주요 지휘관 회의를 소집하고 박안수 육군참모총장을 계엄사령관으로, 정○○ 합참차장을 부사령관으로 임명했다고 발표했다. 그리고 노란색 서류봉투에서 A4 1장을 꺼내어 박안수에게 건넸다. 거기에는 '계엄사령부 포고령 1호'라고 명시되어 있었다. 합참의장 김명수는 배제되었다.

김용현은 군단장급 이상 지휘관 화상회의를 주관하면서 다음과 같은 발언을 했다.

- 대통령님의 뜻을 받들어 임무 명령을 하달한다.
- 이 시간 이후의 모든 군사 활동은 장관이 책임진다.
- 단, 공이 있다면 여러분의 몫이고 책임이 있다면 장관의 몫. 오직 부여된 임무에만 전념하라.
- 혹여 명령에 불응하거나 태만한 자는 항명죄로 다스려서 군율이 얼마나 중한지 알릴 것이다.

- 수방사령관, 특전사령관에게 이미 지시한 사항 관련 이행 제한 사항 확인 및 준비되는 대로 이행하라.

김용현의 구체적 지시: "국회와 선관위를 장악하라"

12월 3일 국회에 투입된 계엄군의 주요 목표는 국회를 신속히 점령·봉쇄해 계엄 해제 권한을 가진 국회를 무력화하여 계엄 상태를 유지하는 것이었다.

특전사와 수방사가 국회를 확보하고 의원들을 본회의장에서 끌어내면, 방첩사 주도로 편성된 '반국가세력 합동체포조'가 의원들을 체포하여 구금시설로 끌고 가 감금할 계획이었다. 구체적 대상은 우원식 국회의장, 이재명 민주당 대표, 한동훈 국민의힘 대표, 박찬대·김민석·정청래 등 주요 의원, 그리고 시민단체 관계자, 대법관과 판사, 언론인 등이었다.

김용현은 12월 1일 오후 곽종근에게 "계엄 상황이 발생하면 국회, 선관위, 민주당사, 여론조사 꽃을 확보하라"고 지시했고, 12월 3일에는 이진우에게 "계엄이 선포되면 수방사는 2선에서 국회 본관 및 의원회관 등을 봉쇄하라"고 지시했다. 계엄 선포 직후 김용현은 합참 전투통제실로 내려가 국회 상황을 TV로 지켜보면서 곽종근과 이진우에게 수시로 전화하여 "왜 못 들어가냐", "국회의원이 150명이 안 되도록 막아라", "빨리 국회의사당 문 열고 안으로 들어가서 국회의원들 데리고 나와라"라고 지시하였다.

계엄을 사전에 모의한 군사령관들은 이날 윤석열 대통령이 계엄을 선포하자마자 일사불란하게 작전을 펼쳤다. 중요한 작전 중

하나가 선관위 서버 장악이었다. "부정선거를 저질러 거대 의석을 차지한 야당이 입법 폭거로 국가 비상사태를 초래했다"고 주장하는 윤 대통령에게 멀쩡한 선관위를 장악해서 부정선거로 조작하는 것은 비상계엄의 동기이자 명분, 목적이었다.

당시 김용현 장관은 한 손은 무궁화폰(비화폰)으로 윤석열과 통화하고, 다른 한 손으로는 현장 사령관 및 지휘관들과 통화를 바쁘게 하면서 작전을 지휘했다고 한다.

5장
결코 물러설 수 없다

12월 3일 국회 본회의장

12월 3일 밤 10시 55분 조금 지나 강화수 보좌관한테서 전화가 왔다.

"의원님 국회 거의 도착했습니다. 본회의장은 잘 들어가셨습니까?"

"응. 나도 들어온 지 얼마 안 됐어."

"진짜로 해버렸네요."

잠시 서로 말이 없었다.

"그러게. 완전 미친 거지. 다들 들어오라 하고 나머진 알아서 잘해."

"알겠습니다."

시간이 얼마나 흘렀을까, 헬기 소리가 났고 얼마 되지 않아 본회의장 밖이 소란스럽다.

신동일 보좌관의 전화다.

"특전사 맞습니다."

"뭐? 707?"

"네. 707. 휙 정찰 한번 돌겠습니다."

"일찍 왔네. 그렇게 해."

국회의원들이 본회의장으로 모여들고 있었다. 각 의원실은 보좌진들도 들어오는지 의원마다 전화기를 들고 다들 바쁘다. 우원식 국회의장이 국회사무처 직원들과 분주하다. 의장석에 선 채로 누군가와 전화하고 있다.

'뭐야 무슨 전화를 저렇게 하는 거지? 빨리 표결 준비해야 하는 거 아냐?' 국민의힘 추경호였다고 한다. 본회의를 열려면 민주당과 국민의힘 원내대표의 구두 동의라도 있어야 한다. 일단 그건 받아낸 것 같았다. 우리 당 원내대표단 움직임은 더 바쁘다. 헬기가 왔다는 말에 긴장과 흥분, 그리고 두려움이 본회의장 천장까지 꽉 찼다.

"뭘 계속 기다리나?"

"그냥 서명을 다 받아서 계엄 해제 결의안을 발의하자."

우선, 하얀 백지를 돌리며 "일단 서명이라도 해서 모아둡시다."

"그럽시다."

"아닙니다. 제대로 형식을 갖춰야 합니다."

이렇게 옥신각신하던 사이 박찬대 원내대표가 의장석에서 몇 마디 대화를 나누다가 결국 계엄 해제를 의결할 때도 형식과 내용을 갖춰야 한다는 결론에 이르렀다. 결의안 골자는 간단했다. 12·3

계엄은 헌법 위반이므로 해제를 결의한다는 것. 발의에 동의하는 의원들 명단은 원내대표단이 능숙하게 쓱쓱 작성해나갔다. 본회의장으로 들어오는 국회의원 숫자는 발의하는 것 자체는 전혀 문제가 안 될 정도로 많아졌다. 그러나 과반수가 계엄 해제에 동의할지는 확신할 수 없었다.

불안하다. 저쪽 끝에 여전히 한동훈과 국민의힘 의원들이 모여 있는데 20여 명 정도에서 더 늘어나진 않는다. '뭐야 저 사람들은' 이라고 생각하는 순간 조국혁신당 의원들이 조국 대표와 함께 들어온다. 우리 당 이재명 대표도 몇몇 의원들과 함께 들어왔다. 역시 침착하다.

그사이 꽤 많이 모였다. 우리 국방위원들은 자신이 아는 국방부 고위공무원들이나 장군들에게 전화했다. 아무도 받지 않았다. "차관하고 겨우 통화됐는데 아무것도 모른다고 발뺌이다."

'차관이든 연합사부사령관이든 합참의장이든 통화가 된 들 뾰족한 수는 없겠지. 그래도 무슨 짓을 하는지 정도는 알아야지' 생각하면서 저쪽을 보니 국민의힘 소속 신성범 정보위원장이 보인다. 다가갔다.

"신 위원장! 뭐 하냐?"

"야, 이게 뭐냐! 아이고!"

그러면서도 신성범은 말을 더 잇지 않는다.

"국정원장에게 전화했냐?"

내 물음에 대답을 안 한다.

"얼른 해봐! 나도 홍장원이나 다른 차장들에게 해볼게."

국민의힘 소속 신성범 정보위원장과는 동갑내기인 데다가, 대학 시절부터 친했던 친구 사이다. 이종석(현 국정원장), 김민석과 함께 같이 어울리던 사이라, 사석에서는 서로 존칭 없이 편하게 지낸다. 홍장원에게 전화를 해보려다 말았다. '아이 뭐 그 친구도 위험해. 어디선가 계엄 공작을 하고 있을 거야. 카톡으로 메시지나 보내자.'

"뭐 하시나요?"

메시지에 답이 없다.

'글쎄, 이 친구 위험하다니까' 하고 생각하는 사이 밖이 한층 더 소란해졌다.

육군과학화전투훈련단 대항군 대대(속칭 전갈부대) 출신 수행비서관 이혜인, 경찰청 제1기동단 출신이자 합기도 사범, 무술 종합 8단인 김태인 비서관도 국회 본청사 유리 정문 앞에서 특전사 707과 엉켜 몸싸움을 하고 있었다. 어깨로 밀면서 주먹만 휘두르지 않고 할 수 있는 모든 방법으로 특전사의 진입을 막아내고 있었다. 그 사이 강화수 보좌관으로부터 "하나도 놓치지 말고 다 채증해"라는 지시를 받았다는 이혜인은 휴대폰으로 헬기와 707 진입을 계속 영상으로 찍어댔다. 안귀령이 특전사 요원 총부리를 잡을 때는 다들 몰려들어 특전사 대원을 다른 쪽으로 쫓아냈다. 상당히 긴 시간 몸싸움이 계속됐다.

본회의장 안에서 의원들의 목소리가 커진다.

"의장님, 다 찬 것 같은데 빨리 표결해주세요. 뭐 하십니까?"

의외로 차분해 보이던 의원들 몇몇이 불안한 목소리로 말한다.

"아, 안 되면 그냥 손 들으라고 하세요. 거수도 표결입니다."
우원식 의장이 말한다.
"의장도 마음이 급해요. 그럴수록 절차를 지켜야 합니다. 조금만 기다리세요."

참 대단한 분이다. 곧 문 부수고 들이닥칠 텐데 저런 강심장이라니. 문짝을 부수고 총기를 허공에 난사하면서 최루탄 뿌리고 방독면 한 채 들어와 닥치는 대로 폭력을 휘두를 텐데. 대표님은 저 맨 뒷자리에 앉아 있다가 맨 먼저 당하실 텐데 앞으로 좀 오시지. 별별 생각이 다 떠오른다. 지난 몇 달 동안 계엄이 터지면 우리가 당하게 될 여러 상상 속의 장면들로 밤을 설친 적이 정말 많았다. 그래, 그게 이렇게 끝나는구나.

근데 우리 보좌진 움직임에 약간의 안도감도 들었다. 나 혼자 죽진 않을 거니까 하는 데까지 해봐야지. 국회 해제 의결이 모든 것을 다 막아주진 않겠지만, 국회의원들은 들어올 만큼 속속 들어온다. 다들 어디 있다가 오는 거지? 신기하네.

다시 국회의장이 누군가와 통화를 한다. 한덕수라던가? 아니, 추경호라고 했다. 우원식 의장이 빨리 들어오라고, 비상인데 뭐 하냐고 하니 한 시간만 기다려달라고 했다고 한다. 그때가 밤 12시 30분. 그러니까 날이 바뀌어 12월 4일 새벽 0시 30분이다.

이 시간이 최고로 긴장된 순간이다. 윤석열이 곽종근 특전사령관에게 "아직 의결정족수가 다 안 찬 것 같으니, 문을 부수고 들어가 인원을 끌어내라"던 순간, 윤석열이 이진우에게 "뭐 하냐, 총으로 쏴서라도 데리고 나와. 4명이 한 명씩 떠메고 나오면 되잖아"

라며 욕설 섞어가며 전화에 대고 소리쳤다던 그 순간에, 국회 본회의장의 국회의원 숫자가 딱 150명을 넘어가고 있었다. 그런데도 아직 본회의장 표결 전광판엔 불이 안 들어왔다.

조금 지나 또 누군가와 통화하는 우원식 의장. 그가 특전사가 본청 유리창을 깨고 들어왔다는 말에 더 이상 못 기다린다고, 30분 줄 테니 본회의장으로 들어오라고 추경호에게 최후의 통첩을 날렸다. 그리고 다시 의안과에 결의안 접수를 확인. 이제 전광판이 떴다. 국회의원 전원 이름이 들어가 있고 찬성하면 의원 이름에 파란불, 반대하면 빨간불이 들어온다.

12월 4일 새벽 1시 1분, 안건 상정을 마친 의장이 "표결해주십시오" 한다. "야!" 하는 함성과 함께 표결하니, 전광판이 금방 파래진다. 재석 190명, 찬성 190명. 비상계엄 해제 요구 결의안 통과. 새벽 1시 3분. 의장은 계엄 해제 결의안 통과 방망이를 세차게 땅땅땅 후려 팬다. 다시 "와" 하고 함성! 이제 끝난 건가?

나중에 알고 보니 이걸 막으려고 김현태 특전사 707단장이 부하 10여 명만 데리고 단전하러 본청 건물을 뒤지다가 지하로 내려갔고, 한 대원이 복도 끝에 있는 분전함을 열고 전기 스위치를 내렸다. 지하 전체가 캄캄해졌다. 그런데 당시 본회의장은 여전히 훤했다. 지하 스위치가 건물 전체를 소등시키진 못했던 것이다.

조금 뒤 전화가 왔다. 부평구(을) 지역위원회 사무국장을 맡고 있는 김병기 형님이다.

"의원님, 여기 우리 다 와 있습니다. 박종혁 시의원, 허정미 구의원, 손대중 구의원, 이재승 전 구의원, 홍석이. 신진영 구의원…."

그리고 또 몇 사람 이름을 말한다.

"어? 왜? 왔어요?"

"아니, 다 와야죠!"

아니 불안에 떨고 있을 내 마누라나 잘 숨겨주시지 왜 이 험한 데를 오시고 그러나. 그런데 그게 아니었다.

"여기 사람들 많습니다."

"어 그래요?"

"어떻게 할까요? 계속 사람들 부르고 있습니다."

"글쎄 뭐라고 말하기 좀 그러네요. 알아서 판단하세요."

군이 다시 밀고 들어와 시민들을 해치면 어떻게 되겠는가? 그러면 싸움터가 두 군데로 흐트러지는데.

그런데 나도 참 세상 바뀐 걸 몰랐다. 시민들은 가만히 있지 않았다. 이 밤에 윤석열의 불법 계엄을 막고 국회를 지키고 민주주의를 살리겠다고 그 많은 시민이 달려오신 거다. 생각지도 못했다. 이런 일도 있구나. 그날부터 얼마나 많은 시민이 국회를 지키러 나오셨던가? 그 겨울밤 그토록 살을 에는 한강의 칼바람을 다 맞으며 국회 주변 곳곳에 깔개 하나 펴놓고 쭈그려 앉아 민주주의를 지켜냈다.

우리는 국회 본회의장을 계속 지켜야 했다. 아직은 몇 가지 중요한 게 남아 있다. 우선 윤석열이 국회에 계엄령 발령을 통고했느냐? 몇 시에 문서로서 도착했느냐? 지금 국회에서 계엄령 해제 의결을 했는데 이것을 누가 문서로 전달해야 하나? 계엄사령관이냐 윤석열이냐. 근데 국회의 해제 결의를 무시하고, 계속 계엄 작전을 하면 어떻게 되지? 절대 방심할 수 없었다. 새벽 2시가 막 지나고 신동일 보좌관의 전화다.

"본회의장 문 바로 앞에 있습니다."

본회의장에서 로텐더홀로 갔다.

"회관 옥상 쪽에 올라가 병력 이동을 정찰했습니다. 다 나갔습니다."

"뭐가 다 나가?"

"여기 왔던 병력 말입니다."

"어 그래?"

초현실적 상황이란 게 이런 건가?

"본청도 5층부터 4층, 3층 다 훑어봤습니다. 없습니다."

"알았어. 계속 상황 유지해."

"알겠습니다."

로텐더홀을 찬찬히 살폈다. 기자들, 특히 여성 기자들이 많이 보였다. 보좌진들, 의원들이 분주히 움직였다. 그런데 그 속에서 머리를 짧게 깎은 젊고 건장한 사람들 5~6명이 여기저기 돌아다니고 있었다. 뭐지 이 친구들? 방첩사 요원들이 스며들었나?

국회에서 계엄 해제 의결이 되면 정부는 국무회의를 열어서 즉각 해제를 위한 절차에 들어가야 한다. 근데 한 시간이 더 지나 새벽 2시도 한참 지났는데 아무런 움직임이 없다.

사실 거의 모든 국회의원은 긴급 국무회의가 열리는 장면과 계엄 해제를 결정하는 모습이 실시간 생중계 되기를 기대했다. 그런데 아무것도 없다. 그럼 그렇지. 절대로 포기하지 않을 거야. 이곳을 지키자. 우원식 국회의장이 본회의장 문을 뒤로한 채 긴급 담화문을 발표했다.

"대한민국 국회는 2024년 12월 4일 새벽 1시 헌법이 정한 절차에 따라 비상계엄 해제 요구를 의결했다."
"국민의 요구이고 헌법의 명령이다."
"즉각 국무회의를 소집해 계엄 해제를 공고하라."

그러면서 국군에게 정중히 당부했다.

"비록 군이 대통령의 계엄 선포에 따라 국회로 출동했지만, 국회의 계엄 해제 의결에 따라 즉각 철수한 것은 민주주의와 함께 성숙한 우리 군의 모습을 보여준 것이라 평가한다."
"헌법과 국민을 수호하는 국민의 군대로서 군의 기본 책무를 흔들림 없이 수행해주기 바란다."

박수가 절로 나온다.
 그러고도 한 시간 이상 더 지나 새벽 4시 30분쯤 윤석열은 국무회의를 통해 "국회의 요구를 수용해 계엄을 해제할 것"이라고 짧은 담화를 내놓았다. 아냐. 저 윤석열이 이판사판 절대로 포기하지 않을 거야. 긴장의 끈을 놓으면 곧 천 길 낭떠러지다. 속으면 안 돼. 국회 본회의장에서 대기하자고 정했다. 잠시 본회의장 바닥에 누웠다. 허리를 펴고 잠을 청하니 머릿속은 더 복잡해졌다. 근데 그렇게 선명했던 순간순간들이 잘 기억나지 않는다.

이후 신 보좌관에게는 국회에 난입한 계엄군 정보를 입수하는 대로 정리해서 보도자료를 배포하라고 지시했고, 강 보좌관에게는 국방부 쪽에 선을 대서 사태를 파악해보라고 지시했다. 특히 김용현과 그 핵심 무리가 뭘 하는지 집중해서.

아침 6시경 날이 밝아오자 이혜인 수행 비서관을 불렀다.

"소통관 쪽 옆문으로 나가면 차도에 내 차 시동 켜두고 버려뒀어. 미안한데 기름 다 떨어져 차가 못 움직이면 견인될 수 있으니 좀 끌어다가 아무 데다가 두면 좋겠네."

알겠다며 국회 밖으로 나간 이 비서관한테 전화가 왔다.

"차 시동 안 꺼졌습니다."

윤석열 대통령의 합참 전투통제실 방문과 김용현

12월 4일 새벽 1시 3분 김용현은 국회에서 '비상계엄 해제 결의안'이 통과되는 것을 합참 전투통제실에서 지켜보았다. 이후 새벽 1시 20분경 윤석열이 전투통제실에 방문했다가 결심지원실로 이동했다. 그때 안보실 2차장, 안보실 국방비서관 등이 배석했다. 윤석열은 김용현에게 "국회의원부터 잡았어야지"라며 말을 시작했다.

"인원이 부족했습니다."

"핑계에 불과하다. 국회에 군 병력 몇 명 투입했나?"

"500명 정도 투입…."

"거봐! 부족하다니깐. 1,000명은 보냈어야지! 이제 어떻게 할 거야?"

그리고 나서 윤석열은 다시 계엄을 선포하면 된다며 국회법 법령집을 찾았고, 실무자들이 겨우 법령집을 찾아 전달했다. 당시 결심지원실에는 김용현·박안수·안보실 2차장 인성환 등이 배석해 있었고, 이후에 신원식과 정진석이 도착했다고 한다. 그때 김용현은 선관위에 병력을 재투입할 가능성을 타진하는 등 상황을 뒤엎을 의지를 내비쳤다. 이는 계엄 해제 결정이 내려진 후에도 윤석열과 김용현이 2차 계엄 선포를 원했다는 뜻이다.

윤석열이 결심지원실에서 나온 이후에도 김용현은 여기저기 전화했고, 내란의 핵심 기획자 노상원과도 통화했다. 노상원과의 통화에서 노상원은 마치 무엇인가 할 것이 더 있다는 취지로 이야기했지만, 김용현은 '이제 더 이상 어떻게 하나' 하며 방향을 정하지 못했다고 한다.

새벽 3시 20분경 김용현은 다시 화상회의를 주재하면서, 지작사령관, 방첩·특전·수방사령관 외에 군단장 이상 지휘관들은 모두 빠지라고 한 후 마지막 당부를 전했다.

새벽 4시 20분경 윤석열은 국무회의를 거쳐 계엄 해제를 발표했다. 김용현은 오전에 쉬고 11시경 국방부로 복귀한 이후 오후 1시에 대통령 관저로 이동했다.

12월 4일 오후 6시 14분, 김용현은 모든 책임을 지고 사의를 표명했다. 그리고 이후 내란 혐의로 구속되어 재판 중이다.

12·3 진상규명의 첫걸음, 계엄군 식별 보도자료 배포

우리 의원실 보좌진들은 12월 3일 밤부터 새벽까지 나와 함께 본청을 지키고, 일부는 의원회관 옥상으로 올라가 국회 주변에서 철수하지 않고 있는 계엄군의 동태를 감시했다. 계엄군 철수가 확인된 새벽 5시경, 나는 보좌진들에게 본청을 지킬 일부만 남고 나머지는 의원회관 사무실에 가서 좀 쉬라고 했다. 2차 계엄설이 도는 상황에서 장기전이 될 수 있었기 때문에 국회에 난입한 계엄군과 밤새 싸우며 대치했던 보좌진들은 쉬어야 했다.

보좌진들을 사무실로 보낸 지 1시간여 지났을 때 신동일 보좌관으로부터 연락이 왔다. 지금 계엄군 사진들이 인터넷과 SNS에 속속 올라오고 있는데 그들이 어디 소속인지 아무도 모르고 있으니 일단 사진을 분석하여 계엄군의 소속을 특정, 언론과 타 의원실에서 추적할 수 있게 하겠다는 것이었다. 신 보좌관은 해당 부대들과 오랫동안 같이 일했기 때문에 그들의 복장이나 장비만 보고도 어느 부대인지 식별할 수 있었다.

나는 분석 결과를 누구나 볼 수 있게 보도자료로 만들어서 다 뿌리라고 지시했다. 우리만 정보를 가지고 있어서는 안 되는 때였다. 한시라도 빨리 간밤에 무슨 일이 일어났는지, 누가 국회로 쳐들어왔는지를 알려야 다른 의원실은 물론 언론과 네티즌 수사대가 벌떼처럼 달려들어 너도나도 진상규명에 힘을 보탤 수 있기 때문이었다.

12월 4일 오전 6시 35분. 707과 1공수특전여단, 특수작전항공단이 국회에 투입되었음을 식별한 첫 번째 자료가 배포되었다. 보도자료 형태로 가공할 시간도 없이 사진에 설명만 가져다 붙인 단순 자료였다. 그로부터 20분 뒤에는 또 다른 엘리트 부대인 수방사의 SDT(군사경찰특임대)도 국회에 투입되었다는 내용을 보충하여 추가 자료를 배포했다. 이때까지 SDT는 흐릿한 영상만 있을 뿐, 국회 투입 사실이 확인되지 않았는데 전날 밤 국회 담을 넘던 우리 의원실의 비서관이 검은 옷을 입고 모여 있는 군인들을 보고 촬영한 사진에 이들이 찍혀 있었다. 대체 비무장 국회에 얼마나 많은 최정예 병력이 투입된 것인가?

자료가 나가자마자 나를 비롯한 우리 의원실 직원들의 전화에 불이 나기 시작했다. 한 보좌진은 22대 국회 출범 후 6개월 동안 기자들에게 받은 전화보다 이날 하루에 받은 전화가 더 많다고 회고했다. 21세기 대한민국에서 계엄군이 국회에 난입하는 초유의 사태가 벌어진 만큼 다들 정보에 목말라하고 있었던 것이다. 나는 이때 본회의장을 지키고 있었는데, 의원실 직원들에게 정보가 들어오는 대로 즉시 정리해 배포하라고 지시하는 한편 내가 가진 정보망을 통해서도 직접 사태의 전모를 파악하는 작업에 들어갔다.

오후부터는 약간의 시간 여유가 생겨 아무런 형식 없이 뿌리던 정보를 본격적인 보도자료 형태로 가공하여 배포하기로 했다. 오후 1시 49분에는 707의 국회 출동 직전 준비 동향과 어떤 무기를 휴대하고 왔는지, 그리고 당시 부대원들에게 하달된 문자메시지 내용 및 3공수여단이 과천으로 출동했다는 사실을 추가로 확인한 보도자료를 배포했고, 오후 3시 11분에는 707에 전날 하달된 "(국회를) 막아라" 지시와 이날 특수작전항공단이 투입한 헬기는 총 12대이며 각각 2회씩 국회에 투입, 총 24쏘티(sortie, 출격 횟수)를 수행했다는 보도자료를 배포했다.

12월 4일 하루 동안 여전히 상황은 안갯속이었고 언론과 SNS는 미확인 정보들로 넘쳐났다. 서울 시내에 계엄군 전차가 출동했다던가, 국회로 난입한 부대가 해군 UDT라는 소문도 돌았다. 다행히 우리 의원실에는 국방부와 국정원에서 근무했던 보좌진들이 포진해 있어 소문의 진위를 바로바로 파악할 수 있었다. 오후가 되자 우리 의원실에도 제보가 하나둘씩 들어오기 시작했다. 나는 신빙성이 있는 것으로 확인된 제보와 입수한 정보 중에서 보도자료로 쓸 만한 분량이 나오는 것은 보도자료로, 그렇지 않지만 빨리 국민들께 알려야 할 것 들은 기자들에게 문자메시지로 보내도록 조치했다.

이날 우리 의원실에서는 언론사에 뿌리는 보도자료와 문자메시지 이외에, 당 내부 보고용으로 좀 더 자세한 분석 내용이 들어간 자료도 만들었다. 이 자료에는 12·3 비상계엄 선포 시간대별 상황과 정보망을 통해 입수한 계엄 직전 특전사 동향, 그리고 현장 증언과 언론 보도 및 사진자료를 종합하여 작성한 특전사 국회 난입 시 특이 사항이 포함되었다. 내부 보고자료는 12월 4일 9시 56분에 제1보가 나갔고, 오전 10시 11분에는 2차 계엄령 선포를 저지하기 위해 계엄 핵심 책임자들에 대한 즉각적인 탄핵 및 수사가 필요하다는 내용을 담은 제2보가 배부되었다. 당시 언론에 공개되지 않은 이 자료에는 지금은 유명해진 공수여단장들과 특수작전항공단장, 707단장, 수방사 군사경찰단장 등의 직책과 계급, 이름 및 임관 기수 등이 포함되어 수사기관에서 특정할 수 있도록 했다.

  12월 4일 이후에도 우리 의원실은 새로운 정보가 들어올 때마다 자체 검증을 거쳐 보도자료 또는 긴급을 요할 경우 이메일이나 문자메시지로 내보냈다. 12월 5일 비상계엄 이후 처음으로 국방위원회 전체회의에서 국방부 차관이 "국회 투입 계엄군은 실탄을 휴대하지 않았다"라고 주장하자, 나는 즉시 각 언론사에 당시 계엄군이 실탄을 휴대한 모습이 찍힌 보도자료를 배포하여 해당 발언이 사실이 아님을 입증했다. 12월 6일에는 그때까지 알려지지 않았던 제9공수특전여단의 계엄 투입과 방첩사에서 문서 파기가 이뤄지고 있다는 의혹을 폭로했고, 12월 9일에는 국군정보사령부까지 계엄에 투입됐다는 내용을 최초로 공개하는 보도자료를 냈다.

  이처럼 계엄 이후 며칠 동안 정신없이 정보를 수집하고 검증해서 배포하다 보니 어느 순간 우리 의원실은 정보의 집결지가 되었고, '계엄 정보는 박선원으로 통한다'는 소문이 나면서 더 많은 시민들과 군인, 공무원들이 우리 의원실에 제보를 해주었다. 그리고 이렇게 모인 정보들은 이후 국정조사특위, 윤석열 탄핵 심판 등 중요한 국면에서 진상을 규명하고 나라를 바로 세우는 데 소중하고도 결정적인 힘이 되었다. 당시 나를 믿고 위험을 무릅

쓰면서 우리 의원실에 제보를 해주신 모든 분께 감사의 말씀을 드린다.

2차 계엄 저지의 분수령, 특전사·수방사 방문(12월 6일)

12월 4일 하루 종일 어떻게 뛰어다니고 무얼 했는지, 방송 출연도 꽤 많이 했다. 그러나 여전히 불안했고, 상황은 극히 유동적이었다. 휘발유 냄새가 진동한다. 다시 성냥을 그으면 확 타오를 수 있는 위험천만한 긴장감이 지배하고 있었다.

12월 5일, 국회 국방위원회 전체회의는 계엄 직후 처음 개최된 국방위원회 회의였기 때문에 국민의 지대한 관심을 모았다. 오전 10시부터 진행된 회의는 오후 5시가 넘어서 끝났지만 정작 핵심 세력인 김용현 전 국방부 장관, 여인형 전 방첩사령관, 곽종근 전 특전사령관, 그리고 이진우 전 수방사령관 등이 모두 출석하지 않아 내란 사태의 진상을 제대로 규명하기에는 한참 부족한 반쪽짜리 회의가 되었다.

김용현은 사의를 표명했다는 이유로 나오지 않았다. 나머지 3사령관(방첩사·특전사·수방사)은 국회를 향해 막 이동하고 있는데 국방부에서 오지 말라고 해서 부대로 돌아갔다고 한다. 언뜻 협조적이고 순해 보이던 김선호 차관이 오지 말라고 했단다. 괘씸한 일이다.

심지어 이날 오전에는 김용현이 일본으로 도주한다는 제보가 입수됐다. 즉각 언론에 알려 김용현의 국외 도피를 차단했다. 내란 세력을 즉시 체포해서 도주 및 증거인멸을 막아야 하는데, 현역 군인의 내란 혐의를 조사해야 하는 방첩사가 내란을 주도했고 민간인 김용현을 조사해야 하는 검찰은 내란 수괴 윤석열의 친정이니 이들이 움직일 리 만무했다. 민주주의를 지키기 위해 만들어 놓은 시스템이 이렇게 무력하다니, 지금 생각해도 참으로 기가 찰 노릇이다.

당시 무엇보다 시급했던 일은 내란 세력의 2차 계엄 시도를 저지하는 것이었다. 내란의 수괴인 윤석열과 3사령관은 물론, 박안수 육군참모총장과 이때까지만 해도 내란 참여 사실이 확실히 드러나지 않았던 문상호 정보사령관 등이 모두 현직에서 국군통수권과 내란 가담 부대들에 대한 지휘권을 틀어쥐고 있었기 때문이다.

특히 12월 4일 새벽 계엄군이 국회의 계엄 해제 결의에도 불구하고 철수하지 않고 주변에서 몇 시간씩 대기했던 사실을 기억하는 나는 내란 주범들이 군의 주요 보직을 차지하고 있는 한 2차 계엄의 위협은 계속될 것이라며 동료 의원들에게 긴장을 늦추지 말 것을 강조하고 있었다.

돌이켜보면 우리 의원실이 가진 정보망은 내란 사태 추적에 최적화되어 있었다. 나는 청와대 안보전략비서관과 국정원 기조실장, 1차장을 거치면서 군 및 정보기관 최고 수뇌부에 폭넓은 인맥을 가지고 있었고, 강화수 보좌관이 국방부 장관 정책보좌관과 국가안보실 행정관 시절 인연을 맺은 영관급 장교들은 이제 장군과 대령이 되어 군의 중추적인 역할을 담당하고 있었다. 신동일 보좌관은 국정원 현직 시절 같이 일했던 특수부대원들과 지금까지도 끈끈한 인연을 맺고 있어 현장에서 발생한 일을 가장 빨리, 적나라하게 알 수 있었다.

그러던 도중 국방위원회 동료 김병주 의원으로부터 내일 특전사, 방첩사, 수방사에 가서 항의 방문 형식으로 사령관들을 면담하자는 연락이 왔다. 육사 후배인 사령관들을 만나서 얘기를 들어보고 싶은데 혼자서 내란 핵심 부대인 이들 사령부를 방문했다가 현장에서 바로 잡혀갈 수도 있으니 국정원 1차장 출신인 나와 함께 가면 좀 덜 위험하지 않겠는가 하는 얘기였다. 아니, 내가 국정원을 퇴직한 지 벌써 몇 년인데, 그리고 지금 국정원은 친윤석열파들이 장악하고 있는데 무슨 도움이 될 수 있다는 말인가?

하지만 곰곰이 생각해보니 김병주 의원이 오죽했으면 나하고 같이 가자고 했는지 이해가 되었다. 그만큼 절박했던 것이다. 국회에 대한민국 최정예 부대가 헬기를 타고 난입한 것을 간신히 막아낸 지 만 48시간도 안 지났을 때였고 김용현을 제외하면 내란 세력이 모두 건재했기 때문에 무엇이든 해야 했다.

"당연히 같이 가야죠."

그런데 걱정이 밀려왔다. 이틀 전에는 국회의원 190명과 국회를 지키기 위해 몰려온 시민 수만 명이 뭉쳐서 계엄군을 막아낼 수 있었는데 내일은 두 명뿐이다. 특히 내일 방문 예정인 특전사, 방첩사, 수방사에게 그들의 내란 가담 실체를 계속 폭로하고 있던 나는 눈엣가시 같은 존재일 것이다. 현장에서 바로 사살되거나 체포되어 어디론가 끌려갈 수도 있다는 최악의 상상이 자꾸 머리를 어지럽게 했다. 나도 보험 같은 것이 필요했는데, 이때 떠오른 사람이 신동일 보좌관이었다.

신 보좌관은 국정원 대테러 담당으로 있을 때 707을 포함한 특전사와 방첩사, 그리고 수방사 등 대테러 유관 부대와 많은 일들을 함께 했기 때문에 그들의 생리와 임무 수행 방식 등을 잘 알고 있었다. 신 보좌관은 특히 고위 장교들보다는 현장 대원들하고 더 가까워서 그들이 방아쇠를 당기기 직전에 얼굴을 보고 한 번쯤은 고민하게 만들 수 있었다. 생각이 여기까지 미치자 나는 신 보좌관에게 연락해서 "내일 새벽 어딘가로 가서 야외에 오래 있어야 할 수 있으니 단단히 준비하고 오라"라고 지시했다. 다음은 신 보좌관의 회고다.

"의원님이 장소와 목적을 말씀하지 않고 준비 단단히 해서 오라고만 하시는데 말투에서 비장한 느낌이 들었습니다. 이때는 모두가 2차 계엄의 위협을 가장 걱정하고 있었기 때문에 어렴풋이 그것과 관련이 있지 않을까 하는 생각만 할 뿐, 어디에 무엇을 하러 가시는 건지 전혀 감을 잡을 수 없었습니다. 그래서 일단 영하의 날씨에 야외에서 얼어 죽지 않도록 방한 장비부터 챙기고, 비상식량과 물, 관측장비 및 호신용 삼단봉을 준비했습니다."

다음 날인 12월 6일 아침 일찍 김병주 의원실에서 작전 회의를 가졌다. 목표는 특전사와 방첩사, 수방사에 국회 국방위원 자격으로 항의 방문을 하러 가서 사령관들을 면담하고 계엄 가담에 대한 사과 및 설령 윤석열이 2차 계엄령을 내리더라도 출동하지 않겠다는 다짐을 받아내는 것이었다. 내 차와 김병주 의원 차 2대로 출발하되, 크기가 큰 김병주 의원 차에는 나와 김병주 의원 및 경호원 격으로 신동일 보좌관이 탑승하고 소형 SUV였던 내 차에는 모든 과정을 기록으로 남길 촬영 요원들이 타기로 했다.

우리는 당시 가장 시급한 위협이라고 판단했던 특전사령부로 먼저 향했다. 특전사는 이미 한 번 국회로 난입한 경험이 있기에 윤석열이 2차 계엄을 한다면 이번에는 중간에서 헤매는 과정 없이 바로 국회를 장악할 수 있을 터였다. 12·3 계엄의 그날 밤 다행히 곽종근 사령관이 절제했기에 망정이지, 다시 계엄을 한다면 이제는 전혀 주저하는 일이 없을 것이기 때문이었다. 가는 길에 김병주 의원이 농담을 했다.

"가서 잡힐 것 같으면 나는 박선원 의원님 뒤에 숨을 거예요."

"그럼 나는 신 보좌관 뒤에 숨어야지요."

서로 농담을 했지만 특전사령부에 가까이 갈수록 긴장되는 것은 어쩔 수 없었다. 과연 특전사에 들어갈 수는 있을까? 만약 들어갈 수 있다고 하면, 그들이 우리를 어떻게 할 것인가? 살아서 나올 수 있을까? 수많은 생각이 머리를 스쳐 지나갔다. 이틀 전에는 살아남았는데 이제는 진짜로 죽어서 어딘가에 버려질 것만 같았다. 공수부대…. 5·18 이후 이름만 들어도 몸서리가 쳐지던 그들의 심장부로 들어간다는 것은 그만큼 용기가 필요한 일이었다.

"거의 다 왔습니다."

신 보좌관의 말에 정신이 번쩍 들었다.

생각보다 긴 진입로를 지나 특전사령부 정문에 도착했다. 하지만 국회 국방위 의원들이 곽종근 사령관을 면담하러 왔으니 문을 열라는 우리의 말에 K-1 기관단총을 든 정문의 초병은 요지부동이었다. 사령관에게 의원들이 왔다고 전하라고 해도 마찬가지였다. 절차상 면회 신청을 해야 한다는 것이었다. 너희가 국회에 난입할 때도 절차를 지켰나? 순간 분노가 치밀었지만 참았다. 초병이 무슨 죄가 있을까, 자기 임무를 하는 것뿐인데.

김병주 의원과 협의한 끝에 면회실로 가서 정식으로 면회 신청을 하기로 했다. 군대 간 자식 만나러 온 부모도 아니고, 국회 국방위 의원들이 불법 계엄에 가담한 특전사령관에게 항의하러 와서 면회 신청을 한다는 것 자체가 코미디 같았다. 하지만 이 모든 과정이 2차 계엄을 막고 내란 사태의 진상을 규명하는 데 필요하다는 생각에 절차대로 진행했다. 사령부 정문 방향으로는 촬영하지 말라는 젊은 위병조장의 요구도 수용했다. 비록 저들은 헌법과 법률을 헌신짝처럼 내다버리고 국회를 짓밟았지만, 우리는 저들과 같을 수 없었다.

곽종근 사령관과의 46분 면담

면회를 신청하고 약 20분 뒤 곽종근 사령관이 면회실로 내려왔다. 곽 사령관의 얼굴에는 생각보다 긴장한 기색이 역력했다. 군기도 바짝 들어 있었다. 육군사관학교 선배인 김병주 의원 때문인가? 아니면 비상계엄이 불법이라는 것을 스스로 가장 잘 알고 있기 때문에 우리 의원들을 대하는 것이 어려워서 그런 것인가? 다행히 가장 걱정했던 특전사령관의 반응이 나쁘지는 않아 보여

일단 마음이 좀 놓였다. 아직 긴장의 끈을 놓을 수는 없었지만, 우려했던 최악의 상황인 살해나 억류 가능성은 낮아진 것 같았기 때문이다.

곽종근 사령관과의 면담은 46분간 이뤄졌다. 먼저 이때까지 상당 부분이 베일에 가려져 있던 12·3 내란 사태 당시 특전사의 임무와 관련한 기본적인 사실관계를 파악해야 했다. 언제부터 준비했는지, 누구의 지시로 움직였는지, 당일 어떤 부대가 어디에 투입되었는지 등. 나와 김병주 의원의 질문에 대해 곽종근 사령관은 담담하게 대답을 이어갔다. 자세한 내용은 공개된 당시 면담 영상에서 확인할 수 있는데, 이때 곽종근 사령관이 대답한 내용은 이후 검찰 조사나 특검 수사 과정에서 밝혀진 것과 대부분 유사하다.

면담 도중 우리는 당시 가장 민감했던 주제인 2차 계엄 가능성을 끄집어냈다. 또다시 윤석열 일당이 비상계엄을 지시하고, 또다시 부대 이동과 투입 지시가 내려온다면 특전사는 어떤 태도를 보일 것인가? 이에 대해 곽종근 사령관은 "그럴 일이 없다고 분명하게 말씀드린다. 설사 그런 일이 있더라도 제가 거부하겠다"라고 답변했다. 이 말을 들은 나는 곽 사령관에게 재차 강조했다.

관련 영상 QR

241206 곽종근 특전사령관 면담

"(계엄에 투입된) 특전대원들이 많은 스트레스를 받고 있고 힘들어한다는 얘기가 있습니다. 부하들에게 한마디 해주십시오."

"국민들께 다시 한번 더 죄송하다는 말씀을

드립니다. 그리고 작전에 투입됐던 특전대원들에게도 미안한 마음을 갖고 있습니다."

이때 곽 사령관의 눈가가 촉촉해졌다. 한 번 더 쐐기를 박아야 할 때라고 생각한 내가 다시 나섰다.

"제2의 계엄이 나올 수 없도록 각별히 유념해주시기 바랍니다."

"그렇게 하겠습니다. 그리고 한 말씀 드리겠습니다. 우리 부하들은 제가 투입하라고 지시해서 들어갔습니다. 그 부분은 분명히 제가 책임져야 할 상황이라고 생각합니다. 책임은 제가 지도록 하고 부하들에게는 책임이… 안 돌아갔으면 좋겠습니다."

3성 장군 특전사령관이 도중에 울먹거리며 말을 잇지 못했다. 그때 그에게서 깊은 회한과 함께 진정성이 느껴졌다. 특전사령관이라서, 군인이라서 마지못해 불법 부당한 계엄 지시에 따랐고 그 때문에 자신과 부하들이 한순간에 내란 세력, 친위 쿠데타 세력이 되어버렸다는 현실에 대한 자괴감이었으리라. 곽종근 사령관은 이날 보여준 모습대로 이후에도 일관되게 수사 및 재판에 임했고, 그의 진술은 12·3 내란 사태 진상규명의 골격을 세우고 내란 수괴 윤석열을 파면에 이르게 하는 결정적인 역할을 했다.

극도의 긴장감 속에서 시작했던 특전사령관과의 면담이 끝났다. 이제는 방첩사와 수방사 차례였다. 하지만 나는 그전에 먼저 국회 정보위원회 신성범 위원장으로부터 온 연락을 처리해야 했다. 당시 유튜브 영상을 보면 내가 자꾸 화면에서 사라지는 장면이 보인다. 곽종근 사령관을 면담하기 전 한 통의 전화를 받은 이후 면담시간 내내 국회 정보위로부터 긴급한 연락이 계속 오고 있었다.

국가정보원 제1차장 홍장원의 등장

항상 군부대 안은 춥다. 산 위에서 불어 내려오는 칼바람에 머플러로 목을 감싸며 곽종근 사령관을 기다리고 있을 때, 전화가 왔다.

"어? 홍장원 차장이네? 뭐지 이건."

홍 차장의 목소리는 평소답지 않게 약간 높았다.

"간사님 어디 계십니까? 저 지금 정보위 보고 왔습니다."

"네? 어디신데요?"

"여의도 국회 다 와갑니다. 신성범 위원장과 여야 간사님들께 보고드릴 내용이 있습니다."

"그래요?"

이게 무슨 일이지.

"지금 저는 이천 특전사령부에 와 있는 데 곧 가겠습니다."

지금 국회로 가야 한다고 하니 김병주 의원이 안 된다고 붙잡으며 여기서 뭔가 받아내야 한다고 역설한다. 전적으로 옳은 말씀. 급할수록 하나씩 차근차근.

조금 뒤 국민의힘 신성범 정보위원장 전화가 왔다.

"뭐 해? 홍 차장이 보고 들어온다고 하니 빨리 와."

"안 돼. 김병기 의원님을 나 대신 간사 자격으로 참석해달라고 할게."

"알았어."

신성범이 바로 끊는다. 국정원 출신으로 정보위 간사를 역임했던 김병기 의원은 잘 알았다며 일 잘 보고 오라 한다.

조태용 국정원장도 국회로 향하고 있다는 소식이 들려왔다. 갑자기 무슨 일인가? 원장과 차장이 정보위에 오는데 각각 따로따로 위원장에게 연락해서 온다고? 지금까지 국정원이 긴급 보고를 위해 정보위에 온 적은 가끔 있지만 이렇게 중구난방인 적은 없었다.

12월 6일 오전 10시 반즈음 신성범 정보위원장은 조선일보 발속보를 봤다고 한다.

"홍장원, 한동훈 체포 거부 이유로 경질."

신 위원장이 조태용 원장에게 전화하니 "오보"라 하고 김남우 기조실장에게 확인하니 "사실이 아니다"고 했단다. 결국 홍장원 본인에게 직접 물으니 머뭇거리더니 정보위에 정식으로 보고하겠다고 해서 그러라고 했다 한다. 홍 차장이 도착한 후 신성범 위원장은 국민의힘 이성권 간사와 민주당 간사대리 김병기 의원이 오자 문을 걸어 잠갔다. 홍장원은 비화폰과 일반폰 통화 시간까지 보여주며 윤석열, 여인형과 주고받은 내용을 차분하게 설명했다. 몇 장짜리 보고서 형태의 메모도 정리해 와서 설명했다. 그 사이 조태용도 국회에 와서 설명하겠다며 허겁지겁 뒤따라왔다.

나중에 알게 된 사실이지만, 홍장원 차장은 이날 오전 조태용 원장으로부터 정치 관여 혐의로 경질 통보를 받은 후 계엄 당일 윤석열로부터 방첩사의 정치인·언론인 체포 활동을 지원하라는 지시를 받았다는 충격적인 사실을 폭로하러 국회 정보위에 오는 것이었다. 그러나 당시 나는 그 내용을 알 수가 없었다.

곽종근 면담으로 특전사를 2차 내란 주력 부대 그림에서 지운 뒤 방첩사와 수방사로 가기 위해 차에 몸을 실었다. 가는 도중 국회에서 연락이 왔다. 오후에 국방위원회 회의가 개최될 예정이니 빨리 국회로 복귀하라는 연락이었다. 전날(12월 5일) 개최된 국방위원회 전체회의는 방첩사, 특전사, 수방사 등 3대 사령관들이 출석하지 않아 반쪽짜리 회의였으니, 이들을 포함한 내란 주요 인물들을 증인으로 채택하여 다시 국방위원회 개최를 의결하겠다는 것이었다. 지금 방첩사와 수방사에 가서 사령관들을 만나는 것도 중요했지만, 국방위원회를 온전하게 개최하여 국방위 전체 의원들이 화력을 집중할 수 있도록 하는 게 더 중요했다.

나는 즉시 김병주 의원에게 연락, 시간상 방첩사와 수방사 중 한 곳만 갈 수 있을 것 같으니 어디로 가는 것이 좋을지 협의했다. 우리가 결론을 내리는 데에는 큰 고민이 필요하지 않았다. 방첩사는 대한민국 역사에서 항상 계엄 핵심 부대였고 여인형 방첩사령관은 윤석열, 김용현과 같은 충암고 출신이라 우리가 간다고 해서 문을 열어줄 리 만무했기 때문이다. 여인형 사령관 스스로 솔직하게 입을 열 가능성은 더더욱 없었다. 김병주 의원과 통화가 끝난 다음 우리는 여의도로 가는 길 중간에 있는 수방사로 차를 돌렸다.

수도방위사령부 이진우 사령관을 만나다

이진우 사령관 면담은 순조롭지 않았다. 먼저 출발한 김병주 의원이 수방사 측과 방문 일정을 조율하다가 뭔가 문제가 있는지 계속 지연된다는 연락이 와서 남태령 고개 수방사 건너편에 차를 세우고 잠시 휴식을 취했다. 시간 여유가 조금 생기자 갑자기 배가 고파졌다. 새벽부터 아무것도 먹지 못했다는 생각이 떠올라 나는 집에서 가져온 과일로, 다른 직원들은 신 보좌관이 가져온 전투식량으로 끼니를 해결했다. 한겨울 추운 날씨에 차에서 과일과 전투식량을 먹고 있자니 온갖 상념이 밀려오는데, 그래도 요 며칠간 안 죽고 살아 있음에 감사했다.

식사 후 잠시 쉬었다가 수방사로 들어갔다. 수방사 위병소를 통과하는데 근무자들도 갑작스러운 국회의원의 방문에 많이 당황했던 모양이다. 이진우 사령관이 어느 건물에 있는지 부대원들조차 잘 몰라서 안내 차량을 따라 잠시 수방사 경내를 헤매다가 겨우 면담 장소를 찾을 수 있었다.

이진우 수방사령관은 곽종근 특전사령관과는 약간 결이 다른 사람이었다. 비상계엄 선포와 출동 경위에 대해 물었을 때, 이진우는 당시 워낙 긴박하고 엄중한 상황이라 포고령에 따라 움직였지만 국민들의 안전에 신경을 쓰도록 지시했다고 답했다. 실탄 들고 출동한 수방사 병력을 국회에 투입했으면서 국민들의 안전에 신경 쓸 것을 지시했다고? 애초에 '진솔한 답변을 듣기는 글렀다'는 생각이 들었다.

"SDT가 국회에 가서 임무가 뭐였죠? 체포하는 것 아니었습니까?"

내가 물었다.

"그런 일은 있을 수가 없습니다."

이진우 사령관이 떨리는 목소리로 답했다.

"내란 음모에 가담했어요? 지난 주말 뭐 했습니까?"

"부모님 뵈러 고향에 다녀왔습니다. … 참담한 심정입니다."

그걸로 끝이었다. 훗날 공소장에도 포함된 내용이지만, 나는 당시 국회에 투입된 수방사의 임무가 국회의원을 끌어내라는 것이었다는 사실을 알고 질문한 것이었다. 사실대로 얘기할 생각이 없는 이진우 사령관에게 그날의 상황에 대해 묻는 것은 시간 낭비였다. 나는 곽종근 사령관에게 했던 것처럼 이진우에게도 다짐을 받았다.

"2차 계엄 안 하실 거죠?"

"그럴 일 없습니다."

이렇게 해서 긴장 속에 시작했던 특전사와 수방사 항의 방문을 마쳤다. 두 사령관 모두 12·3 불법 계엄의 당사자인 만큼 애초에 모든 진실을 얘기해줄 것이라고는 기대하지 않았지만, 그래도 민주당 소속 국회의원이 이들을 직접 만나 계엄 모의 과정과 '국회 난입 당시 상황'을 물어봤다는 것 자체가 이들에게 다시는 경거망동하지 말라는 압박으로 작용했을 것이다. 그리고 무엇보다도 이날 유튜브로 생중계되는 가운데 곽종근, 이진우 두 사령관으로부터 2차 계엄 시도가 있을 경우 따르지 않겠다는 다짐을 받아냄으로써 윤석열의 불법 계엄으로 놀란 국민의 불안함을 조금이나마 덜어드리는 성과가 있었다.

윤석열의 사병으로 전락한 경호처

"차지철이 되지 마십시오." (박선원)

"전 거기(차지철) 발가락도 못 따라갑니다." (김용현)

— 2024년 10월 8일 국방부 국정감사

경호처가 역사의 무대에 등장하는 것은 결코 바람직하지 않다. 대통령경호처는 오직 대통령 한 명을 위해 존재하는 조직이다. 대통령 유고 시 혹은 대통령의 권한을 등에 업고 설치지 않는 이상 언론 헤드라인을 장식할 일이 거의 없는 존재다. 그래서 나는 윤석열 취임 이후 늘 경호처에 신경을 썼다.

241008 국방위 국정감사

경호처는 대통령을 지키기 위해 무력을 보유하고, 군과 경찰, 심지어 국정원까지도 동원할 수 있지만 그 권력의 한계는 법으로 엄격하게 규정되어 있다. 경호처의 권한과 한계를 법으로 정해놓은 것은 경호실에서 경호처로 명칭이 바뀐 것처럼 경호처가 그동안 겪었던 부침의 역사와 밀접하게 관계되어 있다.

군사 쿠데타처럼 정당하지 않은 방법으로 집권한 독재자일수록 자신도 똑같은 일을 당할 수 있다는 생각에 필연적으로 경호를 강화할 수밖에 없으며, 독재 정권에서는 법으로 정해진 조직보다 누가 대통령에게 더 가까이 갈 수 있느냐로 권력 서열이 정해진다. 그 때문에 독재 정권 시절 대통령경호실은 그야말로 무소불위의 권력을 자랑했다. 형식상 비서실장과 경호실장은 동급이었지만, 경호실장은 무력과 함께 대통령 문고리를 쥐고 있다는 특성상 최고 권력자를 등에 업고 자기 입맛대로 권력을 휘두를 수 있었다. 이런 부작용 때문에 민주화 이후 역대 정부에서는 대통령 경호 조직의 권한을 엄격히 제한해왔으며 조직에도 변화를 불러와 현재는 대통령실 산하의 1개 처로 위상이 격하되었다.

그러나 윤석열 정권에서 경호처는 부활을 꿈꾸게 된다. 윤석열의 충암고 선배이자 정권의 2인자인 김용현은 경호처장 자리를 차지하고 문고리 권력을 장악했음은 물론, 군에 대해 아무런 지식이 없는 윤석열을 조종하듯 군 인사도 마음대로 주물렀다.

김용현은 경호처장이 된 직후 바로 경호처의 권한 강화에 착수했다. 2022년 11월 9일, 김용현은 〈대통령 등의 경호에 관한 법률 시행령〉을 개정하여 경호처장이 군·경찰 등 관계 기관의 공무원 등에 대한 지휘·감독권을 행사한다는 내용을 추가하려 했다. 이전까지 경호처는 필요할 경우 국가기관 등에 직원의 파견 등 협조를 요청할 수 있고, 실질적인 운영은 대통령경호안전대책위원회를 통해서 하도록 되어 있었다. 앞서 말한 권한 남용 부작용을 차단하려는 조치였다. 그러나 김용현은 법률에 명시되어 있는 '협조'를 시행령에서 '지휘·감독'으로 바꿔 윤석열 경호를 명목으로 군과 경찰, 국정원까지 포함하는 모든 관계 기관을 자신이 지휘하겠다는 야욕을 드러냈다.

김용현 스스로도 이런 개정 시도가 문제가 될 수 있음을 인식했는지, 법제처 입법 예고 홈페이지에는 관계 기관 지휘·감독이라는 핵심 내용은 쏙 빼고 "공개경쟁채용시험과 경력경쟁채용시험 등에 서류전형을 명시하는 등 현행 제도의 운영상 나타난 일부 미비점을 개선·보완하려는 것임"이라는, 별로 중요해 보이지 않는 사항을 개정 이유 및 주요 내용란에 표기했다. 일부러 첨부 파일을 클릭해서 들여다보지 않는 이상 진짜 개정 이유를 알 수 없게 숨겨놓은 것이다. 이처럼 이미 2022년 11월부터 김용현은 자기 목적을 위해서라면 국민을 기만하는 행위를 서슴지 않았다.

당시 시행령 개정안은 다행히 민주당의 반대로 무산됐지만, 김용현은 2023년 다시 한번 대통령경호법 시행령 개정을 추진하여 관철시켰다. 이번에는 '지휘·감독'이라는 표현을 빼고 '조정'이라는 단어로 완화시켰지만 여전히 내용은 경호처장이 관계 기관의 인력·시설·장비를 통제하겠다는 것이었다. 김용현의 이러한 경호처 권한 강화 시도는 윤석열 정권이 독재 정권으로 회귀하려 한다는 전조였으며, 경호처를 사병화시키는 신호탄이었다.

김용현은 경호처장 시절 능력에 상관없이 자신에게 충성하는 직원들을 승진시키고 중용하는 전형적인 파벌주의 조직 관리를 했다고 한다. 이렇게 승진하여 요직에 오른 이들은 훗날 상당수 직원의 반대에도 불구하고 윤석열에 대한 체포영장 집행 저지에 앞장서면서 경호처의 시계를 다시 유신 독재 시절로 돌려놓았다. 헌법과 법률을 준수해야 하는 민주 정부의 대통령경호처가, 차지철을 꿈꾼다던 김용현의 의지대로 다시 대통령 개인을 위한 사병 조직으로 전락한 것이었다.

윤석열 정권 들어 문재인 대통령 시절 이름을 날리던 경호처

실력자들은 모두 잘리거나 스스로 떠나야 했다. 친윤 계열이 남아서 조직을 장악했고, 떠나간 자리를 새롭게 충원할 때면 국가관, 대적관이라는 이름의 이념 검열 비슷한 것을 통과해야 한다는 풍문이 돌았었다.

바로 이 때문에 12월 6일 오후 갑자기 윤석열이 경호원들을 대동하고 국회로 오고 있다는 소식이 들려오자 나는 바짝 긴장할 수밖에 없었다. 윤석열을 저지하기 위해 로텐더홀로 모이라는 연락을 받고 황급히 이동하던 중, 이날 특전사와 수방사에 가서 사령관들에게 2차 계엄 시도에 가담하지 않겠다고 다짐을 받고 오는 길에 신 보좌관과 한 얘기가 떠올랐다.

"특전사, 수방사는 이제 2차 계엄 못할 것 같고… 어디가 남았을까?"
"특수부대라면 UDT나 공군 CCT도 있지만 그들은 육군이 아니라 말을 듣지 않을 것입니다. 경찰특공대도 역시 동원할 수 없을 것이고요. 특수부대는 이제 정보사 정도만 남은 것 같습니다. 아! 경호처도 동원 가능합니다. 비록 소수지만 얼마 전까지 김용현이 장악하고 있었고 총이 있으니…"

이때는 미스터 X에게 연락 오기 전이었기 때문에 정보사의 내란 가담 여부는 아직 그 실체가 불명확할 때였다. 대신 나는 '경호처'라는 신 보좌관의 말에 갑자기 불안해지기 시작했다. 윤석열이 자신에게만 충성하는 경호처를 끌고 국회로 온다면 어떤 일이 벌어질 것인가? 12월 3일 밤에 왔던 특전사나 수방사처럼 몇 단계를 거쳐 통제하는 병력이 아닌, 윤석열이 직접 통제 가능한 병력이 국회로 온다면 유혈사태가 훨씬 쉽게 벌어질 우려가 있었다. 그들이 보유하고 있는 장비와 무기가 무엇인지 따져봐야 했다. 기관총이 몇 정이며 개인화기 같은 것은 얼마나 갖고 있는지 등.

다행히 이날 윤석열이 국회로 오는 일은 일어나지 않았다. 그러나 한번 내 머릿속에 각인된 '윤석열 사병 경호처'는 얼마 뒤 전 국민을 분노케 한 사건의 주인공이 되어 내란 사태의 전면에 등장하게 된다.

2025년 1월 3일, 고위공직자범죄수사처(이하 공수처) 수사관들과 경찰 병력이 체포영장을 집행하기 위해 한남동 관저로 들이닥쳤다. 이때 경호처는 군으로부터 지원받은 병력 200명을 팔짱 끼게 한 채 맨 앞줄에 내세우고 적법한 체포영장 집행을 막아섰다. 김용현이 개정한 시행령대로 경호처장이 군 병력을 '조정'하여 윤석열 체포를 막는 방패로 쓴 것이었다. 그중에는 징집된 병사들도 있었는데, 이들이 과연 자신의 의지대로 내란 수괴 윤석열을 지키러 나섰을까? 나는 이때 TV 생중계를 지켜보면서 무능한 장군과 그 친위 세력이 휘하 병사들을 총알받이로 내몰고 자기들만 살아남는 전쟁영화의 클리셰를 떠올렸다.

이날 공수처와 경찰 수사관들이 빈손으로 터벅터벅 한남동 관저단지 비탈길을 내려오는 장면은 수많은 국민을 분노하게 했다. 공수처 검사들과 경찰 수사관들은 말로 다할 수 없는 모멸과 육체적 겁박, 몸싸움, 심지어 총기를 내보이는 위협을 당했다.

나 역시 민주 정부의 경호처라면 절대 있을 수가 없는 상황을 보면서 분노하던 중, '저들 모두가 김용현에게 세뇌되지는 않았을 것이다, 저들도 민주화 이후 우리 사회에서 교육받은 시민들 아닌가' 하는 생각이 들었다. 저들 중에도 분명히 내란에 반대하는 사람들이 있을 것이며, 공수처의 적법한 영장 집행에 협조해야 한다고 생각하는 사람들도 있을 것이었다. 경호처의 분위기를 파악해야 했다.

문제는 경호처가 극히 소수로만 이루어진 집단이라는 점이다. 경호처 직원들은 국가원수의 신변 안전과 직결된 임무를 수행하기 때문에 보안 의식도 투철하지만, 소규모 조직의 특성상 배신자로 낙인찍히면 견디기 힘들다. 지금이야 한남동 관저와 대통령실의 골프장, 사우나, 일본식 정자 등 의혹들이 상당 부분 사실로 확인됐는데, 당시만 해도 경호처가 철저히 차단한 관저 내부의 실상은 외부에 거의 알려지지 않았다. 파견받은 군·경 병력에게는 외곽 경호만 맡기고 심장부인 관저와 대통령실 내부는 직접 관리하는 경호처의 업무 처리 방식도 보안 유지에 유리했다.

그러나 철옹성 같던 경호처도 윤석열·김용현 충성파들의 전횡이 계속되면서 조금씩 무너지기 시작했다. 1월 10일, 비교적 온건파로 판단되던 박종준 경호처장이 사임하고 극렬 충성파인 김성훈이 경호처를 장악하면서 총기 준비 등 강경 대응을 지시하자 직원들이 동요하게 된 것이다. 심지어 "총이 안 되면 칼을 들고서라도 저항하라"라는 지시까지 있었다고 한다. 일국의 국가원수를 경호하는 최고의 엘리트 집단이 한낱 조직폭력배 수준으로 전락하는 순간이었다.

이때 경호처 직원들은 특수 훈련을 받고 특수부대에 준하는 무장을 갖춘 자신들을 진압하는 데 경찰특공대와 같은 부대가 동원되는 것을 걱정하고 있었다. 수많은 경호 행사를 함께 치르면서 서로의 능력을 잘 아는 경호처와 경찰특공대가 충돌한다면 그 결과는 불을 보듯 뻔했다. 내란을 저지르고도 모자라 법원이 발부한 체포영장을 거부하는 윤석열과 일부 경호처 내 극렬 충성파 때문에 선량한 대다수의 직원이 희생되는 일만은 막아야 했는데, 이를 위해서는 먼저 경호처 강경파의 의지를 꺾어놓을 필요가 있었다. 이번 내란을 막아내는 데 결정적이었던 "국민이 너희를 지켜보고 있다" 전략을 다시 쓸 때가 온 것이다.

이때부터 우리는 여러 경로로 입수한 경호처 관련 정보를 적극적으로 전파했다. 관저 주변 방어 태세 등 지금까지도 여전히 보안을 유지해야 하는 정보는 극비리에 관계 기관에 전달했고, 경호처 내부의 동요 움직임이라든가 사진에 찍힌 관저 경비 병력이 어디 소속인지, 무슨 장비를 휴대하고 있는지와 같은 정보는 그때그때 언론에 배포하고 동료 의원들에게도 알렸다. 그러자 1차 영장 집행 실패 후 분노와 함께 무력감을 느끼던 여론이 다시 벌떼처럼 일어나서 경호처 강경파를 성토하기 시작했다. "압도적인 병력으로 밀고 들어가서 제압해야 한다"라거나, "저항하는 사람부터 하나씩 체포해 들어가라"라는 주문이 쏟아졌다.

경호처 직원 상당수가 김성훈 차장·이○○ 부장 등 강경파에게 등을 돌린 상태이며 또다시 체포영장 집행 시도가 있다면 저항하지 않을 것이라는 내부 정보가 들어온 것도 이때였다. 특히 아직도 경호처에 일부 극소수 강경파가 남아 있는데 고립된 이들이 최후의 저항을 준비할 시간을 주지 말고 빨리 들어와야 유혈사태를 막을 수 있다는 얘기도 들려왔다.

신중에 신중을 기하기 위해 다른 경로로 여러 번 체크한 후 나는 이를 즉시 공수처에 알렸다. 그리고 드디어 1월 15일, 공수처와 경찰이 압도적인 병력으로 관저를 포위하자 경호처 직원들은 물러섰고, 윤석열은 체포됐다.

6장

역사에 오점을 남긴
특수전사령부

특수전사령관 곽종근 중장은 누구인가

곽종근의 이름은 낯설었다. 그는 육사 47기로 2023년 11월 여인형 방첩사령관, 이진우 수방사령관, 문상호 정보사령관 등과 함께 별을 하나 더 달았다. 중장 3차 진급이었다. 나는 지난 8월 초 곽종근이 여인형, 이진우와 함께 김용현과 회동했다는 정보를 확보한 뒤부터 특전사 자체 동향에 대해 집중했다. 그러나 정작 곽종근 개인에 대해선 이렇다 할 특이 정보가 없었다. 직접 부딪혀 보자.

  10월 17일 육군본부 국정감사 때 직접 물었다.

  "계엄을 할 것인가? 특전사가 얼마나 중요한지 잘 알지 않느냐? 국가 변란 행위다. 내란 행위다."

  "안 하겠다."

  여인형, 이진우에 비해 다소곳했다. 윤석열과 개인 친분도 없었다. 김용현보다는 신원식 전 장관과 가까운 것으로 알려졌다.

물론 '삼류를 뽑아야 말 잘 듣고 충성한다. 잘난 사람은 잘난 값을 한다'는 윤석열의 사람 대하는 지론에 따라 임명되었다고도 하는데, 그렇지 않을 것이다.

10월 22일 국정감사 차원에서 특전사를 시찰했다. 저격수들의 사격, 대테러 부대의 시범, 고공낙하 시범 등 다 좋아 보였다. 그런데 이들이 계엄령 떨어지면 제일 먼저 국회에 치고 들어온다는 것 아닌가? 시찰을 마무리하고 프로펠러 소리로 시끄러운 헬기장에서 곽종근 사령관에게 머리를 맞대고 경고했다.

"내가 곽 사령관 주시하고 있는 것 아시죠?"

고개를 끄덕였다.

"절대 하면 안 됩니다."

"알겠습니다."

낮은 목소리로 대답했다. 눈은 맑아 보였다. 부대 보고할 때 모자를 벗은 모습을 보니 악한은 아니었다. 그래도 시키면 안 할 사람은 아니다. 이것이 곽종근에 대한 나의 인상이었다. 그런 그가 결국 계엄의 주력 부대인 제1, 3, 9 공수여단만이 아니라 최선봉에 707을 몰아넣었다.

특전사는 대한민국 육군의 정예 특수부대로 신속한 작전 수행과 고난도 임무를 전문으로 한다. 12·3 계엄 당시 특전사는 계엄령 선포 직후 주요 국가기관의 장악과 질서 유지를 명목으로 동원되었다. 이렇게 특전사는 12·12, 5·18에 이어 또다시 민주주의 역사에 오점을 남겼다.

특전사령관 곽종근, "뚫을 수 있겠나?"

계엄 전야: 명시적인 작전명령은 12월 1일

12·3 계엄과 관련해 김용현이 곽종근 특수전사령관에게 명시적이고도 직접적으로 계엄 준비를 명령한 시점은 12월 1일이었다. 곽종근은 국회 국방위 현안 질의에 대한 답변에서 "최종적으로 (계엄) 임무를 부여받은 것은 12월 1일 일요일이었다"라며, 김용현과 비화폰으로 통화하면서 알게 되었다고 진술했다.

당시 김용현은 곽종근에게 국회, 선관위 3곳, 민주당사, 여론조사 꽃 등 6곳을 확보하라고 지시했다. '확보'는 출입 통제와 봉쇄를 의미했다. 곽종근은 김용현의 지시를 받자마자 행동에 나섰다.

이 작전에 동원된 707 요원은 197명이었다. 12월 3일 밤 11시 40분경 윤석열은 곽종근에게 "707이 어디쯤 이동하고 있냐"라고 물었고, 곽종근은 이동 위치를 보고했다. 2024년 12월 4일 새벽, 국회에서 계엄 해제 표결이 막 진행되려는 0시 20분경 윤석열은 곽종근에게 다시 전화해서 "국회 문을 부수고 들어가서 의원들을 밖으로 끄집어내라"라는 지시를 내렸다. 하지만 곽종근은 인명 피해 우려로 이 명령을 실행하지 않았다. 또 곽종근은 실탄 사용을 제한하고 그 대신 공포탄과 테이저건을 사용하라고 했다고 한다. 이런 혼란이 지속되는 상황 속에서 707 요원들은 창문을 깨고 국회 본청에 진입했으며 본회의장을 확보하기 위해 내달렸다.

특전사 직할 특수부대 707은 국가급 대테러 부대로 특수임무에 특화된 부대다. 본청에 난입한 707은 샷건, 소총, 기관단총, 야

간투시경, 통로 개척 장비 등을 갖췄으며 저격수들도 배치되었다. 이들은 12월 4일 0시 34분에는 국회의사당 유리창을 깨고 본회의장에 진입하려고 했고, 국회의사당의 전원을 차단하여 전자투표방식으로 진행되는 본회의장 표결을 방해하기 위해 지하층 단자함으로 이동하기도 했다.

한편 제1공수여단 병력은 윤석열의 담화 발표 이후 출동 명령을 받았다. 이들은 서울시 강서구에 있는 부대에서 버스와 트럭 등 차량으로 국회와 민주당 중앙당사로 이동해 12월 4일 새벽 0시 24분경 국회 경내에 도착했다. 1공수여단의 구체적인 임무는 국회 본회의장 외곽을 차단하고 의원들의 진입을 막는 것이었다. 이를 위해 병력 403명이 실탄 5만 발 이상을 수송 차량에 싣고 왔다. 3공수여단과 9공수여단은 각각 선관위와 김어준 씨가 운영하고 있는 여론조사 꽃 사무실로 출동하게 된다.

작전 발동: "국회와 민주당으로 보내라!"

12·3 내란 당일 곽종근의 행적을 시간순으로 정리하면 다음과 같다.

- 12월 3일 22시 17분. 김용현의 명령을 받은 곽종근은 이상현 제1공수특전여단장에게 비화폰으로 "비상계엄이 선포됐다. 편의대(사복차림으로 작전 지역에 들어가 몰래 활동하는 부대) 2개 조를 국회와 민주당사로 보내 상황을 파악하라"라고 지시했다. 곽종근은 4~5명으로 구성된 소규모 기동 부대인 편의대를 통해 확

보할 주요 시설의 실시간 상황을 확인하려 했다. 그는 이미 이틀 전인 12월 1일 김용현과 통화하며 6개 지역(국회, 선관위 3곳, 민주당사, 여론조사 꽃)을 확보하라는 임무를 받은 터였다.

- 22시 50분. 김 모 특수작전항공단장이 준비한 헬기 12대를 출동시켰다.
- 23시 40분경. 윤석열과 곽종근이 처음 통화했다. 윤석열은 곽종근에게 비화폰으로 국회로 가는 부대가 어디쯤 가고 있는지를 물었고, 그는 국회로 이동 중이라고 답변했다.
- 23시 49분. 707병력을 태운 헬기 3대가 국회 본청 뒤편 축구장에 착륙했다. 이어서 나머지 9대도 한 번에 3대씩 축구장에 착륙해서 병력을 쏟아냈다. 707은 애초에 본청과 의원회관을 모두 봉쇄하려 했으나 이미 본청에 의원들이 많이 모여 있어 전원 본청을 목표로 이동했다.
- 12월 4일 0시 20분. 윤석열로부터 "의결정족수가 안 채워진 것 같다. 문을 부수고 의원들을 끌어내라"는 지시를 받은 후 곽종근은 이 지시를 1공수여단장 이상현과 707 김현태 단장에게 전달했다. 이때 곽종근은 "대통령님 지시다. 문짝을 도끼로 부수고서라도 다 끄집어내라", "전기라도 차단하라"고 지시하는 한편, 박안수 계엄사령관에게는 시민들을 제압할 목적으로 공포탄과 테이저건 사용 승인을 건의했다. 그러나 박안수가 이를 거부했고, 현장의 특전사 대원들도 강력히 저항하는 보좌진과 국회 직원들에게 소극적으로 대응했다. 12·3 내란이 실패로 돌아가는 전환점이었다. 헌법재판소에서 윤석열은 의원이 아니

라 요원을 끌어내라고 지시했다는 말도 안 되는 주장을 하지만, 곽종근은 대통령의 지시는 분명히 국회의원을 대상으로 한 것이라고 밝혔다.
- 0시 55분. 본회의장에서 계엄 해제 투표가 시작되기 직전, 시민과 국회 보좌진, 국회 직원 등은 소화기를 뿌리며 국회 본청 본회의장으로 계엄군이 진입하는 것을 막았다. 이상현은 곽종근에게 "의원들이 본회의장으로 들어갔다. 막을 수 없다"라고 보고했다. 0시 48분부터 1시 18분까지 707 제2제파 병력 101명을 태운 특수작전항공단 헬기 12대가 순차적으로 국회 경내에 착륙했다. 이들은 먼저 와 있던 병력과 합류했지만 별다른 역할을 하지 못한 것으로 보인다.

철수: 안전하게 철수하라

- 12월 4일 새벽 1시 3분. 국회는 계엄 해제 결의안을 의결했다. 곽종근은 TV를 통해 이를 확인하고 투입된 병력들에게 안전지역으로 재집결한 후 철수하라고 지시했다.
- 2시경. 국회에 투입됐던 수방사 수호신TF가 서강대교 남단 한강 시민공원 주차장으로 철수했다. 1공수여단도 국회 외부에서 대기중이던 버스를 타고 철수했다.
- 3시 21분. 계엄 해제 의결 후 국회 뒤편 요트장으로 이동하여 대기하던 707특임단이 버스 여러 대에 나눠 타고 철수했다.
- 12월 5일 자정 무렵. 곽종근은 공관에서 이상현과 1시간 반 동안 회의하며 '특단의 조치'를 언급했다.

- 12월 6일. 곽종근은 박선원, 김병주 의원을 만난 자리에서 "국민께 죄송하다"라며 "2차 계엄 지시도 거부하겠다"라고 밝혔다. 이상현 여단장 역시 "참담하다"라고 심경을 토로했다.

김어준 체포 시도

김용현이 곽종근에게 국회, 민주당사, 여론조사 꽃 등 6곳을 확보하라고 지시한 이후, 곽종근은 밤 10시 27분경 안무성 9공수여단장에게 여론조사 꽃으로 병력을 보내 확보하라는 지시를 내렸다. 여론조사 꽃은 김어준이 운영하는 유튜브 채널 딴지방송국과 연계된 조사기관이다.

새벽 0시 50분경 9공수여단 1개 지역대 병력 57명이 서대문구 충정로에 있는 여론조사 꽃에 도착했다. 이들은 먼저 도착한 편의대의 안내를 받아 계엄이 해제될 때까지 건물 앞을 점거한 채 외부인들의 출입을 통제하였다.

우원식 국회의장 체포 시도

한편, 우원식 국회의장 공관에도 계엄군이 출동했다. 특히 여기서 주목할 점은 계엄 해제 요구 결의안이 통과된 이후에도 군인들이 국회의장 공관에 출동했다는 사실이다. 김민기 국회 사무총장은 12월 4일 새벽 계엄 해제 요구 결의안이 국회에서 통과된 이후에도 계엄군이 국회의장 공관에 집결한 CCTV 영상을 공개했다. 영상에서는 군인 11명과 사복 차림의 남성 2명이 등장하며, 사복 인원들이 군인들을 지휘하는 모습이 포착되었다.

CCTV 영상에는 4일 새벽 1시 42분쯤 계엄군이 국회의장 공관 외곽을 따라 이동하는 모습이 찍혀 있었다. 이어서 새벽 1시 50분경 공관 정문 앞에 군인들이 집결하는 장면이 나타나는데, 이들은 일정한 간격으로 배치되어 정문 진입로 앞에서 대기하는 모습이 되었다. 내란에 적극 가담한 이진우 휘하 수방사 소속인 이들이 국회의장을 지켜주려고 출동했을까? 아마도 2차 계엄에 대비하여 국회의장을 체포하기 위한 사전 준비 작업의 일환이었을 것이다.

선관위 출동

제3공수여단 병력 138명이 12월 4일 새벽 0시 40분 중앙선관위에 도착, 이미 서버실을 점거하고 있던 정보사령부 대원들과 함께 새벽 1시 20분경까지 건물 1층 로비를 점거했다. 또 다른 3공수여단 병력 133명은 12월 4일 새벽 1시 7분경 수원 선거연수원에 도착하여 미리 와서 건물을 통제하고 있던 경찰 병력과 합류했다. 제9공수특전여단은 병력 140명을 보내 12월 4일 새벽 0시 45분경부터 새벽 1시 19분경까지 관악선관위 청사를 점거하였다.

707특수임무단의 작전명령,
"문짝 부셔서라도 끄집어내"

특수전사령부 707특수임무단과 단장 김현태 대령

특전사와 일해본 경험이 많은 신동일 보좌관에게 707 관련 첩보가 집중되었다. 강화수 보좌관도 어디서 들었는지 적지 않은 첩보를 물고 왔다. 나 또한 707이 전혀 낯설지 않았다.

2007년 분당 샘물교회 인질 사건이 길어지자 노무현 대통령은 유사시 아프가니스탄 탈레반 은신 산악 동굴에 특수부대를 투입해서 일부 희생이 있더라도 우리 국민을 구해올 준비를 갖추라는 지시를 내렸다. 국정원 신모 대테러 국장은 청와대와 국정원, 그리고 당시 거여동에 있던 특전사령부를 다니며 707특수임무대대(지금은 단급으로 확장되었지만 당시만 해도 707은 대대급이었다)의 훈련 상황을 내게 알려줬다. 국가안보전략비서관이던 내가 훈련장에 가보고 싶다고 하자 신 국장은 한참 고민하다가 작전명령이 떨어지면 출동 직전에 한번 생각해보자 하며 슬그머니 거절했다. 그 대신 "아주 열심히 훈련하고 있습니다. 임무 떨어지면 제대로 할 겁니다"라며 힘주어 대답하곤 했다.

당시 작전 개요는 단순했다. C-130 수송기 2대에 분승하여 아프가니스탄 카불에 있는 바그람 공군기지에 보낸다. 거기서 미군과 나토군 혼성 국제안보지원군과 함께 아프간 남부 산악 지역에서 목숨을 건 인질 구출 작전을 실행한다. 전례 없이 결연한 의지로 훈련은 연일 계속되었고 몇몇 707 대원들은 크고 작은 부상을 입기도 했다. 그만큼 대테러 핵심 중의 핵심 부대다. 이런 부대를 불법계엄에 동원하여 국회에 쳐들어가게 하다니! 그 명예스러운 부대가 어떻게 피멍이 들게 되었는지 종합해보았다.

2024년 12월 2일 월요일 아침, 특전사령부로부터 707에 작전대기 태세 확립 지시가 하달되었고, 이어 외부에서 경찰특공대와 진행하기로 예정되어 있던 합동훈련이 취소되었다. 뜻밖의 소식에 707 요원들 여러 명이 좌절했다. 해당 훈련은 이미 몇 달 전부터 실시하기로 계획되어 있었고, 훈련 준비에 소요된 상당한 노력이 한순간에 물거품이 되었기 때문이었다.

이들은 "훈련 준비할 때는 두 달 전에 승인받아라, 한 달 전까지 무엇을 제출해라 등등 제약이 많은데 취소는 간단하네", "대기 태세 확립이 합동훈련보다 중요한가?", "합동훈련 상대 기관에게는 뭐라고 말해야 하나?"라며 불만들을 쏟아냈다. 훈련을 경시하는 지휘부에 대한 분노와 함께….

707특수임무단에 혹한 윤석열과 김용현

윤석열 정부 초기까지만 해도 707은 이전 정부들과 별로 다를 바 없는 수준의 일상을 유지하고 있었다. 그런데 어느 날 우연히 707 소개 영상을 본 당시 경호처장 김용현이 707의 역량에 푹 빠져들었고, 이때부터 707은 전에 없던 규모와 빈도로 경호 활동에 동원되기 시작했다. "김용현 처장은 707이 무엇을 하는 부대인지도 몰랐습니다. 그런데 사무실에서 707 소개 영상을 한번 보고 나서 이들의 능력에 반한 것 같았어요"라는 것이 경호처 관계자의 전언이다.

707은 최근 2년 연속 광화문에서 개최된 국군의 날 시가행진에서 본부석 주변 경비에 투입되었고, 윤석열 대통령이 지방으로 행차할 때는 외곽 경계에 동원되기도 했다. 707이라는 대한민국 최고 대테러 부대를 완전히 잘못 사용한 것이었다.

"707은 대테러 공격 작전에 특화된 부대입니다. 강력한 적이 지키고 있는 곳을 전광석화같이 타격하여 인질을 구출하고, 핵심 표적을 제거하고, 중요 시설을 파괴하는 순수 공격부대입니다", "707은 이러한 임무에 투입되어 팀으로서 작전할 때 최대의 능력을 발휘할 수 있습니다. 707 요원들을 한명씩 떼어 보초로 세워 놓는다면 그저 남들보다 조금 더 잘 뛰고, 조금 더 잘 쏘는 보병에 불과합니다"라고 한 선임 707 요원은 말한다.

그렇다면 김용현은 왜 707을 수시로 경계 작전에 투입한 것일까? 당시 상황을 지켜본 또 다른 경호처 관계자의 말에서 힌트를 얻을 수 있다. "30년이 넘는 군 생활 도중 707을 직접 접할 기회가 없었던 김용현은 707이라는 부대의 존재에 충격과 감동을 받았던 것 같습니다. 그래서 김용현은 707에 대해 알면 알수록 이들을 중용하기 시작했습니다. 경호처 내부에서 '707을 경호 작전 시 기동 타격 예비대로 활용해야 한다'는 직언을 해도 가장 센 놈이 VIP 곁에 있어야 한다면서 막무가내로 외곽 경계에 707을 배치했습니다."

특히 김용현은 경호처장 시절 거의 모든 경호 행사에 대한 위협 등급을 실제 위협 상황과 관계없이 최고 수준으로 유지하라고 지시했고, 이를 근거로 경호 작전에 707 특수임무단을 대규모로 동원했다. 지방에서 열린 한 행사에 가면서는 "지역적 특성을 보았을 때 더 큰 위협이 예상된다"라며 이례적으로 707의 1개 지역대 전체를 동원하여 행사장 외부를 경비하도록 했다.

윤석열 역시 707에 대한 애정을 사석에서 여러 차례 드러냈다고 한다. 특히 2024년 8월 8~9일 여름휴가 때 윤석열은 계룡대의 구룡대 골프장에서 707 부사관 및 초급 간부들과 골프를 치기도 했다. 김용현은 국회 국방위 전체회의 답변에서 "대통령이 부사관들과 골프를 친 적이 없었는데, 이번엔 감격해 눈물 흘릴 지경이었다"라고 했지만, 이것이 그냥 격려 행사가 아니었음은 얼마 지나지 않아서 드러났다.

윤석열 경호 작전에 투입됐던 707 대원들 중 일부는 최고의 대테러 부대인 자신들이 산속에서 보초나 서고 있는 현실에 자괴감을 느끼면서 707에 대해 몰라도 한참 모르는 경호처 수뇌부에 대한 불만을 토로했다.

"요새 가뜩이나 훈련장 잡기도 어려운데 수시로 경호 작전 출동을 하니 제대로 된 실탄 사격 훈련을 언제 했는지 까마득하네요."

몇 년 전부터 대테러 임무를 부여받은 부대가 급증했지만, 쓸 만한 대테러 훈련장은 부족하다 보니 각급 부대로부터 707이 보유한 훈련장을 쓰겠다는 요청이 쇄도하고 있었다. 그런데 정작 707 대원들은 경호 작전 출동 나가기에 바빠 자기네 훈련장에서 훈련하기도 어려운 처지라는 것이다.

유독 불길했던 707특수임무단

707은 같은 국가급 대테러 특공대인 경찰특공대, 해군 UDT 대테러 특임대 및 해양경찰특공대와 종종 합동훈련을 실시한다. 2008년 뭄바이 테러와 같이 다수의 테러범이 여러 목표를 동시

다발적으로 공격할 경우 어느 한 부대만으로는 대응이 어려울 수 있기 때문에 성격이 비슷한 대테러 부대끼리 합동훈련을 하여 유사시 합동 작전이 가능하게 하는 것이다. 또한, 다른 국가급 대테러 특공대와의 합동훈련은 자부심이 강하고 폐쇄적인 대테러 특공대가 비슷한 수준의 다른 부대들과 활발하게 전술 교류를 할 수 있는 좋은 기회가 되기도 한다. 그렇기 때문에 이날의 합동훈련 취소 소식은 707 대원들에게 더더욱 아쉬운 것이었다.

당시 707 요원들은 훈련이 취소된 이유를 북한의 오물 풍선 때문이라고 알고 있었다. 그러나 이는 사실이 아니었다. 북한은 10월까지 활발하게 오물 풍선을 날려 보냈는데, 11월 들어 바람의 방향이 바뀌자 그 횟수가 급격하게 줄어들어서, 이즈음에는 거의 내려오지 않는 상황이었다. 그럼에도 불구하고 707 요원들이 이렇게 생각한 이유는 평소 북한에 대한 강경 대응 기조를 밝혀왔던 김용현 국방부 장관의 발언 때문이었다. 김용현은 경호처장 때는 물론 장관 취임 이후 "북 도발 시 원점을 타격하겠다"라는 말을 여러 차례 강조했다.

707과 같은 대테러 부대는 경호 작전 등에 수시로 투입되기 때문에 계획한 훈련이 취소되는 경우가 가끔 발생한다. 그러나 겨우 오물 풍선에 대응하기 위해 평소 순번제로 출동 대기 중인 지역대뿐만 아니라 707 전체의 훈련을 취소시킨다는 것은 분명 이상했다

오늘 밤 뭔가 일어날 것 같다

12월 3일 계엄 당일 오후에는 특전사의 항공작전을 담당하는 특

수작전항공단에서 UH-60 헬리콥터 12대가 대기하고 있다는 소식이 전해졌다. 707 대원들은 "헬기에 우리를 태워 오물 풍선 원점을 타격하려는 것인가?", "조만간 오물 풍선이 올 것을 예측하고 이를 격추하기 위해 대대적인 작전을 준비하는 것인가?"라며 마음의 준비를 했다. 잠시 후, 오후에 계획되어 있던 전술 평가가 연기되면서 출동 대비 태세 점검 지시가 내려왔다. 출동 군장을 점검하라는 지시였다. 그리고 일부 대원들은 저녁 식사 후 퇴근하지 못하고 부대에서 대기해야 했다. 하지만 대부분의 707 요원들은 누구도 지금 상황이 어떻게 돌아가는지 알고 있지 못했다. 단지 대기하라고 해서 대기하고 있을 뿐이었다. 이때 다른 특전사 부대원들도 무슨 일이 날 것 같다는 소식을 듣고 웅성댔다.

특전사 1여단과 3여단 등 대원들 사이에서는 "707의 대비 태세가 격상되어 다들 대기하고 있다는데 자신들에게도 대기하라는 지시가 내려올 수 있다"라는 소문이 돌았다. 군 전체까지는 아니더라도 특전사 내부에서는 이미 이날 밤 뭔가 있을 것 같다는 소문이 확산하고 있었다.

계엄 발령 직전 신동일 보좌관을 통해 이 정보를 접한 나는 북한 상황과 연계된 출동이라면 헬기 이동이 맞지 않다는 점에서 의구심이 커졌다. 북한과의 충돌이라면 지상 병력과 공군의 협조가 우선인데, 헬기 이동은 국회 같은 도심 작전에 더 적합했다. 이날 저녁 8시경 707 요원들에게 "북한 관련 상황이 심각해 당장 출동해야 할 수도 있음"이라는 문자 메시지가 배포되었다. 김용현이 뭔가를 준비하고 있다는 정황이 드러난 것이다. 이러한 움직임은 우발적 상황 발생이나, 훈련이 아니라 사전에 준비된 작전으로 계엄이 선포되었을 가능성을 강하게 시사했다. 저녁 9시 40분에서 10시 사이에는 특임대원들의 휴대폰이 수거되면서 실제 출동이 임박했다는 신호가 감지되었다.

707특수임무단의 작전 개시

707은 윤석열 대통령의 비상계엄 발표 약 9분 뒤인 밤 10시 31분쯤 곽종근의 출동 지시를 받았다. 밤 11시 22분 707 요원 96명은 헬기 12대에 탑승해 이륙했고, 밤 11시 49분 국회 후면 운동장에 착륙했다. 애초 계엄 상황에 출동할 것이라 예상하지 못해 크게 당황했지만, 김현태 단장은 "나와 부대원들 모두 계엄법에 대해서 잘 알지 못했고, 출동 지시를 거부한다는 판단을 내릴 경황이 없었다"라고 토로했다. 곽종근은 국회의사당으로 출동, 건물 봉쇄, 무기 사용 금지 등의 명령을 내렸고, 김현태는 건물 출입문만 잠그자는 생각으로 국회로 출동했다고 한다.

이륙 직전인 밤 10시 43분 김현태는 티맵을 켜 국회 일대 지도를 확인한 뒤 건물 차단 구역을 각 부대원에게 부여하고, 밤 11시 22분 헬기를 타고 국회로 향했다. 밤 11시 49분쯤 김현태가 탑승한 1번 헬기가 국회 운동장에 도착했다. 김현태는 "속보로 국회 본청으로 이동해 문만 잠그고 문 앞을 지키자고 생각했는데 막상 본청에 도착하니 거센 저항에 직면했고, 출입문도 유리로 돼 있어 차단이 어렵겠다는 생각이 들었다"라고 당시 상황을 전했다.

707 요원 총 96명 중 15명이 본청 내부로 진입했고, 국회의사당

본관 후문에 12명을 배치해 확보했다. 12월 4일 0시 34분경 정문에서 국회 보좌진과 직원, 시민과의 몸싸움이 치열해지자 김현태는 부하의 부상을 우려해 다른 루트를 찾아보라는 곽종근의 지시를 받았다. 김현태는 창문을 깨고 국회 본청으로 진입했는데, 그 장면이 TV 뉴스를 통해 생중계되었다.

김현태는 곽종근이 "국회의원이 모이고 있다는데 150명을 넘으면 안 된다. 막아라. 안 되면 들어가서 끌어낼 수 있겠느냐"라고 말했다고 밝혔다. 이에 김현태는 "전혀 안 될 것 같다"라고 답했고 이미 곽종근 사령관은 국회 본청과 의원회관을 봉쇄하라는 지시와 함께 "무리하지 말라"라고 말했다.

707특수임무단의 작전 전개와 충돌

12월 4일 0시 34분경 국회 본청에 침입한 707 요원들은 본회의장으로 뛰어갔으나, 보좌진과 직원, 시민이 바리케이드를 치고 막자 진입하지 못했다. 대신, 본회의장 내부를 들여다볼 수 있는 본청 4층으로 올라가 일단 본회의장 내부를 확인하려 했다. 엘리베이터를 통해 3층으로 이동한 16명의 단원은 진입하는 문이 소방호스
로 묶여 있자 이를 끊고 본회의장으로 달려갔지만, 다시 통로를 지키는 보좌진과 직원들에 의해 소화기 분말 공격을 받았다.

한편, 이들은 통로 개척용 산탄총과 C-4 폭약을 폭파할 수 있는 신관 장치를 들고 왔는데, 시간이 조금 더 있었거나 좀 더 적극적으로 진입했다면 충분히 총탄이나 폭약에 의한 사상자가 발생할 가능성이 있었다. 또 이들이 휴대한 코브라 케이블타이는 사람 포박용으로 설계되었다. 내가 국방위 전체회의에서 시연했듯이, 손을 묶으면 빠질 수 없고 통증을 유발하게 된다. 김현태의 증언처럼 문을 봉쇄하기 위해 코브라 케이블타이를 들고 온 것이 아니라 의원들을 체포할 목적임이 분명했다. 더구나 실제로 707이 봉쇄한 국회 본청 후문은 케이블타이를 써서 봉쇄한 것이 아니라 나무막대기와 청테이프를 이용해 문을 걸어 잠근 것이다.

0시 50분, 김현태는 곽종근과의 통화에서 "2층을 통한 본회의장 진입이 막혀 엘리베이터로 3층으로 이동했으나 소화기 공격을 받았다"라고 보고했다. 곽종근이 '전기 차단 가능 여부'를 묻자, 김현태는 확인하겠다며 지하 1층으로 이동했다. 김현태와 요원들은 지하 1층에서 국회의원회관과의 연결 통로를 봉쇄하려다가 지하에 분전함이 있는 것을 확인했다. 잠시 후 분전함을 조작해 본회의장 전력을 끄려 했으나, 시스템 차이로 지하층만 차단되었다.

이를 두고 김현태는 전력을 차단해도 비상 유도등이 있어서 많이 어둡지는 않았다는 전형적인 물타기성 발언을 했다. 하지만 전원이 중요한 것은 조명 때문이 아니었다. 본회의장의 전자투표 등 의사결정을 위해 전기가 필요한 것이었다. 만약 본회의장 전원이 차단되었다면 의결이 이루어지지 못했을 것이다.

707특수임무단장의 거짓말

김현태 707단장은 12월 9일 국방부 앞에서 기자회견을 열고 "나와 707은 김용현 장관에게 이용당한 피해자"라고 말했고, 12월 10일 국회 국방위 전체회의에서도 비슷한 태도를 유지했지만, 2025년 2월 6일 헌법재판소에서 열린 6차 변론기일에서는 여러 진술이 바뀌었다.

 2025년 2월 12일 국민의힘 성일종 국방위원장은 "김현태 단장이 윤 대통령이 '의원 끌어내라'는 지시를 했다고 주장한 곽종근 전 특수전사령관은 더불어민주당 의원들에게 회유를 당해 그러한 답변을 작성한 것이라 밝혔다"라고 주장했다. 또 2월 17일 국방위에 출석한 김현태는 자신과 곽종근 전 사령관이 민주당에 이용당했으며, 계엄 당일 국회 내부에 있던 보좌관이나 민주당 당원들이 소화기를 터뜨리며 자신들의 진입을 방해하고 저항한 것과 관련해 "마치 저희를 이용해 폭동을 일으키려는 느낌을 받았다"라고 주장해 논란을 일으켰다.

 2025년 2월 19일, 비상계엄 당일 707 지휘부가 모두 참여한 텔레그램 단체 대화방에서 김현태가 의원들의 국회 본회의장 진입을 막으라고 부하들에게 명령한 사실이 확인되었다. 이는 앞서 2월 6일 헌재 탄핵 심판 증인으로 출석했을 당시 "의원들을 막은 게 아니라 국회를 봉쇄하라는 지시만 받았다"라는 김현태의 주장과 배치되는 내용이다. 2024년 12월 3일 밤 11시 46분, 김현태는 "본회의장 막는 게 우선"이라는 지시를 내렸으며, 이어 "진입 시도 의원 있을 듯"이라며 "문 차단 우선"이라고 말했다. 그러면서

"진입 차단 막고"라고 덧붙였다. '본회의장 의원 진입 차단'이라는 지시로 분명하게 읽히는 내용이었다. 707 요원 대화방에선 '의원'이라고 해놓고, 헌재 증언 때는 다른 이야기를 한 셈이었다. 이에 대해 김현태는 당시 곽종근의 지시를 공유한 것이라 이후엔 기억을 못 했다고 주장했다.

이렇게 국회 청문회 과정에서나, 헌법재판소 재판 과정에서 707 김현태 단장은 물론, 군 관계자들이 비상계엄 전후 대놓고 위증 또는 허위 자료를 제출했다가 나중에 적발되는 일이 빈발했다. 윤건영 의원이 계엄 관련 SNS 단체대화방의 존재 여부를 묻는 질의서를 보냈을 때 707특임단은 "단체 대화방을 생성하지 않았다"라고 답변했지만, 불과 한 달도 되지 않아 나는 비상계엄 당시 707의 단체 대화방 내용을 입수하여 그들의 거짓말을 만천하에 공개했다.

7장
내란의 심장부、수방사

수도방위사령부 이진우 사령관

수방사 사령관 이진우 중장! 그 역시 8월 초부터 동태 파악의 핵심 대상이었다. 이진우의 부친은 김용현이 모시던 상관이기도 했다. 그러니 김용현에게 이진우는 조카와 같이 아끼는 측근 실세. 그가 수방사령관이다. 따라서 이진우가 계엄에 핵심 역할을 할 거라고 처음부터 의심한 건 너무도 자연스러운 일이다.

  국정감사 때 그는 자부심으로 가득 차 있었는데, 장군들 가운데서도 '나는 금수저야' 하는 듯한 행동거지였다. 여인형처럼 빡빡 대들지는 않지만, 허리 세우고 뻣뻣한 건 매한가지. 김용현이 차지철, 여인형이 전두환이라면 이진우는 정호용과 노태우를 합쳐놓은 듯한 인상. 몸을 사리고 물 한 방울 안 튀기려는 것 같지만 권력의 중심에 있으며, 더 높이 중심에 더 가까이 가고 싶다는 욕망이 느껴졌다. 극우 성향의 나름 독실한 기독교 신자로 알려져 있다.

이진우는 사단장 시절 부대원이 GOP 근무 한 달 조금 지난 2022년 11월 집단 따돌림에 고통스러워하다가 초소에서 총기로 극단적 선택을 한 사건을 덮은 것으로 의심이 되기도 했다. 김 이병은 외국에서 오래 살아서 우리말이 어눌하고 행동이 민첩하진 않았으나 천사 같은 병사였다. 언론 보도에 따르면 이진우는 착하고 사랑스러운 아들을 잃은 부모님이 애원도 하고 사건의 진상을 파악해달라고 호소했으나 이를 무시하면서 "하나님이 보호해줄 것"이라는 답장을 써 보냈다고 한다. 그로부터 얼마 되지 않아 이진우는 윤석열과 김용현을 등에 업고 3성 장군, 중장으로 진급한다. 전방에서 남태령에 있는 수방사로 입성한다.

12·3 계엄 당시 이진우 수도방위사령관은 계엄군의 국회 출동을 지휘하는 등 핵심적 역할을 했다. 12월 3일 오후 10시 23분, 윤석열의 계엄 선포 담화가 방송되기 전 이진우는 이미 김용현에게 출동 준비 지시를 받았지만, "따르지 않으면 항명"이라는 김용현의 말을 듣고 나서야 상황의 심각성을 인지했다고 한다.

그 직후 이진우 수방사령관은 조○○ 수방사 제1경비단장에게 "국회로 먼저 출발해서 본청 내부로 진입하라"라고 지시했다. 공포탄을 지참하고 출동하라는 구체적 명령도 있었다.

국회에서 한참 작전이 진행되는 상황에서 윤석열은 이진우에게 보안폰으로 강경한 지시를 또 내렸다.

"문을 부수고라도 데리고 나오라."

"총을 쏴서라도 끌어내라."

"본회의장으로 가서 4명이 1명씩 둘러업고 나오라."

"해제되더라도 2번, 3번 계엄을 선포하면 되니까 계속 진행하라."

이진우는 처음에는 "데리고 나오라"를 국회 내 모든 사람으로 이해했으나, 반복된 통화에서 '국회의원'을 특정한 지시로 해석했다고 밝혔다.

이진우는 윤석열이 "어, 어" 거리며 악을 썼다고 묘사하며, 특히 계엄 해제 표결 직전 마지막 통화에서 "왜 그걸 못 끌어내느냐"라며 격앙된 반응을 보였다고 전했다. 이후 이진우도 항의조로 답변했으며, "대통령의 말이 좀 아니라고 생각된 후부터 4일 오전까지 내내 아무 기억도 안 난다. 대통령 지시에 충격을 받아 자동차 사고 후처럼 기억이 안 난다"라며 심리적 동요도 드러냈다.

한편, 이진우는 헌재 증언과 국회 청문회 답변 과정에서 비협조적 태도로 일관했다. 헌재에서 탄핵 청구인 측이 "대통령과 몇 차례 통화했느냐"라고 묻자, 그는 "한 차례 통화했다"라며 "현장 상황이 혼잡하다고 보고했을 뿐 구체적 명령은 없었다"라고 답했다. 그러나 언론 보도를 통해 네 차례 통화 기록이 확인되어 거짓임이 드러났다. 또 "국회 본관 진입 명령이 있었느냐"라는 질문에도 "기본적으로 외곽 방어가 임무였다"라며 모호하게 답변하며 핵심 쟁점을 회피했다.

작전 실패: "서강대교 넘지 말라"

수방사 제1경비단 조○○ 단장은 출동해 현장을 파악한 후 상황이 이례적이고 임무 목적이 불분명하다고 판단해 후속 부대에

"서강대교를 넘지 말고 대기하라"라고 지시했다고 한다. 이진우의 불법적이고 강경한 지시가 현장 판단으로 조정되었던 것이었다. 조 단장은 이진우 사령관이 "내부로 들어가 의원들을 끌어내라"라고 명확히 말했다고 증언했다. 이진우의 지시는 단순히 상징적 질서 유지가 아니라 무력을 동반한 국회 점거를 목표로 했음을 보여주며, 이진우가 12·3 계엄에서 핵심적 역할을 담당했음을 보여준다.

한편, 이진우는 수방사 군사경찰 특임대인 SDT를 대기 상태로 전환함과 동시에 출동을 지시했다. 수방사 소속 부대들은 국회 본청 주변에 배치되었고, 이진우는 지휘 차량에서 비화폰 3대를 사용해 실시간으로 작전을 조율했다. 이들은 밤 11시경 국회에 도착해 특전사 707 및 제1공수특전여단과 협력하며 본청 주변을 장악하려 했다. 이진우는 "특전사가 내부에 진입했으니 외부에서 지원하라"라고 지시를 수정했다. 애초에 수방사도 본청 점거를 목표로 했으나 상황 변화에 따라 역할이 조정되었던 것이다.

조 단장은 "이진우가 의원들을 끌어내라고 지시한 이유를 당시 이해하지 못했다"라면서 "5~10분 뒤 특수전사령관과 소통해 재검토를 요청했다"라고 증언했다. 이후 12월 4일 새벽 1시 국회에서 계엄 해제 결의안이 통과되어 수방사 병력은 본청 점거에 실패하고 철수했다.

수도방위사령부 수호신TF의 활동

수호신TF는 수방사 산하 대테러 특수임무를 담당하는 TF로 2024년 2~4월 총선을 앞두고 '테러 대비'를 명분으로 조직되어 편제 없이 비밀리에 운영되었다. 이진우는 수호신TF를 기존 보고 체계에서 배제하고 보안 강화를 위해 '시그널' 같은 보안이 강화된 메신저로 명령을 내렸다.

언론 보도에 따르면, 수호신TF는 계엄 선포 전부터 국회 단전 등 핵심 시설 통제를 위한 사전 준비에 관여했을 가능성이 있다. 이는 이진우가 계엄 하루 전인 12월 2일 밤 9시경 조 수방사 1경비단장에게 시그널로 "테러 도발 대비 비상 출동을 위한 수호신TF는 잘 준비됐는지"를 점검한 기록에서 비롯된다. 이 메시지는 계엄 선포를 사전에 인지하지 못했다는 이진우의 주장과 상충하며, 수호신TF가 단순 대테러임무를 넘어 계엄 작전에 투입될 준비를 했을 가능성을 시사한다.

12월 3일 밤 10시 27분 윤석열의 계엄 선포 담화 이후 수호신TF는 국회 인근으로 출동했다. 12월 2일에 작성된 이진우 사령관의 휴대전화 메모에는 "장관님 회의 직후 1)수호신TF 출동 지시 2)대테러 대기부대 선투입, 본관 배치"라는 내용이 적혀 있었다. 이는 수호신TF가 계엄 선포 직후 국회 본청 주변에 배치되어 주요 임무를 수행하려 했음을 보여준다. 구체적으로는 SDT와 협력해 국회 외곽 경계를

관련 영상 QR
250122 박선원,
MBC 수호신TF 폭로

지원하며 특전사 병력의 본청 진입을 보조했을 가능성이 높다.

12월 3일 밤 11시경 수방사 병력이 국회에 도착했을 때 수호신TF는 국회 본청 인근에 배치되었으나, 구체적인 실행은 제한적이었다. 국회 본청 진입은 특전사 주도로 진행되었고, 수호신TF는 외곽 통제와 상황 지원에 집중한 것으로 보인다. 그러다 12월 4일 새벽 1시 국회에서 계엄 해제 결의안이 통과되며 작전이 중단되었고, 수호신TF도 다른 병력과 함께 철수했다.

12·3 계엄 당시 수호신TF는 이진우의 지휘 아래 국회 인근에 출동해 외곽 통제와 본청 진입 지원을 준비했으며, 그 이전에는 여의변전소 답사 등 단전 작전 사전답사로 의심되는 정황이 포착되었다. 그러나 혼란스러운 계엄 상황과 국회의 신속한 해제 결의로 활동은 미완에 그쳤다. 수호신TF가 계엄만을 위해 창설된 것은 아니겠지만, 이진우의 사전 인지 여부와 법적 책임은 여전히 논란의 중심에 있다. 추가 수사와 증언이 진실 규명에 결정적 역할을 할 것으로 보인다.

8장
방첩사의 거짓된 충성 맹세

국군방첩사령관 여인형 중장

방첩사는 과거 보안사와 기무사의 후신으로, 군 내부의 반란 조짐을 탐지하고 쿠데타를 예방하기 위해 설치된 부대다. 대통령에게 직보할 수 있는 독립적 보고권을 가진 만큼 그 영향력은 막강하다. 그러나 이 권한은 2024년 말 '계엄 추진 정황' 속에서 왜곡된 방향으로 작동했다.

여인형 중장은 2023년 11월경 방첩사령관으로 취임했다. 충암고와 육군사관학교(48기)를 졸업한 그는 국방부 장관실 근무와 특전 부대 지휘 경험을 거친 인물이었다. 윤석열 전 대통령과는 충암고 선후배 관계로 알려져 있으며, 이러한 인맥 구조는 훗날 '직보 체계'의 사적 연결망으로 작용했다는 평가를 받는다.

여인형 사령관이 국회 국방위와 정보위에 출석해서 보여준 태도는 김용현과 차이가 있다. 그러나 기본적으로 오만하고 어깨에 힘이 잔뜩 들어간 것은 동일하다. 국방위원회에서 보여준 모습은

"나 여인형이야! 알지?" 하면서 김용현 다음 실세이며 대통령과 직통 연결도 가능할 뿐 아니라 인사 등 모든 것을 쥐고 있다는 것을 과시하는 모습이었다.

통상 국회에 출석하는 증인들은 위증에 대한 부담감, 국민이 TV를 통해 바라보고 있다는 부담감 등으로 국회의원들의 압박성 질문에 신중하게 답변하거나 최소한 예의를 갖추려는 태도를 보이기 마련이다.

그러나 여인형 사령관은 달랐다. 질문이 끝나기도 전에 말을 끊고, 불편한 질문에는 비웃듯 미소를 짓거나 "답할 필요를 못 느낀다"라는 식으로 답변을 회피했다. 몸은 국회에 있었지만, 태도는 마치 자신이 문책받는 위치가 아니라 평가하는 사람인 양 오만했다. 그 자세에서 느껴진 것은 군인의 기개가 아니라, 책임을 회피하며 권력을 방패 삼는 오만함이었다. 국방부 국정감사에서 나의 질문에 대해선 터무니없이 대들진 않았다. "정보위에서 따로 보고드리겠습니다" 정도였다.

최근 알게 된 내용이지만, 당시 여인형 사령관은 장군 인사에도 노골적으로 개입했다고 한다. 과거에는 장성 진급 인사에 대해 흔히 세평이라고 불리는 자료를 작성해 장관이나, 인사 책임자들이 판단할 수 있는 보조 자료 정도를 제공했다. 그에 반해 여인형 사령관은 아예 1안, 2안, 3안 같은 식으로 인사안을 작성해서 보고했다고 한다. 당연히 인사권자의 판단권을 침해하고, 정보기관이 인사권을 장악하려던 시도라고 볼 수밖에 없다. 또, 인사 자료를 작성하면서 특정 지역을 배제하고, 본인과 이진우, 곽종근 사령관 등을 4성 장군으로 앉히는 임의적인 인사 자료를 만들었다고 하는데, 이는 군의 정치적 중립성과 통수권 일원화 원칙을 근본적으로 흔드는 것이었다.

제보에 따르면 여인형 사령관이 취임 직후부터 그랬던 것은 아니었다고 한다. 신원식 장관 시절에는 그렇게 하지 못했을 것이다. 2024년 김용현 장관이 취임하자, 이를 뒷배 삼아 본인과 군 내부의 특정 세력에 대한 진급을 밀어붙이려 했던 것이다. 상황이 그러한데, 노상원이라는 한참 선배가 등장하고, 1년 선배인 강호필 사령관이 건재하여 김용현 장관에게 붙어 있으니, 마음이 어떠했겠는가? 당연히 마음에 안 들었을 것이다.

본회의장에서 필리버스터를 마친 직후 7월 29일 제1차 정보위원회가 열렸다. 조태용 국정원장은 방첩사가 진행 중인 정보사령부 간첩 사건에 대해 중간보고를 계속 받고 있다고 대답했다. 나는 다음 날 여인형을 처음 보았다.

당시는 때마침 정보사의 군무원 천○○이 중국 정보당국에 포섭되어 거의 모든 정보를 빼돌린 사건을 해결한 직후라 여인형의 어깨에 힘이 잔뜩 들어간 것이 보였다. 그래서 나는 정보사가 간첩에 의해 뚫리기 전 뭘 했나 질타하면서 당신도 책임을 면할 수 없다고 지적했다. 8월 10일경 천○○ 사건 전말을 보고하러 들어온 김대우 수사단장에게는 "방첩사가 큰일 해냈다. 간혹 내가 방첩사 여인형 사령관 실명을 거론하며 비판하기도 하지만 이렇게 본연의 방첩 업무를 잘 해내면 정보위 간사로서 도울 일은 돕겠다", "그 대신 계엄이나 정치 관여 같은 건 안 했으면 좋겠다고 신신당부하더란 말도 꼭 여인형에게 전하라"라고 했었다. 물론 전하지 않았을 것이다. 방첩사령관부터 김대우 수사단장까지 의욕이 넘치고 다 쥐고 있다는 자신감을 역력히 느낄 수 있었다.

"이자들이 사고 치면 골치 아프겠군." 이들은 국군 보안사 - 기무사 - 안보지원사령부 - 방첩사로 바뀌는 동안 국회에 편제를 사실대로 보고하지 않았다. 국방위에서도 정보위에서도 그 숫자는 늘 실제와는 거리가 있었다. ○,○○○여 명이라던 숫자는 2배가 훨씬 더 넘었었다는 걸 최근에야 알게 되었다. 2024년 11월 초 정보위에서 국민의힘 권영세 의원이 물었다. "방첩사가 계엄령이 발령되면 무슨 일을 하느냐?" 여인형은 비상계엄의 경우 북한에서 이상 징후가 있어 충무 사태가 발령되고 경계 태세가 격상되면 방첩사는 "합동부사본부를 설치하게 된다"라며 대통령의 명령에 따라 자신이 합동수사본부장이 될 거라는 말을 거침없이 했다. 상당히 고무된 어투와 표정이었다. 본인만 느끼지 못했을 것이다. 그 답변을 할 때 자신만만하며 눈을 부릅뜬 결의 넘친 표정을 감추지 않았음을….

'역시 이자는 위험해!'

방첩사는 2024년 하반기 계엄 관련 문건을 작성하고 일부 인원·장비 준비를 진행했다. 특히 11월에는 '계엄사령부·합동수사본부 운영 참고 자료'라는 내부문건이 보고된 사실이 드러났다. 해당 문건에는 '언론 통제, 주요 인물 검거, 통신 차단' 등 실제 실행 계획과 유사한 내용이 포함돼 있었다. 또한 여인형 사령관이 "간첩죄 관련 보도를 KBS에 제공하라"고 지시했다는 진술이 검찰에 확보되어, 방첩사가 여론전에도 개입했다는 정황으로 받아들여졌다.

　방첩사의 전신은 기무사, 그 이전은 보안사였다. 군내 방첩 업무를 총괄하는 부대로 규모나 위상이 줄었다고는 하나, 업무 성격상 국방부 장관, 대통령실과 밀접하게 연결될 수밖에 없다. 그러나 여인형 시기에는 그 관계가 제도적 보고 라인을 넘어선 '직접 신뢰 관계'로 변했다. 충암고라는 학맥과 경호처·청와대 근무 경력은 군 내부의 견제를 약화시켰고, 방첩사는 대통령의 의중을 가장 먼저 감지하는 조직으로 변모했다. 그 결과, 계엄은 헌법적 비상수단이 아닌 정치적 선택지로 다루어졌다.

　결국 방첩사는 헌정을 지키라는 임무를 저버리고, 헌정을 파괴하려던 내란의 일부가 되었다. 여인형의 충성은 국가가 아니라 권력자를 향했고, 방첩사의 정보망은 국민의 안녕이 아니라 정권의 생존을 위한 도구로 쓰였다. 남은 것은 '충성'이라는 이름의 왜곡된 맹세뿐이었다. 방첩사는 그 맹세의 가장 어두운 증거였다.

12·3의 여인형

2024년 12월 3일 내란 직후부터 여인형 방첩사령관은 내란의 실행 단계에서 핵심 인물로 지목되었다. 그는 윤석열·김용현과 함께 이른바 '충암파'로 분류되었고, 김용현의 지시를 받아 방첩사 수사단장 김대우 준장에게 주요 정치인 14명을 체포하고 수방사 ○○ 벙커 구금 시설로 이송하라는 명령을 내린 것으로 조사됐다.

영장 없이 전산 자료 확보를 지시하고, 조지호 경찰청장에게 정치인들의 위치 파악을 요청했으며, 국정원에도 체포 지원을 요구했으나 무산되었다. 여인형은 이후 수사기관의 압수수색에 대비해 허위 메모를 작성하도록 했다는 혐의로, 12월 14일 내란 중요임무 종사 및 직권남용 혐의로 구속됐다.

여인형은 국회 답변과 언론 인터뷰에서 "윤석열의 계엄 선포를 사전에 알지 못했고, TV 뉴스를 통해 처음 알았다"라고 주장했다. 그러나 방첩사는 이미 2024년 봄부터 관련 준비를 진행했으며, 11월에는 계엄 실행 계획 문건이 보고된 정황이 있다. 계엄 선포 당일인 12월 3일 밤, 그는 지휘통제실에서 극도로 불안한 모습을 보였다고 한다. 대령급 지휘관들을 모아놓고 말을 망설였으며, 오후 10시 무렵 김용현에게서 전화를 받은 뒤에야 계엄 관련 지시를 내리기 시작했다. 김대우 방첩사 수사단장의 국회 증언에 따르면, 여인형은 밤 11시 30분쯤 군사기밀수사실장을 불러 "○○ 벙커에 50명 정도를 구금할 수 있는지 확인하라"고 명령했다.

또 여인형은 계엄령과 '부정선거론'에 집착하며 음모론적 세계관에 빠져 있었다고 한다. 그는 비서실에 "요즘 부정선거를 다루는 유튜버들이 있는데, 내용을 한번 알아보라"라고 지시해 보고를 받았고, 2024년 3월에 있었던 경호처장 공관 모임이 국회에서 문제 되자 "이젠 믿을 사람이 하나도 없다"라며 부하들과의 소통을 끊었다. 민주적 통제를 거부한 지휘관의 고립된 행태는, 결국 방첩사가 어떤 위험한 방향으로 흘러갔는지를 보여주는 사례였다.

- 2023. 3. 22. **윤석열** 대통령. 업무보고(31년 만의 대통령 방문)
- 2024. 2. 23. **이진우** 수방사령관, **곽종근** 특전사령관 방문
- 2024. 3. 20. **이상민** 장관, **박현수** 경찰정보국장, **우종수** 국수본부장, **안성식** 해경외사국장 방문
- 2024. 4. 18. 대통령령 제33409호 시행(국군방첩사령부령 일부개정령) 방첩사 주요 직무에 **사이버 업무 및 대테러 작전 지원** 신설 (이를 통해 사이버 테러 중 하나가 될 수 있는 '부정선거 의혹'에 대한 작전을 수사 지원할 수 있게 되었다)
- 2024. 6. 10. **문상호** 정보사령관 방문
- 2024. 6. 13. **박안수** 육군참모총장 방문
- 2024. 7. 12. **강호필** 합참 차장, **조원희** 사이버작전사령관 방문

앞의 자료는 주요 인사 방문 등 계엄 이전 방첩사의 주요 일정을 나타낸 것이다. 당시 일정을 찬찬히 되짚어보면, 단순한 군내 업무보고나 통상적인 지휘 점검으로 보기 어려운 정황이 뚜렷이 드러난다.

특히, 2023년 3월 22일 윤석열 대통령의 방첩사 업무보고는 31년 만의 대통령 방문이었다. 이례적인 방문 이후, 2024년 들어 방첩사에는 내란 연루자로 지목된 핵심 인물들이 차례로 드나들었다. 2월 23일에는 이진우 수방사령관과 곽종근 특전사령관이, 3월 20일에는 이상민 행안부 장관, 박현수 경찰정보국장, 우종수 국수본부장, 안성식 해경 외사국장이 방문했다.

이어 4월 18일에는 대통령령 제33409호가 공포·시행되었다.

국군방첩사령부령 일부 개정령을 통해 방첩사의 주요 직무에 '사이버 업무'와 '대테러 작전 지원'이 새로 추가된 것이다. 겉으로는 국가안보 환경 변화에 대응하기 위한 조직개편처럼 포장됐지만, 실제로는 '사이버 테러'의 범주에 포함될 수 있는 '부정선거 의혹' 관련 작전을 정당화하기 위한 근거를 마련한 셈이었다. 즉, 방첩사가 국내 정치에 직접 개입할 수 있는 법적 틀을 확보한 것이다.

6월 10일 문상호 정보사령관, 6월 13일 박안수 육군참모총장, 7월 12일 강호필 합참차장과 조원희 사이버작전사령관의 잇따른 방문은 계엄 시나리오의 군 조직별 연계 조율을 보여주는 듯하다. 특전사, 수방사, 정보사, 방첩사, 합참, 사이버사령부라는 계엄 집행의 핵심 축들이 그 짧은 기간 안에 방첩사를 중심으로 연결되었다.

지금 시점에서 보면, 이 일련의 움직임은 단순한 '군 내부의 정례보고'가 아니라, 내란의 사전 땅고르기 작업이었다. 방첩사는 그 중심에서 계엄 실행의 정보·수사·사이버 작전을 모두 아우르는 허브 역할을 했다. 이때부터 이미 계엄은 구체적인 '계획'으로 준비되고 있었다는 점을 부인하기 어렵다. 결국, 이 시기의 일정은 모두 내란 공모의 전초 단계였으며, 방첩사를 중심으로 한 계엄 체계 구축의 결정적 증거로 남게 되었다.

여인형 방첩사령관의 작전명령,
"체포자 명단을 불러준다!"

전야: 12·3 계엄의 실행자

2024년 3월 여인형은 한미 연합훈련인 '자유의 방패(FS)' 연습에서 합동수사단 편성에 관심을 보이며 실무 구체화를 지시했다. 예전에는 해야 할 임무를 '했다 치고 식'으로 검토만 했었다면, 이번에는 실제 병력을 모아보고 실제 임무를 수행하는 방식으로 전시 합동수사본부를 꾸리고 운영하는 훈련을 진행했다.

2024년 10월 27일 메모에는 "포고령 위반 최우선 검거 및 압수수색, 휴대폰, 사무실, 자택 주소 확인, 행정망, 경찰망, 건강보험 등"과 같은 것이 발견되었다. 이는 체포 대상의 신원과 위치 파악을 위한 구체적 계획을 시사하며, 계엄 한 달 전부터 체포 작전을 기획한 것으로 보인다.

이어 11월 9일 메모에는 이재명, 조국, 한동훈, 정청래, 김민석, 우원식, 이학영, 박찬대, 김민웅, 양경수, 최재영, 김어준, 양정철, 조해주 등 14명의 이름이 적혀 있었다. 이는 계엄 당일의 체포 대상과 거의 일치한다. 여인형이 윤석열·김용현과 논의한 끝에 작성한 것으로 추정된다. 11월 9일 윤석열, 여인형, 곽종근, 이진우는 함께 식사하는 자리에서 계엄을 모의하며 출동 태세를 논의했다.

여인형은 12월 1일 작성한 메모에 "경찰 및 조사본부, 30명 위치 파악, 합동체포조 운용"과 "조사 본부, 구금 시설 준비, 군 교도소 내 구금 준비"를 적었다. 이는 수사관 100명을 포함한 체포조가 이재명, 한동훈, 우원식 등 주요 정치인을 체포해 수방사 시설이나 군 교도소로 이송하려는 계획을 구체화했음을 시사한다. 12·3 계엄 당일 여인형은 방첩사의 임무를 "중앙선관위 과천청사 등 4개소 출입 통제 및 서버 확보"로 규정했다. 여인형은 정성우 1처장에게 "서버를 복사하고, 여의치 않으면 떼어 와라"라고 지시했고, 정성우가 "포고령 이전 자료를 가져와도 되냐"라고 묻자 "비상계엄인데, 니가 알아서 해"라고 답했다. 평소에 알던 여인형 사령관의 무책임한 태도다.

작전 실행

12월 3일 계엄령이 포고된 직후인 오후 10시 50분, 정성우가 여인형에게 "문상호 정보사령관에게 연락이 왔다"라고 보고하자, 그는 "걔는 또 뭐냐. 뒷번호가 뭐냐"라고 되물었다고 한다. 정성우가 문상호의 번호를 알려주자, 여인형은 본인 휴대폰 화면과 비교하며 "아이씨 이 사람 아니야. 내가 알려준 번호 적어봐. 노상원 장군이야. 그 사람한테 전화해봐 일단"이라며 노상원의 번호를 알려줬다. 즉, 노상원과는 이전부터 연락하며, 계엄령 선포를 논의했다는 증거다.

12월 3일 밤 11시경 여인형은 김○○ 수사단장에게 이재명, 우원식, 한동훈 등 14명의 명단을 전달하며 신속하게 체포해 수방사 ○○ 벙커 구금 시설로 이송하라고 지시했다. 또, 선관위 통제를 위해 여인형은 조지호 경찰청장에게 지원을 요청했고, 조지호는 K1A 기관단총으로 무장한 기동대를 파견했다. 이는 방첩사와 경찰의 협력을 보여준다. 경찰청과 체결한 MOU가 빛을 발하는 순간이었다. 여인형은 또 체포 대상자 위치추적을 위해 홍장원 국정원 1차장과 통화했다.

일부 보도에 따르면 방첩사 병력이 선관위 주변 등을 통제했다고 했으나, 대부분은 차에서 내리지도 않거나, 엉뚱한 곳에 가서 대기하거나, 사령부 인근인 선바위역에서 출발조차 하지 않았다. 편의점에서 라면을 먹으며 시간을 보내거나, 잠수교 인근 한강공원에서 배회하던 방첩사 요원들도 있었다. 이는 방첩사 소속 법무관 7명이 '위법하다'며 반대했고, 이에 따라 정성우가 진입을 중단하라고 지시했기 때문이다. 내부 저항의 증거였다. 2017년 기무사 시절 겪은 계엄령 문건 파동의 교훈이라고 할 수 있다. 군이 본연의 임무에서 벗어나 정치에 개입하려 했을 때 어떤 일이 벌어지는지를 겪었기 때문에 여인형 사령관과는 달리 일선 지휘관들은 따르지 않았던 것이다.

한편 여인형과 노상원은 정성우에게 서버 데이터를 복사하거나 장비를 반출하라는 명령을 내렸지만, 정성우는 "어떻게 반출하냐"라고 반발했다고 한다.

여인형은 또한 포고령 선포 후 방첩사 요원들을 '가짜뉴스 허위조작정보팀'과 '불법정치활동팀'으로 나눠 각각 선관위 서버 확보와 정치인 체포를 지시했다. 그리고 주요 정치인들의 위치를 파악하려 했다. 이 과정에서 방첩사, 경찰 등 여러 기관의 고위 인사들이 정치인의 위치를 파악하기 위해 긴박하게 연락을 주고받았다. 김용현, 여인형, 조지호 등은 체포 작전을 조율하며 실시간으로 정보를 공유한 것으로 보인다.

홍장원은 헌재 증언에서 "대통령의 지시를 받고 밤 11시 6분경 여인형에게 전화를 걸었더니 그가 우원식, 한동훈, 이재명, 조국, 김어준 등의 위치추적을 요청했다"라며, "너무 황당해 '미친놈'이라 생각하고 메모를 중단했다"라고 밝혔다. 그의 메모에는 "14명", "16명"이 적혀 있었으나, 실제 기재된 이름은 12명으로 "선관위 관계자와 '양'으로 시작하는 이름"이 누락되었다고 덧붙였다.

12월 3일 밤 10시 27분경, 김용현은 여인형에게 "경찰에 연락하여 체포대상 정치인의 위치를 파악하고 체포하라. 일단 국회로 출동하라"는 지시를 내렸다. 여인형은 정성우에게 "이재명과 우원식 등의 동선을 추적하라"라고 명령했다. 하지만 그와 같은 지시가 순조롭게 이행되기는 어려운 상황이었다. 여인형은 실제 체포조 운영을 지시하기도 했다. 밤 11시경 김대우에게 이재명, 한동훈 등 주요 정치인 체포조 구성과 출동을 지시했고, 체포하는 대로 수방사 인근에 있는 ○○ 문서고에 구금하라고 명령했다.

방첩사, 국방부와 경찰에 협조 요청

비상계엄이 선포된 12월 3일 오후 10시 44분경 여인형은 육사 동기이자, 평소에도 매일 수차례 통화할 정도로 친분이 있는 박헌수 국방부 조사본부장에게 전화로 계엄 선포 사실을 통보했다. 이 통화에서 여인형은 "수사관 100명을 지원해달라"라고 요청하며, 방첩사가 주요 인사 체포 작전을 수행하는데 국방부의 협조가 필요하다고 강조했다. 박헌수는 요청을 받은 즉시 국방부 조사본부 김상용 차장에게 "방첩사를 도와주라"라고 지시했다. 이후 박헌수의 지시에 따라, 국방부 조사본부는 육군수사단 30명, 공군수사단 10명, 해군수사단 10명, 해병대수사단 10명, 국방부 조사본부 소속 수사관 40명을 포함한 총 100명의 명단 작성을 시작했다.

여인형은 같은 시각 조지호에게도 연락해 체포 대상의 위치추적을 요청했는데, 이는 방첩사 단독으로 작전을 수행하기 어렵다고 판단했기 때문일 것이다. 여인형은 "민간인이고 정치인이라 방첩사 혼자서는 할 수 없다"라며 "경찰과 합류해 임무를 수행해야 한다"라고 부대원들에게 당부했다고 한다.

12월 7일 정보위, 여인형을 부르다

12월 7일 여인형을 정보위에 불렀다. 정보위 시작 20분 전 뭔가 미심쩍어 정보위원장실로 갔다. 아니나 다를까, 신성범 위원장과 이성권 국민의힘 간사만 있는 자리에서 여인형이 뭐라고 말하고 있었다.

"위원장, 이게 뭐야! 어제 홍장원 차장 왔을 때 위원장과 여야 간사 모두 있는 자리에서 진술을 듣지 않았나? 지금 여당끼리 방첩사령관 불러다 놓고 회의 시작도 하기 전에 뭐 하는 거야!"라고 따졌다. 앞서 얘기한 바와 같이 신성범 위원장과는 젊은 시절부터 친구라 사석에서는 서로 존칭 없이 편하게 지낸다.

"알았어. 얼른 앉아. 우리도 금방 왔어. 물어볼 것 있으면 먼저 물어봐."

여인형이 입을 열었다. 요지는 이렇다.

"참담한 심정이다. 이렇게 끝날 줄 몰랐다. 기억도 하나도 안 난다. 전화를 얼마나 많이 받았겠는가? 김용현 장관에게 체포 대상자 명단을 받았다. 홍 선배(홍장원은 육사 43기, 여인형은 48기)가 뭐라고 얘기했는지 장관이 불러준 거다. 저녁 늦게 5명씩 9개 체포조를 보냈다. 마지막엔 4인 1조였다."

"너무 말 많이 하지 마라. 앞으로 수사를 받아야 할지도 모르는데."

신성범이 말을 막는다.

"너 뭐 하는 거야?"

내가 목청을 높였다.

여인형이 계속 말한다.

"국회에 왔던 부하들은 특전사를 따라 들어갔다. 합동수사본부 설치하느라 정신이 없었다. 계엄 해제 결의가 통과되고 특전사가 빠져나오고 우리도 빠져나왔다. 참담하다. 앞으로 국회에서 말할 기회가 있을 것이다."

신성범이 "회의장에 먼저 가 있으라"고 하길래 나는 상임위원장실에서 나가면서 신성범에게 "이번 일은 공개회의로 하자"고 주장했다.

"안 돼!" 신성범이 우겼다. 이날 정보위 전체회의에는 국정원에서 원장과 제2, 3차장, 김남우 기조실장이 출석했다. 홍장원 1차장은 이미 경질된 터라 출석하지 않았다. 국정원 측에 왜 홍장원은 출석하지 않았느냐고 물었다. 김남우 기조실장은 "사직했지만 전직 인사로서 국정원장이 정보위에 출석해도 좋다는 승인을 내렸기 때문에 출석 여부는 본인 결정 사항이다"라고 했다.

홍장원에게 카톡으로 물었다. "전날 특전사령부 방문 때문에 나 대신 김병기 의원이 간사 자격으로 위원장과 양당 간사 긴급회의에 참석했다. 그래서 홍 차장이 말한 내용을 잘 모른다. 다른 정보위원들도 궁금해한다. 지금이라도 정보위에 출석했으면 좋겠다. 김남우 기조실장이 이미 국정원장 명의의 정보위 출석 승인서를 보냈다."

그러자 바로 답신이 왔다. "아닙니다. 저는 아무것도 받지 못했습니다. 그리고 갑자기 온몸이 너무 아파 병원에 입원한 상태입니다. 국정원장 승인이 있더라도 출석할 형편이 못 됩니다."

"건강 회복하기 바란다. 나중에라도 어제 얘기한 사항을 나에게 알려줬으면 좋겠다" 하니 "알겠습니다" 답한다. 이어 개최된 정보위에서 민주당 의원들은 계속해서 사안의 중대성을 거론하며 회의 공개를 요구했다. 그러나 신성범 위원장은 정보위를 비공개로 전환하는 의결을 하려 했고, 의사봉을 내가 빼앗자 맨주먹으로 책상을 치며 산회를 선포했다.

9장
그림자 부대, 정보사의 두 얼굴

미스터 X

정보 분야는 나의 특기다. 국정원에서 원장 외교안보특별보좌관, 기획조정실장, 해외대북담당 차장을 지냈다. 그러나 아무리 정보 분야를 잘 안다고 해도 지속적으로 첩보가 입수되지 않으면 현업 부대가 돌아가는 걸 알 수 없다. 어느 정보기관이나 상대의 정보를 빼내는 것도 중요하지만 자신들에 대한 보안은 더더욱 최우선 기밀 준수 사항이다. 따라서 이런 비밀 조직의 최근 동향을 알기 위해서는 조력자가 필요한 법이다.

나에게는 미스터 X가 있다. 아주 오래된 관계다. 그는 내가 국방위원회를 잘 선택했다고 하면서 국방위원회와 정보위원회 둘 다 소속되어 있는 유일한 국회의원이니까 많이 도와주겠다고 했다. 고마운 일이다.

정보사령관 문상호 소장

정보사령부는 경기도에 본부를 두고 있으며, 전국에 산하 부대를 운영하는, 국군에서 가장 은밀한 부대다. 해외 군사정보 수집 및 분석, 작전계획 수립 지원, 대북 정보 수집 및 첩보작전을 수행하는 전문 부대로, HID와 UDU 등 특수 공작 부대를 산하에 두고 있다.

2023년 11월 이 부대의 사령관으로 부임한 문상호 소장은 김용현계다. 신원식이 동기인 조○○ 전 국방정보본부장과 함께 정보사 안에서 인간정보와 공작을 지휘하는 박○○ 대령을 준장으로 진급시켰다면 김용현은 사령관으로 문상호를 진급시켰다. 신원식과 김용현이 좋은 사이일 때는 별문제가 없겠으나 계엄 실행을 두고 입장이 달라질 때는 문상호와 박 여단장 사이에 대리전이 일어나게 되어 있다. 2024년 3월부터 본격화한 계엄 준비와 문상호 사령관-박 여단장의 대립과 갈등은 결코 우연이 아니다. 정보사의 인간정보 역량만이 아니라 모든 인적 자료를 모두 중국에 팔아넘긴 간첩 천○○은 박 여단장의 관할 아래에 있었다. 그러나 이 사건으로 직을 잃을 위기에 처한 것은 문상호였다.

2024년 7월 30일 국회 정보위원회 제2차 전체회의 날, 방첩사령관 여인형은 정보사령부 간첩 사건 수사를 총지휘하면서 더욱 강력해진 권력을 과시했다. 압수수색과 수사로 위기에 처한 문상호는 극히 대조적이었다. "정보관계부대에 대해 보안감사는 하는가?" "네, 합니다. 주기적으로 2018년부터 보안감사를 하고 있습니다. 직무 배제해야 할 사람은 직무 배제를 하고, 밀착 감시할 사람은 이미 하고 있습니다." 국방정보본부장 원천희는 정보관계 총책임자로서 지휘관리 책임을 통감하기보다는 정보사를 질책하는 태도였다. 문상호는 어깨를 움츠린 채 작은 새처럼 떨고 있었다. 얼굴은 흙빛이었다. 박지원 의원이 문상호를 질책하자 "책임을 느낍니다"라고 짧게 답했다. 대국민 사과로 봐도 되겠냐는 박지원 의원에게 "대국민 사과입니다. 일단 현 사태를 수습하고 조직을 재정비하며 인간정보 역량을 다시 세우겠다"라고 소리 죽여 답한다.

본인도 수사의 부분적인 내용만을 공유받고 있다고 했다. "최악의 상황을 가정해서 조처했다. 조직 복구의 기준은 재파견하는 것인데 이삼 년 걸릴 것으로 예상한다"라고 답한다. 국정원 대북해외담당업무를 했던 제1차장 출신으로서 참 안쓰러워 보였다. "지금은 책임을 따질 때가 아니다. 혹시 들어오지 못한 요원이 있다면 어떤 비용을 치르더라도 무사 이탈시키라. 기운 차리고 본인 책임하에 다시 조직을 재건시키기 바란다"라고 격려했다. 묘한 동병상련!

돌이켜보니 그런 동병상련은 참 허무했다. 2024년 7월 블랙요원 명단 유출 사건 및 부하 여단장과의 갈등으로 당시 국방부 장관 신원식이 그를 경질하려 했으나, 오히려 신원식이 경질되었고 문상호는 유임되며 외환유치와 불법계엄의 핵심 역할을 했다. 김용현은 국방장관으로 지명되자마자 오○○ 인사기획관에게 직접 문상호를 경질하지 말라고 지시했다고 한다.

8월 9일, 정보사령부 사태 해결을 논의하기 위해 원천희 정보본부장 이하 정보병과 주요 직위자들이 모였다. 그 결과 정보사령관을 역임한 적이 있는 양전섭 장군을 다시 정보사령관으로 복귀시켜 부대를 추스르기로 결정됐다. 그러나 전출 회식까지 공지했던 양전섭 장군의 정보사령부행은 김용현이 국방장관에 지명된 바로 그날 없던 일이 되었다.

문상호는 여인형, 이진우, 곽종근 세 사령관 못지않게 계엄에 적극적이었다. 직업군인으로서 살아나기 위한 유일한 탈출구가 계엄이었다. 초유의 블랙요원 명단 유출 사건은 그간 쌓아온 정보자산을 송두리째 날려먹는 사건으로, 문상호는 옷을 벗기 일보 직전이었다. 과거 단 한 번도 계엄의 주력군이 된 적이 없는 정보사가 12·3 계엄에서 노상원 전 사령관과 함께 방첩사를 견제하며 합동수사본부에서 제2수사단을 맡는 그림이 짜인 것도 이러한 맥락이다.

그런 문상호가 11월 중순 신동일 보좌관을 통해 밑도 끝도 없는 통화를 요청해왔다.

"의원님 문상호 사령관이 정보사 예산 지원에 감사하는 전화를 드리고 싶답니다. 30분 후 전화한답니다."

"그냥 본인이 바로 전화하면 되지 왜 복잡하게 누구를 통해서 전화를 바꿔달라 그럴까?"

벨이 울렸다.

"의원님 그동안 많이 도와주셨습니다. 고맙습니다. 정말 감사했습니다. 안녕히 계십시오. 충성!"

나도 자연스럽게 말했다. "건승하세요. 충성!"

"뭐야, 이건? 신 박사, 문상호가 곧 관두려나?"

"모르겠습니다."

"뭐 세상 등질 사람처럼 말하네."

12·3 직후 그 순간을 떠올린 적이 있다. '너희들 곧 죽는다? 이제 너희들 필요 없다?' 나중에 어떤 의원은 "박 의원만 살려주겠다는 거네"라고 농담한다. 아마도 방첩사 도청이 걱정되어 다른 사람 전화로 걸었나? 아무튼 이때쯤에는 정보사가 속초에서 HID 요원 차출을 끝내고 작전 숙지 훈련에 들어가고 있던 때였다. 머리 위에 커다란 칼날이 대롱대롱 흔들리고 있었다.

노상원이라는 슈퍼 괴물

인간은 얼마나 악해질 수 있을까?

12·3 계엄에서 윤석열과 김용현은 인간의 사고가 삐뚤어지고 권력의 화신이 되어 모든 것을 파괴하고 모든 것을 움켜쥐고자 할 때 어떤 악마의 모습으로 다가오는지 보여주는 악인들이다. 그런데 그 뒤에 진짜 우리 역사 어디에서도 듣지도 보지도 못한 괴물, 아니 슈퍼 괴물이 등장한다. 그는 노상원이다.

윤석열 불법 비상계엄이 국회의 해제 결의에 부딪혀 일단 좌초한 것처럼 보이긴 했으나 여전히 불안불안했던 12월 4일 저녁 10시경 미스터 X의 긴급 텔레그램 전화.

"의원님, 인간정보 속초에 일명 '○○부대'가 있는데 거기서

30~40명이 ○○로 내려와 출동 대기 상태였다고 합니다."

"네? 그 사람들 뭐 하는 부대죠?" 아! 생각났다. 북파공작원으로 알려진 바로 그 부대. 근데 왜 도심 한복판 ○○에 내려왔을까?

"왜요?"

"체포, 감금, 심문. 그 외 특수임무 목적으로 보입니다."

"그래요? 심각하네! 아직도 ○○에 있어요?"

"의원님이 확인해보세요."

"네 알았습니다."

이 첩보를 김병주 의원에게 공유했다.

"알아보세요, 나도 계속 추적하겠습니다."

이건 매우 중대한 정보다. 방첩사, 특전사, 수방사 외에 정보사가 껴들었다고? 이틀 뒤 미스터 X로부터 다시 전화가 왔다.

"의원님! 김용현이 문상호에게 지시해서 정○○, 김○○ 대령 등 몇몇 장교들이 얼마 전부터 TF를 만들어 계엄 준비를 해왔다고 합니다."

"그래요? 정보사가요?"

"네. 더 충격적인 것은 문상호 배후에 노상원이 있다는 겁니다."

"처음 듣는 이름인데요?"

"노상원을 몰라요? 그럼 텔레그램으로 몇 자 적어 보내겠습니다."

핵심 내용은 이렇다.

노상원은 육사 출신 장군 중에 가장 머리가 좋은 사람이다. 김용현

혼자 절대 계엄령 계획 못 세운다. 노상원은 군 정보관계 투스타 요직은 다 거친 사람이다. 정보사령관, 777사령관, 정보학교장을 했다. 좋게 말해서 머리가 비상하고, 나쁘게 말하면 엄청나게 무서운 괴물이다.

박근혜 청와대 경호실장이었던 박흥렬 전 육군총장 밑에서는 원스타 군사관리관을 했다. 그때부터 용산 삼각지 인사를 꿰차는데 박흥렬 전 총장조차 혀를 내두를 정도였다. 노상원이 말하면 다 넘어간다. 언변이 좋아서 안 되는 궤변도 솔깃해진다. 김용현과 노상원이 한 팀이고 그 밑에 문상호와 여러 대령이 있다.

이들은 진급 실패와 하급자 성추행, 댓글 공작으로 처벌받았던 오비들과 얽혀 있다. 정상적으로 사회나 군에 복귀할 수 없는 사람들, 진급이 불가능해진 사람들이 김용현, 노상원과 함께 기획하고 준비한 것이다. 노상원 관련 여러 믿기 어려운 행각들이 따라다닌다. 정말 엽기적이다….

아 그렇구나. 이런 자들이구나. 미스터 X는 노상원과 문상호 관계에 대해서도 알려왔다. 그뿐만 아니라 12월 8일 노상원과 문상호 등이 모처에 모여서 증거를 인멸하고 말 맞추기 회합을 가졌을 것이라는 추측성 제보도 더해준다. 대박! 노상원이 수면 위로 떠오르지 않았다면 내란을 입증하기 쉽지 않았을 것이다. 노상원 수첩은 인간이 얼마나 악해질 수 있는지 극명하게 보여주는 증거다. 육군사관학교 50기 출신으로 정보 분야에서 오랜 경력을 쌓아온 문상호는 41기 노상원의 명령을 충실히 이행하는 실행자였다. 그 둘은 정보사 특유의 폐쇄적 문화를 대표하는 인물이다.

문상호와 노상원의 관계는 두 인물의 군 경력과 박근혜 정부 시절 청와대 근무 경험보다 더 오래되어 대위-중령 시절부터 시작되었다고 한다. 12월 10일 개최된 국방위 전체회의에서 내부 제보를 바탕으로 한 나의 질의에 대해 문상호는 최초 노상원을 모른다고 했다가 계속 추궁하자 "소령 시절 1년간 함께 근무한 적이 있다"라고 대답했다.

당시 노상원은 경호처에서 군사관리관으로 활동하며 청와대에 파견된 군인들을 관리했고, 이후 정보사령관으로 승진했다. 문상호 역시 같은 시기 청와대에서 근무하며 노상원과 인연을 강화했다. 이 시기 두 사람은 김용현(당시 수도방위사령관)과도 간접적으로 연결되어 있었다고 한다.

12·3 계엄에서 노상원은 이미 전역한 민간인 신분임에도 불구하고 계엄 기획의 중심에 있었다는 점이 두드러진다. 노상원은 2018년 성추행 혐의로 불명예 전역했지만, 군 내 인맥을 활용해 영향력을 유지했다. 특히 김용현과 긴밀한 관계를 이어갔다.

문상호의 사전 모의

문제의 '햄버거집 모임'

공수처와 군 검찰은 12월 15일 문상호를 긴급체포했다. 그러나 검찰이 승인하지 않아 석방됐다. 공수처는 12월 18일 다시 체포영장을 발부받아 문상호를 체포했다. 12월 20일 중앙지역군사법원은 "증거인멸과 도망 우려가 있다"라며 구속영장을 발부했다. 문상호는 내란 중요임무 종사, 직권남용 등의 혐의를 받고 있다. 노상원도 12월 18일 구속됐다. 햄버거집 모임이 내란죄 증거로 채택되었고, 검찰은 모임 참석 대령들도 조사했다.

12·3 계엄 사전 모의 과정에서 노상원이 주도한 '햄버거집 모임'이 핵심으로 떠올랐다. 계엄 이틀 전인 12월 1일, 경기도 안산의 한 햄버거집에서 열린 이 모임은 계엄 실행 계획을 논의한 자리로 밝혀졌다. 문상호와 노상원 전 정보사령관, 정보사 대령들이 참여한 이 모임은 내란죄 수사의 중대한 증거로 주목받았다. 언론은 이를 계엄의 불법성을 입증하는 결정적 사건으로 보도했다.

11월 30일 김용현이 노상원을 한남동 공관에서 독대한 뒤 다음 날 바로 이 모임이 꾸려졌다. 12월 1일 모임은 김용현과 노상원 간 사전 논의의 연장선이었다. 문상호가 계엄을 인지하고 준비했다는 정황이 포착되었으며, 이 모임의 참석자들은 계엄 당일 중앙선관위 장악과 정치인 체포를 구체화했다.

무엇을 논의했나

햄버거집 모임에서는 계엄 실행 방안을 구체적으로 논의했다. 노상원은 "부정선거 관련자를 잡아 족치면 증거가 나올 것"이라며 체포 도구 준비를 지시했다. 이에 문상호는 "김용현 장관님 지시이니 따라야 한다"라며 동의했다. 이 자리에서 케이블타이, 야구방망이, 복면 등의 수단이 거론되었다.

선관위 서버 확보도 주요 안건이었다. 노상원은 계엄 당일 선관위 서버를 확보하라고 지시했으며, 문상호는 정보사의 HID를 투입할 계획을 밝혔다. 국회의원 긴급 체포조 운영도 준비했고, 계엄사령부 합동수사본부 예하 '제2수사단' 조직 등을 논의했다고 한다. 제2수사단의 목적은 선관위 서버를 확보해 부정선거 의혹을 밝히는 것으로 알려졌다.

12·3 비상계엄 당일 윤석열의 담화가 시작되자 문상호는 "이제부터 모든 행동은 합법"이라며 선관위 장악을 지시했다. 정보사 대원들은 선관위 직원들을 감금했을 뿐만 아니라 고문까지 준비했다.

정보사의 작전, "이제 모든 것이 합법이다"

전야: "똘똘한 애들을 뽑아놔라"

12·3 계엄 당일 문상호는 정보사령부 예하 부대에 연락해 정예 요원들을 소집하고 임무 수행에 대비하도록 지시를 내렸다. 특히 정보사 소속 고○○ 처장에게 "소령급 인원 8명을 선발하되, 말귀를 알아듣고 현장 상황 파악이 가능한 인원"으로 구성하라는 구체적인 명령을 하달했다. 이와 함께 "전투복, 권총, 실탄 1인당 10발을 준비하라"라는 지시도 내렸다. 실질적인 무력 작전을 염두에 둔 준비였다.

오후 4시 30분경 문상호는 정보사령부 산하 부대원 중 2개 팀(약 30명)을 선발해 여단 본부로 모이도록 지시했다. 이들에게는 "3~4일간 필요한 속옷, 양말, 세면도구를 지참하라"라는 명령이 추가로 전달되어 장기 작전을 암시했다. 노상원은 이날 오후 문상호에게 전화를 걸어 "오늘 저녁 21시경에 정부 과천청사 일대에서 대기하라"고 지시했다. 저녁 8시부터 소집된 인원이 부대에 집결하기 시작했고, 이어 9시 30분경 노상원에게서 "선관위로 들어가 전산실을 확보하라"는 구체적인 명령이 추가로 내려왔다. 문상호는 9시 30분경 대회의실에 모인 부대원들에게 "22시경 대통령이 비상계엄을 선포할 것이다", "명령이 하달되었으니 수행하면 된다"라고 말하며 임박한 계엄 선포와 임무 수행을 예고했다.

이어 문상호는 준비된 정보사 요원들을 과천 선관위 인근으로 이동시키며 작전을 개시했다. 계엄 선포 직전 정보사 요원들은 선관위 청사에서 약 300미터 떨어진 정부청사 주변에 대기 중이었고, 이는 선포 직후 신속한 침투를 가능하게 했다.

선관위 청사에 난입한 계엄군

지금까지 공개된 내용을 보면 국군정보사령부는 선관위 3곳을 대상으로 한 작전에 투입되었다.

선관위로 출동한 병력 이외에도 ○○에 위치한 정보사 ○○○여단에는 정보사 요원들이 38명 대기하고 있었는데, 이들은 제2수사단을 구성해 정치인, 판사, 선관위 직원 등을 검거한 후 신문하는 것이 임무였다.

12월 3일 밤 10시 27분, 계엄이 선포되자 정보사는 즉시 작전에 돌입했다. 김용현이 합참 지하 벙커에서 문상호에게 선관위 전산실을 통제하고 서버를 확보하라고 지시했고, 문상호는 현장에 나가 있던 고○○ 처장에게 직접 전화를 걸어 "방송 나오는 것 확인했느냐", "계엄 선포됐으니 지금부터 모든 건 합법이다. 당장 움직이라"고 지시했다.

이에 정보사 요원들은 실탄 100발을 소지하고 출동했다. 출동 대기는 계엄 선포 2시간 전인 저녁 8시 30분경 이미 마치고 각 선관위 시설 주변에 대기하고 있었기 때문에, 이들은 계엄 선포 직후 3분 만에 목표에 도착했다.

한편 이날 밤 10시 30분경 문상호는 ○○○ 정보부대에서 대기하던 인원들에게 "내일 아침 2개 팀이 선관위에 가야 하니 출발 준비를 하라"고 구체적인 후속 임무를 지시했다.

실패로 돌아간 서버 탈취 작전

중앙선관위 과천청사에 대한 정보사의 작전은 12월 3일 밤 10시 30분, 청사 인근에서 대기하던 고○○ 대령 등 10명이 움직이면서 시작되었다. 이들의 주요 임무는 선관위 서버실을 점거하고 서버를 확보하는 것이었다.

이를 위해 문상호는 서버실의 정확한 위치를 확인하고, 후속 부대가 도착할 때까지 해당 시설을 점거하도록 지시했다.

밤 10시 30분경, 중앙선관위에 도착한 고○○ 처장 등 정보사 요원들은 당시 근무 중이던 직원들의 휴대전화를 빼앗아 통신을 차단했다. 그리고 서버실로 안내를 지시했다.

선관위 직원들은 영관급 계급장을 단 무장 군인들이 요구하자 처음에는 응하지 않다가 어쩔 수 없이 서버실의 위치를 알려줄 수밖에 없었다.

9장 그림자 부대, 정보사의 두 얼굴

그날 당직실에 혼자 있던 선관위 신○○ 주무관도 밤 10시 30분쯤 당직실에 들이닥친 계엄군에게 휴대전화를 뺏겼다. 계엄군 7명가량은 당직실 유선전화 4대의 코드를 모두 뽑아 한곳에 모아놓고 외부에 이 사실을 알릴 수 없게 했다. 신 씨는 "윗선에 보고해야 한다"라고 했지만 제지당했다. 청사 순찰을 돌던 당직 방호원도 얼마 뒤 당직실로 끌려왔고, 휴대전화를 뺏겼다.

계엄군은 서버실 내의 장비들을 촬영해 문상호 사령관에게 전송했다. 그리고 서버 탈취를 하러 올 후속 부대를 기다렸지만, 국회에서 계엄 해제 결의안이 통과되어 이들의 임무는 실패로 돌아갔다.

당시 정보사 요원들은 당직실에서 선관위 직원들과 함께 국회의 계엄 해제 요구 의결 과정을 지켜봤다고 한다. 그리고 얼마 지나지 않아 새벽 1시 30분쯤 문상호가 철수 지시를 내렸다.

현장에 있던 중령이 "서버는 누구에게 인계합니까"라고 묻자, 고 처장은 "에이씨… 그냥 가자"고 말했다고 한다. 이 중령은 부대로 복귀하는 길에 "그런데 이 새끼들은 오기로 해놓고 왜 안 와"라는 고 처장의 혼잣말을 들었다고 한다.

문상호의 진실과 은폐

12월 4일 새벽 5시 30분이 되어서야 문상호는 소집된 부대원들에게 계엄 해제 사실을 알렸다. 윤석열이 계엄 해제를 발표한 지 약 1시간이 지난 시점이었다. 노상원은 2024년 내란 준비 과정에서 정보사 내부 인사들과 접촉하며 공작을 주도했다. 노상원은

9월 현역 정보사 대령인 김○○, 정○○에게 "820(정보 전문) 특기자 중 몸이 건장한 중·소령급 35명을 선발하라"는 지시를 내렸다.

또 박○○ 준장(전 정보사 인간정보여단장)은 "노상원이 연락해 '같이 일하자'며 계엄 관련 협력을 제안했다"라고 증언했다. 이는 노상원이 예비역 신분으로 군 내부 네트워크를 활용해 내란을 모의했음을 분명히 보여준다. 박 준장은 당시 이 제안을 거부했지만, 노상원의 연락은 그의 광범위한 인맥과 영향력을 드러냈다.

검찰 공소장에 따르면, 계엄 당일 HID 출신 등 정보사 요원 38명은 ○○○여단에 대기했는데, 이들 중 상당수가 10년 이상 경력의 최정예 요원이었다. 서울 북부에도 HID 팀이 대기 중이었다는 제보도 있었다. 이들의 임무는 야당 정치인 체포와 사회 혼란 유도로 추정되었다.

12·3 이후 12월 10일 두 번째 국회 국방위 전체회의!

"문상호 장군 나와봐요. 서로 미끄러운 이야기 하지 말고 바로 합시다. 노상원 알아요, 몰라요?"

"잘 모릅니다."

"예비역 소장, 육사 41기 노상원 모른다고?"

"소령 때 1년 딱 근무한 적이 있습니다."

"본인 박근혜 청와대에서 근무한 적 있어요, 없어요?"

"있습니다. 1년 근무했습니다."

"노상원 씨도 그때 경호처에 있었죠?"

241220
국방위 전체회의
노상원 알아요
몰라요?

"그렇게 기억하고 있습니다."

"그런데 몰라요? 그리고 김용현 장관 소개해준 사람이 노상원이지요?"

"그렇지 않습니다."

"그래서 김용현하고 매우 잘 알지요?"

"전혀, 제가 장관님이랑 처음 근무합니다."

"이번에 정보사령관 유임될 거라고 노상원과 김용현을 통해서 알았지요?"

"처음 듣는 얘기입니다."

"내가 다 알고 있으니까 처음 듣는 얘기라고 계속 이야기하세요. 그다음에 박○○ 후임인 김○○ 몰라요?"

"그것은 사령부 저희 인원입니다."

(중략)

"20명 명단 누가 작성했어요? 20명 불러서 대기시켰다고 했는데 명단 누가 작성했냐고요."

"그 인원들이 선발을 했습니다."

"정○○, 김○○가 선발했지요?"

"예."

(중략)

"선관위 서버에 총 몇 시간 있었어요? 계속해서 고○○한테 보고받았잖아요, 사진 찍고."

"계속해서 보고받은 건 아니고 중간중간에 제가 몇 번 확인을 했습니다."

10장
그림자 속의 사냥꾼, 노상원과 제2수사단

12·3 내란을 기획한 전 국군정보사령관
노상원 예비역 소장

노상원은 2024년 12월 3일 비상계엄 선포 당시 윤석열 정부의 비선 실세로, 사실상 12·3 내란을 기획한 인물이다. 현재까지 밝혀지지 않은 계엄 포고령도 노상원이 작성했을 가능성이 크다. 또 작전계획, 행동 지침 등이 기재된 노상원 수첩은 12·3 계엄이 성공했다면 어떤 엽기적인 일이 벌어질지를 적나라하게 보여주는 것이었다.

　노상원은 육군사관학교 41기 졸업, 보병으로 군 생활을 시작해 소령 때 정보병과로 옮겨 대통령경호처 군사관리관, 국군정보사령관, 777사령관, 정보학교장으로 재임했으며, 대북공작과 정보활동을 지휘했다. 그가 대북공작을 계획할 때는 복귀하는 부하들에게 원격 폭파 조끼를 입혀 폭사를 지시하는 등의 잔혹성을 보였다. 정보학교장 재직 시 매주 회식을 명목으로 여군 부하들을 대상으로 한 추문이 돌더니, 결국 2018년 부하 여군을 성추행한 혐의로 군에서 쫓겨났다.

노상원은 김용현과의 근무연을 기반으로 두터운 친분을 유지했고 12·3 계엄 모의 단계에서 최종 단계까지 충실한 기획자로 참여했다. 두 사람은 매일 통화를 주고받으며 계엄 사태를 준비했고, 노상원은 12월 3일 계엄 당일 아침까지 김용현을 만나 최종적인 준비를 마쳤다. 특히 김용현은 10월 14일 정보사령관인 문상호에게 전화해 "노상원을 잘 도우라"는 지시까지 했다고 한다. 노상원이 민간인 신분임에도 정보사를 직접 움직일 수 있게 한 셈이다. 경호처가 관리하는 비화폰도 이 시점쯤 전달되었을 것이다. 이후 노상원은 체포된 정치인, 판사, 공무원 등을 고문하고 조사하기 위한 '제2수사단'을 꾸리기에 이른다. 제2수사단 조직에는 정보사 요원 36명을 비롯해 군사경찰 등도 포함되었다. 이 조직은 햄버거 가게에서의 세 차례 모임을 통해 구체화되었다.

노상원의 초반 계획은 선관위를 장악하고 부정선거를 조작하려는 데 초점이 맞춰져 있었다. 2024년 11월부터 선관위 직원 30명 명단을 정보사에 전달하며, '체포 후 수방사로 이동'을 지시했다. 또 일부 중요 인사들에 대해서는 직접 심문 의지를 밝혔고, 체포 및 고문을 위해 야구방망이, 케이블타이, 안대, 복면, 밧줄을 준비시키고, 제대로 말하지 않으면 위협하라고 지시했다.

한편 그의 수첩에는 '수거'와 '사살' 등을 포함해 북풍 유도까지 기재되어 있었고, '수거 대상자' 명단에는 국회의원, 야당 지도자, 선관위 관계자 등이 포함되어 있었다. 특히 "노태악이는 내가 확인하면 된다. 야구방망이는 내 사무실에 가져다 놓아라. 제대로 이야기 안 하는 놈은 위협하면 다 분다"라는 지시는 그의 폭력적 성향을 적나라하게 드러낸다. 이렇게 노상원은 야구방망이 심문, 폭파 조끼 아군 살해 계획, 국회 무력화 시도 등 상식 밖의 행동으로 12·3 계엄의 성격을 보여준 인물이 되었다.

노상원은 2024년 12월 18일 구속되어 지금도 수사와 재판을 받고 있다. 그의 내란 기획은 실패했지만, 그 과정에서 드러난 반인륜적 면모는 대한민국 현대사에 씻을 수 없는 오점을 남겼다. 그러나 아직 그에 대한 수사는 미진한 채로 남아 있다. 그는 이후 내란 수사, 특검 수사 등에 매우 비협조적인 태도를 보이고 있다. 철저한 진상규명이 필요하다.

노상원은 누구인가

노상원 사령관에 대해서는 초반에 알려진 것이 거의 없었다. 다만, 미스터 X가 반드시 주목해야 하는 매우 중요한 인물이라고 알려주었다. 보좌관들에게 노상원에 대해 국방부에 알려진 바를 확인해보자고 했다. 강화수 보좌관은 노상원의 육사 동기들을 통해 그가 성추행 혐의로 불명예 전역했고, 육사 시절 성적은 좋았으나, 눈빛부터 비호감이라 친한 동기들이 별로 없다는 정도의 정보를 가지고 왔다. 신동일 보좌관을 통해서는 그가 정보사령관 시절 부하들을 시켜 산에 단지를 묻으라는 지시를 했고, 집무실 바닥에 방위를 표시해놓고 맨발로 밟고 다녔으며, 거의 매일 부서를 돌아가며 회식을 했는데 반드시 여군 또는 여성 군무원을 참석시켰다는 정보가 들어왔다.

결정적인 증언은 그 후 김용현 장관의 측근으로부터 들어왔다. 계엄 직후, 강화수 보좌관이 그들을 만나 커피 한잔하다가, 도대체 무슨 일이 있었는지 탐문하는 과정에서 해당 측근이 아래와 같이 말했다고 한다.

"아니, 근데 노상원이 누구라고 생각하십니까?"

"평이 안 좋던데, 뭐 김용현과는 근무연이 있으니, 김용현과 노상원이 전에 있었던 정보사령부의 도관 역할을 한 게 아닐까? 정보사는 OB들의 활동 비중이 높잖아"

"절대 아닙니다. 노상원은 김용현의 핵심 중의 핵심입니다. 계엄이 있기 몇 달 전부터는 수시로 장관님과 통화했습니다. 통화를 항상 '그래 상원아'로 시작하는데, 매우 길게 통화하기도 하고, 하루에도 수차례 통화를 합니다."

당시까지는 정보사의 직접적인 개입에 대해 인지하지 못했던 시점이라 강화수 보좌관은 다음과 같이 물었다고 한다.

"아니, 그럴 일이 뭐 있을까? 작전이야 김용현이 전문이고, 정보사야 북한 가서 목숨 걸고 작전하는 부대인데, 쿠데타에 왜 동원이 되는데?"

"어 그래 상원아, 하고 통화하는 사람이 노상원이 아니라면 모를까, 그 사람이라면 분명히 이번 사태의 중요 인물입니다. 더구나 12월 3일 새벽 일을 잊지 못합니다. 제가 김용현 장관을 만나러 올라가니, 초병이 누군가 왔다 갔다는 것입니다. 그래서 계급을 물었는데, 계급장 없이 방문했다는 것입니다. 그러면 올 사람이 노상원 사령관밖에 없습니다. 그리고 대통령이 합참 전투통제실 옆 결심실을 빠져나가고 나서도 노상원과 통화했습니다!"

강화수 보좌관은 뒤통수를 맞는 느낌이라고 표현했다. 지금까지 거론되었던 인물들은 조역이나 단역에 불과한 인물들이었다. 강 보좌관은 여인형 사령관, 이진우 사령관 등과는 이미 알고 있는 사이였다. 특히 여인형 사령관은 본인이 보좌관 시절, 바로 옆방 군사보좌관실 총괄 장교라서 저녁에 자주 맥주 한잔씩 하던 사이였고, 여인형이 그럴 만한 배포가 없다는 것을 잘 알고 있었다.

이진우 사령관 역시 국방부 근무 시에 일과 중 성경을 필사할 정도로 종교에 대한 애착이 강했고, 임무보다는 신앙과 개인 수양에 더 몰두하던 인물이었다. 사람은 착하지만, 결단력이 부족한 그런 인물들로 평가하고 있었다고 한다.

분명 이번 계엄의 실질적인 기획자는 따로 있다는 의구심이 있었는데, 그것이 노상원이었다는 강한 확신을 갖게 되었다고 한다.

내란의 큰 그림을 그린 기획자들

여인형 방첩사령관조차 김용현에게 노상원이 '공작에 능한 기분 나쁜 사람'이라며 접촉을 피하라고 조언했을 정도였다. 하지만 김용현 최측근의 이야기를 종합해보면, 김용현은 노상원과 수시로 통화했고, 노상원은 이를 주변에 자랑하기도 했다. 특히 이들이 계엄 종료 후에도 후속 상황을 의논할 정도의 관계였다는 점으로 미루어보았을 때, 노상원은 계엄의 큰 그림을 그린 기획자이자 최소한 정보사령부를 움직이는 책임을 맡았던 자였을 것이다.

두 사람은 9사단 근무를 계기로 친분을 쌓았고, 노상원이 정보사령관 시절 합참 작전본부장이었던 김용현과 신뢰를 다졌을 것으로 추정된다. 김용현이 국방부 장관에 취임하고 나서 노상원은 공관을 수십 차례 방문하며 계엄을 논의했으며, 김용현은 문상호에게 노상원의 지시를 따르라고까지 전했다. 이들의 관계를 추적하는 과정에서 계엄 당일 통화는 결정적이었다. 12월 4일 새벽, 윤석열이 합참 결심지원실에서 나가자마자 김용현은 노상원과 통화하며 '작전 종료와 추가 작전의 무의미함'을 논의했다고 했다. 나는 기자회견에서 그 사실을 공개하고 문상호 사령관에게도 질의했다.

이후 밝혀진 바에 따르면 노상원은 문상호를 통해 10월부터 제2수사단 설치를 준비하며 정보사 요원 36명을 선발시켰으며, 여러 장소에서 수시로 만나 계엄 시 정보사의 임무에 대해 논의하고 지시했다. 이 과정에서 보수 유튜브에서 보았던 부정선거 관련 의혹은 그들에게 계엄 논의를 지속할 수 있는 동력이 되었을 것이다.

구삼회와 방정환은 왜?

12·3 내란에서 구삼회는 제2수사단 단장으로 지목되어 의혹의 핵심으로 떠올랐다. 구삼회는 노상원과 함께 경기 안산의 '햄버

거집 모임'에 참여하고, 계엄 당일 ○○ 정보사 사무실에서 내란 실행을 준비한 혐의를 받고 있다. 국방부는 2024년 12월 26일 구삼회와 방정환을 직무 정지하고 수도권 부대에서 대기하도록 조치했다.

250221
국회내란국조특위
4차 청문회

구삼회는 경기도 파주에 있는 제2기갑여단장으로 K1A2 전차로 무장한 3개 전차 대대를 지휘하는 중책을 맡고 있었다. 그는 2024년 12월 3일 계엄 선포 당일, 노상원, 방정환, 김○○ 전 조사본부 수사단장 등과 안산 롯데리아에서 비밀 회동을 가졌다. 이 모임에서 제2수사단 구성을 구체화했고, 구삼회가 단장으로 내정되었다. 12월 3일 휴가를 낸 구삼회는 회동 후 ○○ 정보사 ○○○여단으로 이동, 대기했다. 이에 기갑부대 동원 의혹도 제기되었다.

12월 3일 오후 6시경, ○○ 정보사 사무실에 문상호, 김○○ 전 수사단장, 구삼회, 방정환 등이 모였다. 여기서 다시 제2수사단의 구성을 구체화했다. 구삼회가 단장, 방정환이 부단장을 맡고, 정보사 HID 요원 38명을 포함해 60여 명으로 구성했다. 노상원으로부터 '선관위 점거 후 직원 체포'를 지시받은 구삼회는 이를 실행할 준비를 했다.

구삼회는 육사 4등, 육군대학 수석 졸업으로 승승장구했으나, 장성 인사에서 여러 차례 진급이 누락됐다. 노상원은 이 점을 노려 구삼회에게 접근했다. 구삼회 본인으로서는 진급의 마지막 기회를 잡기 위해 지푸라기라도 잡는 심정으로 임했을 것으로 보인다. 경호처장 시절부터 국방부 인사에 적극적으로 개입했던 김용현은 노상원을 통해 계엄에 동원되는 인원들에게 파격적 진급을 얘기했을 것이고, 노상원은 이를 충분히 이용했을 것이다. 그 결과 이진우는 과학화훈련단장에서 이례적으로 중장으로 진급했고, 강호필은 군단장과 합참 작전본부장 보직을 단축하며 빠르게 이동했다. 준장급인 과학화훈련단장에서 소장 진급자가 나온 것은 이진우가 처음이었다.

나는 전역한 어느 장군으로부터 구삼회와 통화한 녹취록을 확보해 분석했다. 구삼회와 방정환은 진급에 목을 맬 수밖에 없는 장군들이었다. 노상원은 이 점을 공략했다. 노상원은 오랜만에 구삼회에게 연락했다. 구삼회가 노상원과 통화한 것은 2015년 이후 처음이었다. 노상원은 진급이 왜 누락되는지 확인해주겠다고 말했다. 그리고 문상호와 간부들, 그리고 구삼회를 2024년 12월 1일과 3일, 이틀에 걸쳐 경기도 안산의 햄버거 가게로 불러 지시를 내렸다. 평판이 좋지 않은 노상원이 구삼회, 문상호 등 현역 장군을 지휘할 수 있었던 것은 그가 평소 김용현과의 친분을 거론하며 진급을 미끼로 삼았기 때문이다.

2024년 6월 '정보사 군무원 블랙요원 명단 유출 사건'이 발생한 정보사 ○사업단의 정○○ 단장도 마찬가지였다. 정 단장은 2024년 8월부터 3개월간 직무 분리 명령을 받고 업무에서 배제되었지만, 노상원이 정보사 산하 ○○○여단장 자리를 미끼로 던져주었을 것이다. 이 자리가 '인간정보'인 정 단장이 오를 수 있는 유일한 장군 자리였기 때문이다.

노상원이 호언장담했지만, 구삼회는 2024년 11월 25일 다섯 번째 소장 진급심사에서 떨어졌다. 그러나 노상원은 "장관님이 삼회 너를 귀하게 쓰실 생각이 있다고 하시더라. 조만간 다른 좋은 소식이 있을지도 몰라"라고 말했다. 그 자리가 바로 제2수사단 단장 자리였을까? 구삼회는 국회에서 비상계엄 해제 결의안이 통과될 때까지 자신의 부대로 돌아가지 않고 ○○ 정보사 사무실에서 대기하다가 노상원에게 전화를 걸어 무엇을 해야 할지 물었다. 이에 노상원은 "아휴, 이제 됐다"라며 일방적으로 전화를 끊었다고 한다.

한편, 12·3 계엄 당시 방정환 준장(국방부 국방혁신기획단장)은 제2수사단 부단장으로 지목되어 노상원과 김용현 간 비선 네트워크의 핵심 인물이 되었다. 방정환은 계엄 당일 ○○ 정보사 사무실에서 대기하며 실무를 준비했는데, 이날 있었던 김용현과의 오찬 및 보안폰 전달 논란으로 계엄 적극 가담 의혹이 증폭되었다.

강화수 보좌관 역시 개인적으로 방정환 준장을 잘 알고 있었다. 강 보좌관의 거주지에서 방정환 장군이 연대장을 했기 때문에 그 인연으로 자주 만나 친밀하게 지냈다고 한다. 그리고, 계엄 직후까지 전화 통화를 잘하고 있다가 어느 시점이 넘어가니 통화가 안 되었다고 한다. 방정환 장군 역시 국방혁신기획단장이라는 자리가 국방부 내에 있기는 하지만, 공무원과 장교 6~7명으로 구성된 말만 단장에 장군이라 국방 개혁에 큰 관심이 없던 윤석열 정부하에서는 진급에 목맬 수밖에 없었다. 부하들이 없으니, 국회에 국방개혁 관련 책자와 서류를 전달할 때도 직접 카트를 끌고 와서 국방위원 사무실에 나눠주다가 강 보좌관을 다시 만났다고 한다.

이후 '자주 전화해 만나서 술 한잔하자 해도, 극구 피하는 인상을 받았다'고 한다.

구삼회와 방정환은 12월 3일 저녁 ○○ 정보사 ○○○부대에 도착했다. 다들 검은 양복에 긴장한 모습으로 대기하고 있었다고 한다. 30년 군 생활이었지만, 그 두 명은 본인들 외에 아는 이가 한 명도 없었다고 한다. 구삼회 장군은 본인은 연루가 되지 않았으며, 당시 입고 온 트레이닝복이 신경 쓰였다고 주변에 이야기하고 있는데, 아마 모인 인원들 사이에서 적극적인 역할을 했을 것으로 보인다.

노상원이 직접 지휘할 예정이었던 제2수사단

12·3 계엄이 실행되었다면 노상원이 직접 지휘했을 것으로 알려진 '제2수사단'은 주요 인사에 대한 체포(수거)와 신문, 처리를 전담할 조직이었다. 그런데 제2수사단은 군인들의 정치테러나 5·16 쿠데타, 12·12 쿠데타, 광주민주화운동 등 군과 관련한 각종 사건에서도 전혀 전례를 찾아볼 수 없는 조직이었다. 당연히 계엄법이나 실무 편람 등에도 등장해서는 안 되고, 등장할 수도 없는 조직이었다.

선출된 권력도 아니고 공직자도 아닌 민간인인 퇴역 장군이 군을 지휘하여 정치인 등 주요 인사를 체포하고, 구금하고, 신문하고, 처리했던 사례는 없었다. 이는 헌법과 법률에 근거한 정당한 계엄 절차가 아니라, 군사력을 동원해 민주적 질서를 전복하려는 불법적 시도를 실행하는 조직이었다. 따라서 12·3 계엄은 그 본질에서부터 정통성이 없는, 헌법을 파괴하고 국민의 자유를 억압하려는 반란 행위로 규정될 수밖에 없다. 그 중심에 바로 노상원의 '제2수사단'이 있었다.

제2수사단은 정상적인 합동수사본부 직제와는 별도로 비밀리에 설치된 특수 수사조직이다. 노상원은 방첩사령관이 지휘하는 합동수사본부 이외에 현역과 예비역으로 제2수사단을 만들어 자신이 직접 통제하려고 했다. 그리고 김용현은 구삼회 준장, 방정환 준장을 각각 수사단장과 부단장에 임명하고자 했다.

제2수사단의 구성과 역할에 대해서는 검찰이 기소 당시 공개한 〈국방부 일반명령〉이라는 문건에 정리되어 있다. 해당 문건에는 국방부 조사본부에 대한 차량 지원, 수갑 등 물품 지원과 같이 인사 명령과는 무관한 내용이 포함되어 있어, 오○○ 인사기획관은 김용현에게 12월 4일 0시~0시 30분경 이와 같은 형식으로는 인사 명령을 낼 수 없음을 보고했다고 한다. 오○○ 인사기획관에 의하면, 인사 명령을 내리려 해도 현 소속이 어딘지도 모르고, 동명이인이 많아 한 시간여를 정리하다가 안 되겠다 싶어 장관에게 불가함을 보고했다는 것이다.

제2수사단은 총 3개의 부서로 편성되었는데, 수사1부(인원 23명)는 군사경찰(구 헌병) 중심으로 구성해 12월 4일 오전 6시 수방사 헌병단에 집결토록 했고, 정보사 중심으로 편성된 수사2부(인원 20명, 신문조)와 수사3부(인원 20명)는 12월 3일과 4일 각각 정보사령부로 집결 예정이었다.

단지 숫자가 적다고 해서 제2수사단을 작은 조직으로 볼 수 없다. 군사경찰과 정보사는 최고의 수사 및 정보 수집 능력을 갖춘 부대이고, 그중에서 다시 10년 이상의 최정예 요원을 추려서 만든 조직이 바로 제2수사단이었다.

제2수사단의 작전: "수거하고 고문하라"

12월 3일 점심, 김용현은 국방부 국방혁신기획단 실무자 7~8명과 오찬을 가졌다. 방정환이 단장으로 참석한 이 자리에서 김용현은 국회 예산 상황과 야당을 성토하며 과격한 발언을 쏟아냈다. 오찬 후 방정환은 반일 휴가를 낸 후 이동하여 저녁 6시경 정보사 ○○○여단에 도착했다. 당시 ○○○여단에는 문상호, 김○○ 전 수사단장, 구삼회 등이 대기하며 작전을 준비하고 있었고, 정보사 요원들은 양복 차림으로 서류에 적힌 임무를 숙지하고 있었다. 회의에서 배포된 문건에는 수거 명단과 작전 세부 사항이 담겨 있었을 것으로 추정된다. 한편, 구삼회 역시 반차를 내고 ○○○여단에 도착했다. 그는 지인들과의 통화에서는 골프채를 구입하기 위해 경기도 남부를 갔다고 했으나, 최전선 파주에 근무하는 전투부대 지휘관이 평일에 반차를 내고 경기도 남부까지 가서 골프채를 구매할 일인가.

제2수사단은 국방부 조사본부 및 정보사 요원 등으로 구성될 예정이었다. 이들 중 특히 핵심이라 할 수 있는 정보사 요원들 중에는 속초에서 출발한 팀도 있었다. 이들은 2주가량 입을 옷을 챙겨 동료의 승용차를 이용해 ○○○여단으로 출발했다고 한다. 부대에 도착하니, 이미 장군 2명과 타부대 요원들이 있었다.

이날 밤 회의실로 들어온 문상호는 "이미 비상계엄이 선포되었으므로 의심을 갖지 말고 주어진 임무를 철저히 준비하고 수행하라"고 말하면서 현장에 있던 대령 2명에게 세부 임무를 부대원들에게 설명해주라고 지시했다. 부대원 중 일부는 날이 밝는 대로 출동해 정○○ 당시 정보사 ○○○○단장(대령)과 함께 선관위 직원 30여 명을 체포하고, 나머지는 김○○ 당시 정보사 ○○○○단장(대령)팀과 함께 이들을 신문하는 임무를 받았다. 임무를 받은 정보사 요원들은 뭔가 이상하다고 느꼈다고 한다. 북한 침투를 주로 하는 본인들에게 선관위 직원들을 체포하고 신문을 하라니 이해할 수 없었을 것이다.

선관위 직원 등에 대한 신문은 선관위 청사에서 1차로, 수방사 지하 벙커에서 2차로 진행될 예정이었다고 하고, 이를 지휘할 책임자는 노상원이었다. 노상원은 비상계엄 보름 전에 있었던 롯데리아 회동에서 "관련된 놈들을 다 잡아 족치면 부정선거 한 게 다 나올 것"이라고 했다. 그리고 정○○에게 이를 준비시켰다. 이에 정○○는 야구방망이, 케이블타이, 드라이버, 니퍼, 송곳, 망치 등을 준비했다. 평소 노상원은 노태악 선관위원장은 본인이 직접 처리한다고 말했는데, 이날 모인 HID 요원 중 3명에게는 노상원을 경호하고 노상원이 선관위원을 조사할 때 조사 대상자에게 위협을 가하는 임무가 부여됐다.

한편, 당시 체포 대상에 포함된 선관위 직원 중에는 여성도 있었다. 2024년 12월 3일 밤, ○○○여단에는 이들을 전담하기 위한 정보사 소속 여성 요원 3명도 소집되었다고 한다. 현장에 있던 군인들은 계엄이 해제되고 검찰 조사를 받을 때까지도 체포 명단에 올랐던 여성 직원의 이름을 기억하고 있었다고 전해진다.

작전을 준비할 당시 갈등도 많았다고 한다. 각 요원별로 별도의 명령을 받으면서, 본인들이 민간인을 체포해도 되는 것인지, 선관위 부정선거 수사가 팩트에 기반한 것인지, 정치적 목적으로 본인들이 동원되는 것인지 알 수 없었다. 이에 문상호는 "상부의 지시이며, 계엄령이 선포됐기 때문에 제한은 없다"라고 설명했다. 그러다 계엄령이 해제되었고, 이들은 새벽까지 임무를 대기하다가 철수했다.

문상호는 12월 4일 오전 5시 30분 경, 정보사 요원들을 모아 해산 지시를 내리며 말했다. "우리 조직이 임무를 받을 수 있었던 건 감사한 일이다. 우리 스스로 인정받았다는 뜻이다. 하지만 오늘 사안은 보안이다. 기억에서 지워라." 이후 요원들은 각자 타고 온 차를 타고 ○○○여단을 빠져나갔다.

한편, 계엄이 해제된 12월 4일 오전 11시경 김용현이 국방부에서 점심을 먹던 중 방정환이 장관실 실무자에게 '노상원이 어제 두고 간 보안폰'을 전달했다. 실무자가 김용현에게 "보안폰을 다 가지고 계시냐"고 확인했으나, 그는 "내 보안폰은 다 가지고 있다"라며 자신의 폰을 보여주었다. 그러다가 방정환 장군이 준 폰을 보자 김용현은 "아 이거~" 하며 챙겼다고 한다.

해당 폰은 군용폰이 아니라 경호처에서 관리하던 보안폰일 가능성이 높으며, 방정환이 노상원에게 받아 김용현에게 전달했을 가능성이 크다. 즉, 김용현이 경호처에서 받은 비화폰을 노상원과의 통화용으로 전달한 정황이 의심된다. 경호처에 대한 수사를 통해 비화폰 서버를 확보하고 분석할 필요가 있다.

충격적인 계엄의 전모, 노상원 수첩

노상원이라는 인간이 단순한 모사꾼 수준을 넘어 악마와도 같은 증오와 살의, 적대감과 파괴된 윤리의식의 극단적 표상이라는 점은 그가 작성한 수첩에서 있는 그대로 드러난다. 12·3 내란의 비선 기획자 노상원이 작성한 수첩은 계엄의 치밀한 계획과 잔혹한 의도를 드러내며

250127 노상원
수첩_그알_박선원

충격을 주었다. 60~70쪽 분량의 이 수첩은 2024년 초부터 작성된 것으로 추정되며, 정부 비판 인사 500여 명을 "수거"하고 "사살"하거나 "폭파"하는 구체적 실행 방안을 담고 있다. 또 그중 상당 내용은 김용현의 지시를 받아 적은 것이라고 밝히고 있어, 혼자 끄적인 게 아니라 실제 실행을 위한 계획이었음을 알 수 있다.

그런데 묻는다. 김용현의 지시만이었을까? 그렇지 않다는 게 나의 판단이다. 김용현과 노상원은 거의 대등한 지위다. 그러므로 그렇게 받아 적지 않는다. 둘만의 회의였다면 반드시 준비된 문건이 있었을 것이다. 굳이 받아 적을 필요도 없다. 그러나 나의 청와대 경험은 최고 권력자, 즉 대통령의 발언이 아니면 그렇게

급히 흘려 쓴 필체로 받아 적을 경우는 없다. 이것은 윤석열과 함께 한 회의 결과물일 것이다.

노상원 수첩은 2024년 4월 총선을 전후한 정치적 상황을 상정하며 작성되었다. 수첩에 '여소야대 또는 여대야소 상황에서 구속'이라는 표현이 있는데, 이는 총선 결과에 따라 군사적 행동을 준비하겠다는 뜻이다. 이처럼 노상원 수첩은 윤석열 정권 장관들에 대한 민주당의 탄핵 조치가 시작되기 훨씬 전인 총선 이전부터 계엄이 준비되고 있었다는 것을 보여줌으로써, "의회 독재가 계엄의 원인"이라는 윤석열의 주장이 거짓임을 간접적으로 증명하는 자료다.

노상원 수첩에는 문재인 전 대통령, 이재명 더불어민주당 대표, 조국 전 법무부 장관, 한동훈 국민의힘 대표 등 수십 명이 '수거 대상'으로 분류되어 있었고, 최재해 감사원장과 이창수 서울중앙지검장 탄핵소추 등의 구체적인 사례도 기록되어 있었다. 노상원과 김용현은 수십 차례 만나 이를 조율했을 것이다.

노상원 수첩에서 가장 충격적인 내용은 수백여 명에 달할 것으로 보이는 수거 대상을 체포한 뒤의 처리 방안이다. 선박을 이용해 이송 중 사고로 위장하거나 폭파하고 이후 확인 사살하며, 심지어 북한을 이용해 '조치'한다는 충격적인 내용이었다. 그리고 이를 실행했을 것으로 의심되는 팀이 계엄 당일 경기도 ○○ 정보사 ○○○여단에 제2수사단이라는 조직으로 대기했다.

또 수첩에는 "NLL에서 북의 공격을 유도"하라는 내용도 있었다. 북측과의 군사적 충돌을 계엄 명분으로 삼으려 했을 가능성이 있다. 이를 위해 북한과 거래할 방안을 고민하는 등 과거 북풍 사건보다 더 충격적인 작전을 준비하고 있었던 것이다.

수첩에는 윤석열의 장기 집권을 위한 계획도 들어 있다. '의원 수 절반 감축', '대통령 3선 연임', '중국·러시아 선거제도 연구'라는 문구가 적혀 있었다. "실행 후 싹을 제거, 근원을 없애버리고 지속적으로 싹을 잘라버리는 방법을 쓴다" 등 장기집권 계획도 담겨 있으며 3선 개헌과 전 국민 출국 금지로 유신 독재를 재현하려 했다. 또 "민주당 전담 부대"와 "지작사 투입" 등 반대 세력 진압 계획도 있었다. 이는 군의 본격적인 정치 개입을 의미하며 과거의 군부 독재 정권보다 더 잔혹한 계획을 세웠음을 보여준다. 또 반발을 진압하기 위한 "역행사(계엄 저지 시도) 방지대책 강구" 언급은 계엄 반대 국민까지 표적으로 삼았음을 시사했다.

과연 이런 잔인한 작전계획을 실행하려 했을까? 주변 사람들은 충분히 그러고도 남을 것이라고 말한다. 국정조사에 출석한 박○○ 준장은 "2016년 노상원이 공작 요원을 폭사시키려 했던 전례가 수첩에 반복되었다"라며, "조끼에 폭약 장착 방안까지 검토되었다"라고 증언했다. 자신의 부하들도 소모품처럼 '소비'시키는 인간이 무엇을 하지 못했을까?

노상원의 수첩은 내란의 구체적 실행 계획을 담은 문건이다. 70쪽 분량의 수첩에 문재인, 이재명, 조국, 유시민 등 500여 명이 '수거 대상'으로 분류됐고, '확인 사살', '폭파', '화학약품' 등의 표현이 포함되었다. 그래서 노상원 수첩은 내란과 살인, 외환죄를 아우르는 중대한 증거다.

노상원 수첩(약 70페이지) 내용 요약

수거(체포) 대상 분류 A~D 등급 4단계 분류

이재명, 조국, 문재인, 유시민, 임종석, 이준석, 정청래, 김용민, 김의겸, 유창훈 및 좌파 판사 전원, 정청래, 김용민, 김의겸, 전교조, 민변, 민노총, 문 때 청 근무(행정관 이상), 현역 포함(경찰 해경), 좌파 연예인(김제동, 김어준, 방송국)

- 그룹별로 묶지 말고 수집소로 보냄. 포승줄 활용
- 간첩 재판자: 문재인과 그 일당, 이재명 쪽 놈들

A급 수거 대상 처리안

- 연평도와 제주도로 이송 중 사고.
- 실미도항을 정찰하기 위해 집행 인원은 하차하고 하차 후 이동 간 적정한 곳에서 폭파하도록 한다
- 연평도 행사 후 같은 방법은 어렵다. 막사 내 잠자리 폭발물. 확인 사살 필요하다.
- 음식물, 급수, 화학약품
- 내국인 사용 시 수사 피하기 어려움. 외국 중국 용역업체나 북 활용
- 북 직진을 통해 북에서 조치하는 방안도 검토. 비공식 방법으로 무엇을 내어줄 것인지 논의

이외 수거(체포) 대상 포함 인원

- 여의도 30~50명 수거, 언론 100~200명, 민노총, 전교조, 민변 등 500여 명 포함
- 체포조 인원 편성은 5~7명 1조로
- 서영교, 고민정, 윤건영, 조국, 노영민, 추미애, 박범계, 문 때 국정상황실장, 문 때 차관 이상, 문 때 국정원 차장 이상, 문 때 국정원 하수인들, 문 때 경찰 중 의원 된 놈 총경, 문 때 서울청장 · 경찰청장 · 기무사령관 · 총장 · 의장 등 수뇌부, 문 때 장관들 정책보좌관 한 놈들, 문 때 공기업 인사들, 민노총, 민변, 전교조 핵심들, 좌파 유튜버, 이재명 지원 판사 검사들, 문 때 정치검찰들(이성윤 등), 좌파 연예인들, 친북좌파 · 종북 각종 조

직, 전장연, 간첩 수사 받는 놈들
- 김명수 대법관 때 좌파 판사, 이성윤 등 좌파 검사, 김남국, 황운하, 조씨 일가, 문 일가, 더탐사 일당, 촛불집회 주모자들, 가짜뉴스 양산 공장 김어준, 좌파 방송사 주요간부들
- 주먹들을 이용해 분쇄시킨다.

수집 시기
- 총선 전 / 총선 후 분류

수집 방안
- 경찰, 방첩, 헌병 활용, 특별수사본부 6개월~1년 정도 구성
- 좌파들 신속한 재판(구속). 차기 대선에 대비해 모든 좌파 세력 붕괴
- 여소야대 시 30~40명 조기 구속 조치한다. 재판 통해 구속. 대대적 사면으로 공간 확보
- 여대야소 시: (동그라미 표시, 이하 여인형 박안수 이름 기재)
- 여의도 봉쇄: 진입로 봉쇄, 울타리 방호, 식사: 도시락, 사복 준비, 봉쇄 기간 2~3주. 군의관 배치, 일과는 어떤 식으로 하나, 주범들 분리시키고 단계별 구치소로 이동 수용
- 시민 불편 없게 한다.

수거 후 호송 시 대책
- 수집소는 5개소. 정찰 준비
- 수집소: 오음리, 현리, 화천, 무인도
- 특전사 간부와 방첩사 영관 장교 or 헌병. 사전 선별. 교육
- 교도 간부 · 근무 인원 편성, 경계 병력 파견 · 운용 등 방식으로 관리
- 특별 수사 및 재판소를 통해 사형 및 무기형을 받게 한다.

행사 (비상계엄) 후
- 윤 대통령 3선 집권 가능토록 헌법 개정. 후계자는?
- 국회의원 수 절반으로 감축, 선거제도 개편

- 역행사에 대비해야 한다. 민주당 쪽 9사단과 30사단
- 행사 후 군수급은 민선 X, 중앙에서 임명

날짜별 실행 계획
- D-1 (계엄 선포 하루 전): 미국의 협조를 구함
- D-day: 담화 장소 구체화 및 출금 조치 (①전 국민 ②선별) 여의도 0900경 진입. 수거 대상(확보) 출입구 접수. 모든 민간 출입 통제. 여의도 매복 점령, 진입은 언제 시키고 무장 정도와 복장은?
- D+1~D+10: 추가수거대상 선별 수거후 수집소로 이송
- D+10~D+30~60: 서울외 지역 수집대상 수거작전. 지역별(도)위원장 임명. 지휘소:과천. 합참 일부 배속시킨다. 총장 박: 사전교육

기타 언급 인원
- 여인형: 행사 인원 지정 및 수거 명부 작성
- 박안수: 계룡대: 수집 장소, 전투 근무 지원. 지휘소 구성. 영관 장교 100여 명 구성. 상황 팀(3교대) 지휘소 요원 숙영 대책 강구
- 용인: 역행사 방지 대책 강구 (지상작전사령부 동원으로 추청)

행사 병력 지휘통신 및 보안
- 작전 요원 휴대폰 지급
- 사적 통화 금지 및 불이익. 사적 대화자는 2박 3일간 사적 대화 휴대폰 압수

수집소 운영은 어떻게 하려 했나?

제2수사단 수사1부에 소속된 인원은 수도권에서 차출된 군사경찰로 구성되어 있었다. 그러나 유독 15사단 군사경찰대장 중령

김○○은 화천군에 있는 15사단에서 이례적으로 제2수사단 인원으로 차출, 편성되었다. 여기서 '화천'이라는 지역에 주목할 필요가 있다.

화천에는 노상원이 근무했던 7사단이 있다. 노상원은 대위 시절 수방사 55경비대에 근무했고, 여기서 작전과장인 김용현을 만났다. 그리고 영관급으로 진급한 이후에는 7사단 수색대대장, 7사단 정보참모, 7사단 5보병연대장을 역임하는 등 화천 지역을 잘 알고 있었다. 노상원의 수첩에서 수집소로 언급된 지역이 바로 화천군 오음리다. 그곳에 과거 삼청교육대 위치에 2군단 직할 702특공연대가 있고, 바로 아래쪽으로 제2하나원이 있다.

제2하나원은 500명의 인원을 수용할 수 있는데, 대량 탈북자가 발생하지 않는 요즈음 상황에서 노상원은 그곳을 수집 교화 및 척결에 적합한 시설로 점찍었을 것이다. 추미애 의원은 "제2하나원과 702특공여단은 가까운 위치로 제2하나원을 수집소로 활용했다면 702특공여단이 관리"했을 것이라 말하는데, 일리 있는 주장이다. 특히 702특공연대는 수도권 이외에서 거의 유일하게 제2수사단으로 차출된 김○○ 중령이 근무하던 15사단과 산 하나 넘으면 되는 곳에 있다. 702특공여단은 1982년 창설된 최초의 특공연대로 그곳에 주둔하던 11공수가 담양으로 이전한 후 11공수 출신자를 주축으로 만든 부대다.

정리하면, 화천 지역이 넓긴 하지만, 노상원이 오랫동안 근무했던 7사단, 수집소로 추정되는 제2하나원과 이를 관리했을 것으로 보이는 제2군단 702특공연대, 제2수사단으로 차출된 김○○

중령의 15사단 등이 모두 그곳에 있었다.

그런데 윤석열은 한참 계엄을 준비했을 시기인 2024년 9월 17일 화천의 15사단을 방문했다. 매우 이례적인 일이었다. 보통 추석 당일에는 대통령 등 주요 인사들이 군부대 방문을 자제한다. 그런데 그날은 간부의 3분의 2가 휴가 받고 나가는 추석 당일이었다. 그런 시기에 사단을 방문해 대규모 병력을 소집해 사진 찍는 일은 마치 "북한의 김정은" 같다며, 간부들이 불만을 토로하고 의아함을 호소했다고도 한다.

노상원 수첩에 거론된 수집소는 오음리, 현리, 화천, 무인도 등의 5개소였다. 그런데 제2수사단 수사1부에 오음리와 화천을 잘 아는 15사단 군사경찰대장이 예외적으로 배속되어 있었다? 노상원 역시 인근 7사단에 근무해서 그 인근 사정을 잘 알고 있었다? 702특공연대 바로 아래쪽으로 500여 명을 수용할 수 있는 제2하나원이 있다? 윤석열과 김용현이 2024년 9월 17일에 15사단을 방문했다? 그리고 사단 인근을 둘러봤다? 모두 예사롭지 않았다.

하필 영현백은 왜 갑자기 많이 준비했는가?

2024년 12월 3일 윤석열 대통령에 의해 선포된, 이른바 '12·3 계엄' 의혹에서 한 가지 눈에 띄는 정황이 있다. 육군이 평소 보유량을 훨씬 웃도는 대량의 영현백을 확보했다는 것이다. 군 내부 기록에 따르면, 2023년 1월 기준으로 육군이 보유했던 영현백은 약 1,883개였다. 그러나가 2024년 12월 말 기준으로 그 수량은 무려

4,940개로 급증했다. 단기간 내 약 3,000개 이상이 추가 확보된 셈이다.

영현백은 '시신을 임시 보관하거나 이동시키기 위해 사용하는 군수물자'다. 통상 군에서는 연간 사망자가 백여 명을 넘지 않고, 전쟁 가능성이나 대규모 사망을 전제로 한 대량 확보 사례는 확인된 바 없다. 그럼에도 불구하고 군이 2024년 12월에만 보유량을 급증시킨 것은, 단순한 물자 비축 차원을 넘어 계엄 또는 외환유치 준비 행위일 가능성이 제기된다.

더구나 언론 보도에 따르면, 같은 시점에 군은 골판지로 만든 '종이 관'도 약 1,000개 구매를 타진한 정황이 드러났다. 이처럼 시신 처리용 관과 보관 백을 동시에 준비한 정황은 비상사태나 내부 폭력, 정치 탄압 시나리오를 염두에 둔 것이 아니냐는 의심을 낳았다. 대체 평시에 종이관이나 영현백을 얼마나 쓸 일이 있겠는가?

군 당국은 이에 대해 "영현백 확보는 2022년 합참 지침에 따른 정상적인 군수물자 확보이며, 비상계엄과는 무관하다"라는 입장을 밝혔다. 하지만 그 시점이 왜 하필 2024년 12월일까.

내란 세력의 외환유치 기도를 최초로 분석한 '김어준 암살조' 보고서

윤석열에 대한 국회의 2차 탄핵 의결을 하루 앞둔 2024년 12월 13일, 방송인 김어준 씨가 국회 과학기술정보방송통신위원회 전체회의에 참고인으로 출석하여 "(계엄 때) 체포조가 아닌 암살조가 가동된다는 제보를 받았다"라고 밝혔다. "한동훈 국민의힘 대표를 체포하여 이송 도중 사살", "조국, 양정철, 김어준을 체포·호송하는 부대를 습격", "북한 군복을 매립, 일정 시점 후 발견하여 북한 소행으로 발표", "암살조가 미군을 사살하여 미국이 북한 폭격을 하도록 유도" 등 제보 내용은 가히 충격적이었다.

당장 언론에서 난리가 났다. 이때까지만 해도 거의 모든 언론은 윤석열의 불법 비상계엄에 대한 비판 논조를 유지하면서 충격적인 사실들이 공개될 때마다 이를 집중적으로 보도했는데, 이때는 예외였다. 상당수 언론이 "민주당이 충분한 검증 절차 없이 황당한 소설 같은 얘기를 전파하는 장을 마련해줬다"라고 지적했다. 그도 그럴 것이, 김어준 씨의 제보 내용은 당시로서는 상상도 할 수 없었고 드러나지도 않았던 윤석열 내란 세력의 외환유치 음모를 처음으로 제기한 것이기 때문이었다. 기성 언론들이 받아들일 수 없는 것이 당연했다.

다음 날 새벽, 신 보좌관이 보고서를 하나 가져왔다. 〈이른바 "김어준 암살조" 주장에 대한 판단〉이라는 제목의 보고서였다. 내가 쓰라고 한 적도 없는데 왜 썼냐고 했더니 누군가는 차가운 머리를 유지해야 할 것 같아서, 안 그러면 중요한 탄핵 국면에 역풍이 불 것 같아서 썼다고 한다. 내용을 보니 상당히 신중하게, 보수적으로 작성된 보고서였다. 마치 과거 국정원 보고서를 보는 듯했다. 보고서의 핵심 내용은 "주장에 등장하는 사건의 상당수가 비상계엄 선포를 합리화하기 위한 사전 공작이며, 그렇다면 계엄 이전에 발생했어야 하는데 그중 계엄 이전에 실행된 것은 단 하나도 없으니 신빙성이 떨어진다"는 것이었다.

나는 일주일 전 윤석열에 대한 국회의 1차 탄핵 표결이 실패로 돌아간 다음 내란 진상규명을 더욱 신중하게 해야 한다고 생각하고 있었기 때문에 누군가 차가운 머리를 유지해야 한다는 신 보좌관의 의견에 동의했다. 당내 정보 분야 전문가로서, 그리고 정보위 간사로서 나는 이 내용을 당 지도부에 보고하기로 하고 보좌관에게 해당 보고서를 몇 부 출력하여 봉투에 넣어 대표실과 원내대표실에 보내라고 했다.

그리고 며칠 동안 나는 이 보고서의 존재 자체를 잊어버리고 있었다. 12월 14일 윤석열에 대한 탄핵안이 의결된 이후에도 내란과 관련해 워낙 새로운 정보들이 밀려들고 있어서 불과 하루 전의 일도 기억하기 어려웠다. 그런데 12월 17일, 한 언론사에서 해당 보고서를 입수하여 대서특필했다. 해당 언론사는 우리 보고서를 두고 "김 씨가 폭로에 나서도록 판을 깔아줬던 민주당 내에서 이런 상반된 평가가 나왔다는 점에서 의미가 크다"라고 평가했다. 내란 직후부터 계속 수세에 몰렸던 국민의힘도 이때를 놓치지 않고 김어준 씨와 우리를 향해 "가짜 뉴스", "선동 정치"라는 등의 비판을 쏟아냈다.

내 전화기는 이 보고서 때문에 하루 종일 난리가 났다. 이 시점에 왜 그런 보고서를 써서 문제를 일으키느냐는 등 항의성 전화가 대부분이었지만 일부는 민주당이 공당으로서 해야 할 일을 했다고 응원해주기도 했다. 나는 보좌관이 자신의 경험을 살려 당연히 해야 할 일을 했다고 생각했기 때문에 특별한 조치를 취하지 않았다. 이런 보고서를 썼다고 보좌관을 나무라면 앞으로 그 보좌관은 절대로 나에게 사실대로 보고서를 올리지 않을 것이기 때문이다.

그러나 이 보고서를 처음 봤을 때부터 내 마음속 한편에는 한 사람의 이름이 자리하고 있었다. 김어준 씨의 발언이 있기 한참 전부터 미스터 X로부터 제보를 받아 이미 알고 있던 그 이름. 그러나 보고서 작성 당시에는 워낙 신경 쓸 것이 많아 잠시 덮어두고 있었던 이름. 보고서를 본 이후부터 나에게 밀린 숙제처럼 남아 있던 그 이름은 바로 "노상원"이었다.

지금이야 노상원은 대한민국에서 모르는 사람이 없을 정도로 알려진 이름이지만, 내가 12월 10일 국방위원회 전체회의에서 노상원의 이름을 최초로 폭로했을 때까지만 해도 사람들에게 노상원은 잘 알려지지 않은 존재였다. 그로부터 며칠 뒤 모 방송국에서 노상원과 인터뷰한 내용이 방송되고 그가 체포되었다는 사실이 알려졌어도 대부분의 국민은 노상원에 대해 잘 알지 못했다. 사실 당시에는 나도 노상원이 얼마나 악마 같은 존재인지에 대해서는 확신이 없었다. 미스터 X로부터 들어온 제보가 전부였기 때문이다. 그러나 이대로 넘어가기에는 노상원이라는 존재가 너무 꺼림칙했다.

퇴근하고 있는 신 보좌관에게 전화했다. 보고서를 수정해야겠다고 하니까 신 보좌관은 새로운 증거가 나오기 전까지는 어렵다는 반응이었다. 나도 앞서 언급한 이유로 보좌관을 더 이상 압박하시 않고 전화를 끊었다. 그래도 혹시 실득할 수 있지 않을까 해서 두 번째로 전화를 했지만 결과는 마찬가지였다. 너무나 황당한 내용이어서 이걸 뒤집을만한 내용이 없으면 오히려 의원님과 민주당이 더 웃음거리가 될 것이라는 대답이었다. 그리고 세 번째 전화.

"노상원에 대해 좀 더 알아보고, 노상원을 대입해보면 어때? 내가 듣기로 노상원은 충분히 그런 일을 꾸밀 만한 작자던데."
"아… 알겠습니다. 저도 노상원에 관한 얘기를 많이 들었습니다."

노상원 얘기를 꺼내자 신 보좌관이 생각보다 순순히 보고서를 수정하겠다고 했다. 나중에 알고 보니 신 보좌관도 자신이 가진 루트를 통해 노상원의 과거 행적을 일부 알고 있었다고 한다. 그런데 내가 노상원을 대입해보라 하니 그때부터는 일사천리였다. 잠시 후 신 보좌관에게서 연락이 왔다.

"노상원이 현역 시절 부대원들에게 변X, 미친X, 싸이X라고 불렸다고 합니다. 노상원을 아는 사람들은 노상원이라면 충분히 그런 계획을 세울 수 있는 자라고 평가하고 있습니다."
"그렇지, 그런 방향으로 한번 분석해봐."

다음 날 새벽 4시경 신 보좌관으로부터 보고서가 전송됐다. "최초 보고는 정보사의 내란 개입이 합리적 행위자에 의해 계획됐다는 것을 전제로 분석한 것이나, 극우 음모론에 심취한 노상원이 배후라면 전제가 달라진다"라면서 김어준 씨의 주장에 등장하는 의혹들이 사실일 가능성을 배제하지 않는다는 내용이었다.

나는 몇 시간 뒤 이 보고서를 김어준 씨가 운영하는 유튜브 채널에 나가서 공개했다. 그랬더니 일부 언론들이 하이에나처럼 다시 달려들었다. "김어준에 휘둘린 민주당", "계엄 시나리오 말 바꾸기", "중간보고서 신뢰성도 의문"이라는 헤드라인이 뉴스를 장식했다. 내 전화기에도 또다시 항의 전화가 쇄도했다. 하지만 우리는 굳이 대응하지 않았다. 김어준 씨 주장 외에도 밝혀내야 할 내란의 진상이 산적해 있었고, 이때만 해도 노상원의 계획과 내란 세력의 외환유치 기도는 너무나 엄청난 내용이었기 때문에 당시 우리가 가진 제한된 정보만으로 언론이나 국민에게 설득력 있는 설명을 하기 어려웠기 때문이었다. 그러나 이런 소동은 얼마 가지 않았다. 그로부터 며칠 후, 상상을 초월한 악행을 담은 노상원 수첩 내용 일부가 공개된 것이다.

2025년 11월 현재, 내가 거의 1년 전 보고서에서 "가능성을 배제하지 않는다"라고 판단했던 내란 세력의 반인륜적인 반대파 숙청 계획과 상식을 벗어난 외환유치 기도는 그 전모가 점점 밝혀지고 있다. 그리고 이 보고서는 12·3 내란이라는 엄청난 사건 초기의 혼란 속에서 진상규명을 위한 노력이 얼마나 힘든 것이었는지를 보여주는 사례로 남아 있다.

11장

양심은 숨었다, 육군본부와 계엄사

박안수 육군참모총장

박안수의 책임과 지휘관 리더십의 붕괴

2024년 12월 3일 밤, 헬기가 707 병력을 태우고 국회에 진입하면서 내란이 시작되었다. 특수작전항공단 헬기의 운용·이륙 준비 및 수도권 비행금지구역 진입 승인 등의 작전 절차가 박안수 계엄사령관에 의해 완료되었다. 그런데 박안수 계엄사령관은 이에 대해 "지시하거나 통제하지 않았다", "누가 결정했는지 모른다"라는 입장을 밝힌 상태다.

  이 간극이 주는 의미는 중대하다. 계엄사령관이 몰랐다고 하는 것은 그가 거짓말을 했거나, 작전 지휘 계통에서 분리된 계엄사령관이었다는 뜻이다. 진실이 무엇이건, 그는 공식적인 계엄사령관으로서 중대한 처벌을 피할 수 없는 입장이다. 박안수 육군참모총장과 얘기를 길게 한 것은 2024년 10월 17일 계룡대 육군본부 국정감사에서다. 박안수는 착한 듯 본심을 위장한 악한이다.

계룡대 육본 감사를 마치고 저녁 6시 조금 지나 숙소인 계룡스파텔로 출발하려는데 박안수가 전투복 차림으로 나타나 배웅을 한다. 누군가가 묻는다.

"웬 전투복 차림인가요?" 국감중에는 보통 정복을 입는다.

"작전 나갑니다."

"육군총장이 작전? 무슨 작전?"

"그런 게 있습니다."

군령권에 속하는 작전은 육본이 아니라 합참에서 실시한다. 이날 박안수는 분명히 훈련도 아닌 "작전"이라고 했다. 아니, 국감이 한창 진행 중인 계룡대에서 무슨 작전을 했을까? 알고 보니 그날 저녁 휴전선 최북단 고성에서 천무 30여 발을 쏘는 훈련이 있었다. 이런 사안은 보통 훈련이라고 하지, 작전이라고 하지 않는다. 최근 이게 갑자기 궁금해져서 안○○ 작전부장에게 물어봤다.

"육군총장이 최북단에서 훈련하는데 작전이라 말하고 전투복 갈아입고 지휘하나요?"

"안 하죠!" 안○○ 작전부장의 답이다. 북한 가까이에서 지대지 로켓을 쏘는 훈련을 "작전"이라고 하면서 육군참모총장은 전투복을 입고 무엇을 기다리고 있었을까? 북한이 대응하면 즉시 전시 체제로 돌입하려 했을까?

그렇다. 허허실실 머리 앞으로 내리고 천진난만한 듯 바보스러운 표정을 짓지만 박안수는 계엄의 핵심 세력이다. 그러니 윤석열과 김용현이 11월에 강호필 합참차장을 지상작전사령관으로 밀고 보내지 않았겠는가?

한편, 그가 계엄사령관이 된 점은 다시 살펴봐야 할 문제다. 당시 군 내부에서는 '계엄사령관'으로 강호필 합참차장이 유력하게 검토되었다는 주장도 있다. 그러나 2024년 9월, 강호필이 지상작전사령관으로 이동하면서 계엄사령관을 맡기기 어려워졌고, 이 자리는 윤석열 대통령과 김용현 국방부 장관이 협의하여 박안수로 교체된다. 박안수는 국군의날 행사 준비단장으로 김용현과 인연을 맺은 인물이었다. 겉으로는 '온건하고 신중한 성격'이 임명 이유로 내세워졌지만, 실제로는 지휘권을 완전히 장악하기 어려운 인물을 계엄사령관 자리에 앉힌 것이리라.

계엄사령관은 12·3 계엄에서 명목상으로 가장 핵심적인 위치에 있다. 그는 합참의 작전권과 각 군의 병력 지휘권을 모두 위임받아, 사실상 군 전체의 작전을 통제하는 최고 권력자가 된다. 그런데 박안수는 계엄사령관으로 임명되자마자 육군본부의 지휘체계에서 분리되어 대통령실 - 국방부 직속의 '특수 지휘 라인'에 편입됐다. 즉, 육군참모총장으로서 자신의 참모진과 실무 조직을 활용할 수 없는 상태에서 지휘를 맡게 된 것이다. 이는 '지휘권을 가진 계엄사령관'을 세운 것이 아니라, 지휘권이 차단된 명목상의 사령관을 만들어놓은 것이었다.

계엄이 발령되고 박안수가 계엄사령부로 이동하기 위해 합참 건물에 들어가야 하는데, 입구에서 출입이 되지 않는 촌극이 있었다고 한다. 합참은 육본과는 다른 부대이다. 군을 다녀온 사람이라면 이해할 것이다. 이를테면 박안수는 다른 부대의 사령관인 셈이었다. 또, 박안수는 이날 계엄사령부가 꾸려진 합참 건물 지하에 몇 차례 가봤지만, 컴퓨터나 전화기 한 대 없는 휑한 사령부 사무실을 보고 그냥 나왔다고 한다. 이후 박안수 계엄사령관은 계단을 통해 건물을 돌아다니고 있었다. 한마디로 자리도 없었던 계엄사령관이었던 것이다.

결국 박안수는 계엄사령관이라는 이름을 걸고 있지만, 실제 작전의 흐름과 보고망에서는 배제된 상태였다. 그가 국회와 선관위에 투입된 병력의 존재를 "몰랐다"라고 말할 수 있었던 이유는, 실제로 지휘선이 국방부 장관 김용현과 합참 일부 라인으로 집중되어 있었기 때문이다. 이 구조는 오히려 계엄의 불법성과 고의성을 동시에 보여준다. 법적으로 계엄사령관은 전군에 대한 작전권을 행사하게 되어 있지만, 12월 3일의 실제 상황은 그 법적 구조를 의도적으로 왜곡한 것이다. 윤석열과 김용현은 자신들의 통제 아래에서 움직일 수 있는 인물을 계엄사령관으로 세워, 필요할 때는 책임을 떠넘길 수 있는 구조를 설계했다. 그 결과, 계엄의 핵심 명령, 즉 국회 봉쇄, 선관위 점거, 헬기 투입은 모두 박안수 명의로 이루어졌지만, 정작 그는 "나는 몰랐다"라고 진술할 수 있었다.

계룡대에 있는 육군총장을 계엄사령관으로 불러올려 본인의 지휘 계통과 떨어진 곳에서 지휘하게 만든 것은, 그를 실질적인 사령관으로 세우려는 것이 아니라 그의 손발을 묶어두기 위한 정치적 배치였다. 지휘관을 고립시켜 통제권을 제거하고, 그 이름만을 이용해 내란의 외피를 정당화하는 방식이었다. 결국 12·3 계엄에서 박안수는 지휘권을 가진 사령관이 아니라, 지휘권을 박탈당한 명패였다. 그리고 그 명패 뒤에서, 내란의 진짜 지휘자들이 헌정을 파괴하는 칼을 쥐고 있었다.

그래서 그는 고민하다 결심했을 것이다. 계룡대 육군본부에 있는 자신의 참모들부터 끌어모아야겠다고 말이다. 그것은 또 다른 의혹을 낳게 된다.

계엄사령관 육군대장 박안수

전야: 서울에서 대기한 박안수

계엄사령관 박안수 육군참모총장은 국회 난입 병력의 무장과 실탄 지급, 계엄 준비 과정을 "몰랐다"라며 책임을 회피했다. 특히 12월 3일 김용현과의 회의에서 계엄 임무를 하달받았을 가능성이 높음에도 불구하고, 박안수는 일관된 모르쇠로 국민을 기만하고 있다. 심지어 계엄사령관이 무장 병력 수도 모르고 있었고, 직속 부하인 육군본부의 출동 사실조차도 모른다고 답변했다. 하지만 계룡대의 일부 참모들은 이미 1~2개월 전부터 계엄령 발동 가능성을 인지했는지, 박안수의 표정이 매우 어두웠다는 말을 전하고 있다.

계엄 하루 전인 12월 2일 오후 2시부터 박안수 육군참모총장은 서울로 출장을 와서 태릉 육군사관학교 교장 이·취임식 참석했다. 그리고 12월 3일 계엄 당일 오후 4시에 국방부에서 김용현에게 약 40분간 현안을 보고했다. 이후 김용현은 저녁 9시 40분까지 국방부장관 접견 대기실에 와 있으라고 지시했다. 서울에서 일이 끝나면 계룡대 복귀가 관례인 육군참모총장이 이틀간 서울에서 대기하는 일은 매우 이례적이었다.

12월 2일 육사 교장 취임식은 박안수의 서울 체류를 위한 구실이 아닌지 상당히 의심되는 대목이다. 퇴임자 정형균(7개월 임기)과 취임자 소형기(방첩사 참모장 출신)의 교체는 매우 이례적인 인사였다. 소형기처럼 소장급 장군이 군단장을 마친 중장의 2차 보직인 육사 교장에 임명된 전례는 매우 드물다. 또 12월 3일 오후 4시 김용현과의 회의 후 저녁 9시 40분까지 대기하라는 지시는 계엄 논의의 연장선이었으며, '김용현이 이미 계엄 임무를 하달했을 가능성이 크다'라는 추측을 합리적으로 만든다. 더구나 박안수는 육본의 핵심 장성 4명을 오후 4시에 서울로 호출했다. 핵심 장성 4명의 호출 또한 그가 계엄을 사전에 인지했음을 암시한다.

전두환 신군부를 참고한 계엄 포고령

윤석열이 비상계엄을 선포한 지 약 한 시간이 지난 2024년 12월 3일 밤 11시 23분경 박안수 계엄사령관은 계엄 포고령을 발표했다. 이 포고령은 김용현에게 전달받은 문건으로 윤석열의 계엄 선포를 실행에 옮기고 군사 통제를 공식화하려는 후속 조치였다. 한편, 헌법재판소의 윤석열 탄핵 심판 4차 변론에서 김용현은 12·3 계엄의 포고령을 1980년 5월 17일의 계엄 포고 10호와 2016년의 기무사 계엄 문건을 기반으로 작성했다고 밝혔다. 1980년의 계엄 포고 10호는 전두환과 노태우가 주축이 되어 하나회의 정권 장악을 위해 신군부가 일으킨 5·17 내란의 핵심 문건이다. 5월 광주민주화운동의 촉매가 되었다.

2차 계엄 의혹

박안수는 계엄군으로 동원됐던 특전사와 수방사 병력이 국회로 난입한 사실에 대해서도 모른다고, 계엄군의 투입도 자신의 지시가 아니었다고 답변했다. 그러면 계엄사령관의 역할은 무엇이었을까? 과연 윤석열의 비상계엄을 방송을 보고 인지하게 되었을까? 이를 쉽게 받아들일 수 없는 여러 정황이 있다.

한편, 국회는 2024년 12월 4일 새벽 1시 3분 해제 결의안을 가결했지만, 육군본부는 이를 무시했다. 새벽 3시경 충남 계룡시에서 장성급 장교 등 간부 34명을 태운 버스 2대가 용산 합참으로 출발했다. 박안수는 계엄 선포 직후 계엄사령부(2실·8처) 소집을 지시했고, 12월 4일 새벽 3시 3분에는 육군본부에서 합참으로 올라오는 버스 출발을 직접 승인했다. 이러한 출동은 2017년 기무사 계엄 문건과 거의 일치하는 것으로 계엄 유지 또는 2차 계엄을 준비했던 것으로 보인다.

마지막까지 책임을 은폐한 박안수

계엄령이 해제되자 경찰은 새벽 3시부터 병력을 철수했고, 계엄은 4시 30분 해제되었다. 박안수는 "국회 출입 차단은 경찰의 판단"이라고 했으나, 합참 지하 전투 통제실에서 경찰청장에게 전화해 국회 차단을 지시한 사실에는 책임을 져야 할 것이다. 그러나 박안수는 책임을 회피하며 침묵했다.

계엄 포고령과 계엄

계엄 포고령의 위헌성

대한민국 헌법 제77조는 계엄 선포의 요건을 명확히 규정한다. 대통령은 "전시 사변 또는 이에 준하는 국가비상사태"에서만 계엄을 선포할 수 있으며, 반드시 국무회의 심의와 국회 동의를 거쳐야 한다. 그러나 12·3 계엄은 이러한 요건을 전혀 충족하지 못했다. 윤석열은 "북한 공산 세력의 위협"과 "종북 반국가 세력의 준동"을 사유로 들었지만, 당시 대한민국은 전쟁 상태도 내전 상태도 아니었다. 국회입법조사처는 2024년 12월 11일 보고서에서 "야당의 탄핵 시도나 예산 삭감은 비상계엄의 사유가 될 수 없다"라며 "실질적·절차적 요건을 갖추지 못해 위헌·위법"이라고 밝혔다(2025년 4월 4일 헌법재판소의 탄핵 인용 판결문도 참조).

    계엄 포고령 제1호는 이 위헌성을 더욱더 명백히 보여준다. 포고령은 국회의 활동을 금지한다고 선언했지만, 헌법과 법률 그 어디에도 계엄령으로 국회의 활동을 제한할 수 있다고 나와 있지 않다. 또한, 헌법 제77조는 계엄 선포시 국회 통고 및 국회의 계엄 해제 의결권을 보장하고 있다. 계엄 포고령 제1호는 헌법에 의하여 설치된 국가기관인 국회의 권능행사를 불가능하게 하는 국헌문란 행위인 것이다.

계엄 포고령의 불법성

포고령 작성 과정도 불투명하다. 계엄사령관 박안수는 "대통령

계엄사령부 포고령(제1호)

○ 자유대한민국 내부에 암약하고 있는 반국가세력의 대한민국 체제전복 위협으로부터 자유민주주의를 수호하고, 국민의 안전을 지키기 위해 2024년 12월 3일 23:00부로 대한민국 전역에 다음 사항을 포고합니다.

1. 국회와 지방의회, 정당의 활동과 정치적 결사, 집회, 시위 등 일체의 정치활동을 금한다.
2. 자유민주주의 체제를 부정하거나, 전복을 기도하는 일체의 행위를 금하고, 가짜뉴스, 여론조작, 허위선동을 금한다.
3. 모든 언론과 출판은 계엄사의 통제를 받는다.
4. 사회혼란을 조장하는 파업 · 태업 · 집회행위를 금한다.
5. 전공의를 비롯하여 파업 중이거나 의료현장을 이탈한 모든 의료인은 48시간 내 본업에 복귀하여 충실히 근무하고 위반시는 계엄법에 의해 처단한다.
6. 반국가세력 등 체제전복세력을 제외한 선량한 일반 국민들은 일상생활에 불편을 최소화할 수 있도록 조치한다.

○ 이상의 포고령 위반자에 대해서는 대한민국 계엄법 제 9조(계엄사령관 특별조치권)에 의하여 영장없이 체포, 구금, 압수수색을 할 수 있으며, 계엄법 제 14조(벌칙)에 의하여 처단한다.

2024. 12. 3. (화)
계엄사령관 육군대장 박안수

발표를 보고서야 계엄을 알았다"라면서 지휘 체계의 혼란을 드러냈다. 포고령은 위반 시 계엄법에 따라 처단한다고 위협했지만, 이는 법적 근거 없는 협박이었다. 계엄법 제14조는 포고 위반 시 처벌을 규정하지만, 위헌적 계엄하에서 발령된 포고령은 원천 무효이기 때문이다. '국회 활동 정지'를 명령한 포고령은 헌법 제77조는 물론 헌법 제40조(입법권)마저 짓밟았다. 또 포고령 제1호는 국민을 통제 대상으로 삼았다. '모든 정치 활동 금지'는 시민의 정치적 표현을 억압하는 것이었고, '언론 통제'는 정보 접근권을 박탈하는 것이었다.

포고령의 불법성은 내란죄와 직결된다. 형법 제87조는 "국헌을 문란하게 할 목적으로 폭동을 일으킨 경우"를 내란으로 규정한다. 12·3 계엄의 포고령은 헌법 절차를 무시하고 국회를 무력화하려 했으며, 이는 헌법 기능 소멸을 의도한 행위로 해석된다.

박안수의 헬기 국회 진입 허가

2024년 12월 3일 밤 10시 23분 윤석열의 비상계엄 선포 직후, 박안수 당시 육군 참모총장은 계엄사령관으로 임명되었다. 계엄 선포 후 약 1시간 뒤인 11시경 박안수는 육군 특수작전항공단 헬기가 국회 상공으로 진입하도록 허가한 것으로 드러났다. 수방사가 헬기 진입을 보류했으나 계엄사령부가 이를 승인했는데, 이는 박안수가 직접 허가 결정을 내린 것으로 계엄군 병력이 국회 본청을 장악하려는 작전의 일환이었다.

박안수의 헬기 진입 허가는 급박한 상황에서 결정되었다. 이진우 당시 수방사령관은 "R75는 평상시 제 명의로 통제한다"라며 "사전에 협조 없이 헬기가 이동하자 통제를 보류했으나 계엄령 선포로 권한이 계엄사로 넘어갔다"라고 설명했다. 박안수는 "합참 전투통제실에서 육군본부 정보작전부장으로부터 '수방사 지역으로 이동하는 항공기가 있다'라는 보고를 받고 긴급 상황 헬기로 판단해 승인했다"라고 밝혔다. 그는 "작전이 전개되고 있다고 생각해 '알았다'라고 답한 것이 허가로 이어졌다"라고도 덧붙였다.

출동한 헬기는 12월 3일 밤 11시 49분경 국회 상공에 도착했고, 곧이어 국회의사당 경내에 착륙해 병력을 내려놓았다. 헬기 진입은 국회 본청을 점거하고 계엄 해제 결의안을 막으려는 의도에서였다. 즉, 박안수가 헬기 비행을 승인하며 707 요원들의 국회의원을 강제로 끌어내려는 계획을 지원했고, 곽종근은 윤석열로부터 '문 부수고 의원들을 끌어내라'는 지시를 받았다. 그러나 수방사의 초기 보류와 현장 혼란으로 인해 헬기에서 내린 병력은 본청 내부 깊숙이 진입하지 못했다.

박안수는 국회 국방위에서 "조직이 없는 상태에서 급하게 결정한 것"이라며 책임을 축소하려 했다. 그러나 검찰은 이를 받아들이지 않았다. 검찰 비상계엄 특별수사본부는 2025년 1월 3일 박안수를 내란 중요임무 종사 및 직권남용 혐의로 구속기소하며 헬기 진입 승인을 주요 증거로 제시했다. 수사 결과, 박안수가 조지호 경찰청장에게 국회 출입 차단을 요구하고 헬기 비행을 허가한 것은 계엄 실행의 핵심 역할로 판단되었다. 이처럼 합참 내 계엄

사령부 설치 지시, 12월 3일 밤 11:30분 육본 정작부장에게 지시하여 12월 4일 오전 3시경 장군 14명, 대령 20명 등 모두 34명의 계엄사령부 핵심 장교단을 구성해서 끌어올려 계엄 사무를 관장하려 했던 박안수다. 한덕수가 국회 계엄 해제 결의 통과 이후에도 국무회의를 열지 않고 뭉갠 것과 뭐가 다르냐?

내란 직후 엉망이 된 국방부

계엄 관련자 인사 조치의 불투명성과 책임 회피

12·3 내란 직후 국방부가 단행한 사령관들과 계엄 관련 종사자들에 대한 임의적 인사 조치는 공정성과 투명성 논란을 낳았다. 계엄에 연루된 군 지휘관들에 대한 직무 배제와 보직 해임은 일관성 없이 진행되었고, 피의자의 변호권 침해 우려와 증거인멸 가능성도 제기되었다. 특히 정보사령부에 대한 수사 부진과 실 병력 지휘관들의 직무 유지 문제는 내란 사건의 진상규명을 어렵게 만드는 핵심 요인으로 지목되었다.

국방부가 자체적인 수사나 조사를 하지 않았기 때문에 진상규명은 초기부터 큰 난항을 겪었다. 이에 국회 국방위에서 최소한 장관 직무대행이 군 자체 조사를 해야 하며, 육군이 독자적으로 수사하기 어려운 경우 공군과 해군 인력을 포함한 특별조사단을 편성해야 한다고 주장했다. 특히 정보사령부는 계엄 당시 선관위 서버 장악과 직원 감금·고문 준비를 주도한 핵심 부대였지만, 해당 부대의 비닉성(秘匿性) 때문에 접근이 제한되었다. 정보사에 대한 수사가 이루어지지 않자, 결과적으로 억측과 음모론만 난무하게 되었고, 국방부의 소극적 태도는 오히려 진상규명을 방해하고 있다는 비판을 받았다.

일관성 없는 인사 조치

12·3 계엄에 참여한 지휘관들에 대한 인사 조치는 일관성 부족으로 또 다른 논란을 낳았다. 국방부는 2025년 3월 3일, 박헌수 국방부 조사본부장, 이상현 제1공수특전여단장, 김현태 707단장을 분리 파견 형태로 직무 배제했으며, 그보다 앞선 1월 19일에는 여인형 방첩사령관, 이진우 수방사령관, 곽종근 특수전사령관, 문상호 정보사령관을 보직 해임했다. 또한 정성우 방첩사 1처장, 김대우 방첩사 수사단장, 구삼회 2기갑여단장, 방정환 전작권TF장 등도 분리 파견 조치되었다.

그러나 장관 직무대행이 2025년 3월 12일 국방위원회 전체회의에서 "기소 시 직무 배제나 보직 해임을 추진한다"라고 밝혔음에도, 아직 기소도 되지 않은 정성우 준장과 김대우 준장은 분리 파견이 이뤄졌다. 이는 '국방 인사관리 훈령' 제40조의2(일시적 분리 파견 조치)에 근거한 것으로 보이지만, 명확한 기준 없이 진행되었기 때문에 피의자의 변호권 침해 가능성이 제기되고 있다.

실 병력 지휘관에 대한 늑장 대응

반면, 실제 병력을 동원한 지휘관들은 오히려 인사 조치가 늦게 이뤄졌다. 이들은 진술 번복이나 증거인멸 지시 등을 할 수 있는 위치에 있었기에, 조기 차단이 필요했음에도 국방부는 이를 방관했다. 특히 707단장 김현태, 특전사 여단장 이상현, 수방사 군사경찰단장 등은 계엄 당시 국회와 선관위 진입을 직접 지휘했으며, 일부는 수사 과정에서 진술을 번복해 구속 필요성이 제기되었음에도 2025년 3월 초까지 직무를 유지하다 뒤늦게 분리 파견되었다.

이들은 예하에 언제든 동원 가능한 병력을 보유하고 있었기 때문에, 그들의 직무를 유지시킨다는 것 자체가 또 다른 내란 위험으로 이어질 수 있었다. 위험한 순간들의 연속이었다. 그래서 나는 국방위에서 "실 병력 지휘관이 현직에 남아 있으면 계엄 재시도 가능성을 배제할 수 없다"라며 즉각적인 직무 배제를 촉구했다.

이는 2023년 해병대 채 상병 사건 당시, 박정훈 수사단장이 수사 외압 논란이 제기된 다음 날 곧바로 보직 해임된 사례와도 극명하게 대비된다. 내란보다 항명이 더 중대한 잘못이냐는 비판 속에, 국방부의 인사 조치 기준이 자의적이고 정치적으로 작용하고 있다는 의문이 제기되었다.

박안수 처리 지연과 국방부의 책임 회피

육군참모총장 박안수의 경우, '군인사법'상 보직 해임 심의위원회 구성이 불가능하다는 이유로 처리가 지연되고 있었다. 심의위원회는 상급자 또는 선임자 3~7명으로 구성해야 하지만, 박 총장의 상급자는 합참의장 김명수 대장 한 명뿐이다. 그러나 박안수가 계엄사령관으로서 핵심적인 역할을 한 인물이라는 점을 고려

하면, 법적 한계를 이유로 한 처리 지연은 결국 국방부의 책임 회피로 비칠 수밖에 없다. 불법적인 계엄사령관을 법령 운운하며 보직 해임할 수 없다는 것이 말이 되는 일인가?

진상규명의 방향

앞으로도 마찬가지다. 12·3 계엄과 관련해 군이 실제로 어떻게 움직였는지, 어떤 명령 체계 속에서 작전이 수행되었는지를 철저히 조사하지 않는다면 이번 내란의 완전한 종식은 요원할 것이다. 계엄의 진상규명은 단순한 군사적 사건의 해명이 아니라, 헌정질서를 파괴한 범죄 행위에 대한 국가의 자기 정화 과정이다. 진실이 드러나지 않는다면 그 상처는 더 깊어지고, 군은 다시금 권력의 도구로 회귀할 위험을 안게 된다.

12장
국회 봉쇄의 총대를 멘 경찰청

2024년 8월 초 김용현 경호처장을 만난 조지호 경찰청장

조지호 경찰청장, 그는 누구인가? 지금은 중병에 걸렸다는데, 그는 한때 경찰청장이 되기 위해 부산경찰청장과 치열하게 경쟁했던 인물이다.

나는 2024년 8월 정보위 예결산심사소위원장으로서 회의를 이끌었다. 워낙 계엄의 주요 권력축을 짚어보는 데 집중했던 터라 이런 질문을 던지지 않을 수 없었다.

"계엄에 나설 것인가?"

"경비계엄은 어떤 조건에서 선포하는가?"

조지호는 교과서 같은 대답을 했다.

"극도로 사회가 불안하고 경찰력만으로 치안이 유지되지 않을 때 경비계엄이 있을 수 있다."

"계엄 준비를 하고 있는가?"

"아니다."

"그럼 김용현 경호처장을 만난 적 있는가?"

"경찰청장 인사청문회를 앞두고 경호처장을 찾아뵌 적이 있다."

'있네. 이자들 경찰까지 포섭했네.' 내가 눈이 빠져라 응시하니 눈빛이 흔들렸다. '하기야 이상민이 우종수 국수본부장 데리고 방첩사 찾아간 3월부터였으니 그 분위기를 모를 리 없겠지.'

계엄 당시 경찰청의 역할

경찰은 12월 3일 저녁 8시, 서울특별시경찰청 기동대를 중심으로 국회 1문·2문에 배치되었고, 경찰 버스 수십 대가 국회 주변을 에워쌌다. 이후 계엄이 발표된 직후인 밤 10시 48분부터는 국회 3문, 6문, 7문 등 주요 출입구를 추가로 봉쇄했다. 국회 일대에 사복경찰 97명을 포함해 총 3,144명이 동원되었다는 게 애초 주장이었지만, 최근 보도에 따르면 경찰 병력은 최소 4,200여 명에 달했다.

2024년 12월 3일 밤 10시 35분경, 서울경찰청은 국회 주변에 5개 기동대를 배치했으며, 이후 병력을 단계적으로 증원해 최대 26개 기동대가 국회 주변에 투입되었다. 기동대는 국회 외곽 경계선을 따라 배치되었고, '차벽 트럭' 19대를 동원해 국회 진입로를 물리적으로 차단했다.

서울경찰청이 제공한 배치 현황 자료에서는 국회뿐만 아니라 용산 대통령 관저 주변에도 6개 기동대가 배치된 것으로 드러났다. 이는 계엄 선포 후 주요 거점을 통제하려는 의도로 해석된다. 기동대의 배치는 조지호 당시 경찰청장의 지휘 아래 이루어졌으며, 박안수 계엄사령관을 통해 김용현의 지시가 전달되었다.

경찰은 국회 외곽에서 계엄군의 진입을 지원했다. 12월 3일 밤 11시 6분, 김봉식 서울경찰청장은 기동대 지휘관들에게 "국회의원과 출입증 소지자 출입을 일시 허용하라"고 지시했으나, 밤 11시 37분 그는 "국회 출입을 전면 통제하라"는 추가 지시를 내렸다. 이 조치는 밤 11시 28분에 발표된 계엄사령부 포고령 1호와 연계되어 국회 활동을 금지하고 의원들이 본회의장에 모여 계엄 해제 결의안을 논의하는 것을 막으려 했다는 분석이 나온다.

기동대는 국회 앞에서 시민들과 대치하며 헬기를 통해 진입하는 계엄군(197명)의 활동을 간접 지원했다. 경찰은 특히 계엄 해제가 의결된 지 40여 분이 지난 12월 4일 새벽 1시 45분까지도 국회 경계를 유지하며 국회의원을 포함한 민간인의 국회 출입을 전면 금지하였다. 12월 4일 새벽 1시 국회에서 190명의 의원이 찬성해 계엄 해제 결의안을 통과시키자, 기동대는 철수 준비에 들어갔다. 서울경찰청은 새벽 3시부터 다섯 차례에 걸쳐 부대를 차례대로 복귀시켰고, 계엄군이 국회 경내에서 철수한 새벽 2시 3분 이후 기동대의 역할은 사실상 종료되었다. 철수 전까지 기동대는 국회 주변에서 경계 태세를 유지하며 시민의 접근을 막았다.

12·3 계엄령 당시 정치인 체포 계획과 연루자들

윤석열의 비상계엄 선포 직후 계엄사령부는 국회와 중앙선관위를 통제하며 주요 정치인을 체포하려는 움직임을 보였다. 체포 대상자 명단은 김용현으로부터 여인형을 통해 조지호 경찰청장, 홍장원 국정원 1차장 등에게 전달되었다.

충격적인 일 중 하나는 체포 명단에 현직 판사 김동현이 포함된 사실이다. 김동현은 이재명의 선거법 위반 사건에서 무죄를 선고한 법관으로, 그가 명단에 오른 이유는 오직 그 판결 때문이었다. 이것은 사법부 독립성에 대한 정면 도전이었다. 사법부가 정권에 반하는 결정을 내리면 제거하겠다는 이 시도는 법치주의의 뿌리를 흔드는 매우 심각한 사안이다.

여인형은 체포 작전의 실질적 집행자였다. 328명의 방첩사 병력이 동원되었고, 우선 이재명·한동훈 등 14명을 체포 대상으로 지정했다. 방첩사는 선관위 서버 탈취와 함께 국회 주변에서 체포조를 운영함과 동시에 구금 시설을 점검하고 대체 장소를 준비했다. 또 여인형은 경찰에 호송차 20대와 수사관 100명을 요청하며 주요 인사 체포를 준비했고 국방부 조사본부(군사경찰)에 연락해 체포조 편성을 요청했다.

12월 4일 0시 30분 국회 본회의장에 의원들이 많이 모인 것을 알게 되어 다급해진 윤석열과 김용현은 곽종근에게 "국회 문을 부수고 의원들을 끌어내라"라고 지시했고, 모든 대상을 체포하기보다는 핵심 인물인 이재명, 우원식, 한동훈 세 명만 우선 체포 대상으로 지목했다. 현실적으로 많은 인원의 체포 불가능, 국회의 계엄 해제 표결로 인한 시간적 압박, 역할 분담의 실패 등이 복합적으로 명단을 압축한 계기로 작용한 것으로 보인다.

계엄 세력은 위 세 명이라도 체포하려 했지만, 우원식·이재명·한동훈은 모두 국회 본회의장에 집결한 상태여서 이마저 불가능해졌고, 새벽 1시 3분 계엄 해제 결의안이 가결되어 작전은 무산되었다. 14명의 체포 대상 명단에는 정치인뿐만 아니라 이재명 대표 위증 교사 사건에서 무죄를 선고한 김동현 판사도 포함되었다. 이는 1차적 체포 계획을 넘어 사법부까지 탄압하려 했음을 의미한다. 여인형 등으로부터 전달받은 체포 대상 명단은 다음과 같다.

구분	조지호 경찰청장	홍장원 국정원 1차장	여인형 방첩사령관/ 김대우 방첩사 수사단장
체포 명단	이재명 대표 우원식 국회의장 박찬대 원내대표 정청래 법제사법위원장 한동훈 국민의힘 대표 김명수 전 대법원장 권순일 전 대법관 김동현 부장판사	이재명 대표 우원식 국회의장 한동훈 대표 김민석 최고위원 김어준 유튜버 조국 대표 박찬대 원내대표 정청래 법사위원장 전 대법관 전 선관위원장 김명수 김민웅 민노총위원장 권순일	우원식 국회의장 한동훈 대표 이재명 대표 이학영 국회부의장 박찬대 원내대표 조국 대표 조해주 전 선관위 상임위원 김민석 최고위원 김명수 전 대법원장 권순일 전 대법관 양정철 전 민주연구원장 김민웅 촛불행동 대표 김어준 유튜버 양경수 민주노총 위원장
배경	12월 3일 저녁 7시 20분 삼청동 안가에서 대통령으로부터 A4 한 장을 전달받음. 해당 문서엔 국회와 언론사, 여론조사 꽃 등 계엄으로 접수해야 할 기관이 기재되어 있었고, 오후 10시 30분쯤 여인형 방첩사령관이 조 청장에게 전화해 '주요 정치인 15명을 체포하라'며 위치추적을 요청.	홍 전 차장이 11시 6분쯤 여인형 전 사령관에게 전화. 홍 차장이 "대통령께서 방첩사 너희들을 지원해주래"라고 하자 여 전 사령관이 체포 대상을 불러주며 "1조, 2조가 축차 검거 후에 방첩사 구금 시설에서 감금 조사할 예정이다. 지금 제일 급한 게 검거를 위한 위치추적인데 위치추적을 부탁드린다"라고 발언.	1. 계엄 당일 조지호 청장과 전화 통화를 통해 두 가지 협조 요청을 했다면서 "첫 번째는 합수부가 구성돼야 하니 경찰 인력을 보내라. 두 번째는 특정 명단에 대해 위치를 알 방법이 없어서 위치 파악을 해달라고 한 기억이 있다"라고 증언함 2. 특정 명단을 알려줬냐는 질문에 "명단 부분이 있었지만, 자신과 조지호 청장의 기억이 다르다"라고 답변함.

13장
내란 가담의 기로에 섰던 국가정보원

아마도 가장 멋진 사나이, 홍장원

홍장원은 국정원의 거의 모든 것을 보여주는 인물이다. 707 대위로 근무하다가 국정원으로 특채되었다. 육군사관학교에서부터 날리던 인물, 특채라면서도 6급이 아닌 7급, 가장 낮은 직급으로 들어왔다. 그는 여러 분야에서 탁월했다. 군사학, 무술, 사격술 모두 뛰어났고, 영어는 원어민 수준, 일본어는 국정원 일본어 교관보다 더 잘한다. 쓸데가 많아서 흑색업무를 맡겼더니 해외에 나가 사업가로 변신해서 주어진 임무를 잘 수행했다. 육사 출신 국정원장 이병호가 취임하면서 맨 처음 찾은 사람이 홍장원이었다. 비서실에 근무했다.

홍장원은 야전에서 잔뼈가 굵고 흑색으로 고생했는데 본부에 들어와 보니 모든 게 느슨해 보였다. 직원들을 강하게 다뤘다. 이병호 원장이 인사를 비롯해 여러 문제를 그에게 의지했다. 정기공채 출신이 아닌 육사 출신은 거의 외톨이 가까운 소수라서 견제도 심하게 받았다. 문재인 정부 들어서 첫 번째 국정원장 서훈은 홍장원이 인사 전횡을 부렸다는 내부 감사 결과를 접하고 신현수 기조실장에게 조사를 명했다. 신현수 기조실장은 아무 문제도 발견하지 못했다고 보고했다. 서훈 원장은 홍장원을 영국 주재 정무공사로 파견했다.

나는 국정원장 외교안보특별보좌관으로서 영국 런던을 방문할 일이 있었다. 히스로 공항에 마중 나온 런던 주재 국정원 직원들이 나를 발견하지 못하도록 입국장에서 외교관 통로가 아닌 일반인 통로로 들어가 택시를 잡으려 했다. 허겁지겁 달려온 직원들이 말했다. "특보님, 준비한 차량으로 모시겠습니다."

호텔에 도착하여 여장을 풀었다. 저녁 식사에 홍장원 공사가 호텔 식당으로 나왔다. 서로 상대를 경계하면서도 존중하는 묘한 분위기였다. 홍 공사는 "특보님이 얘들을 따돌리고 나오는 모습을 먼발치에서 보고 있었습니다"라며 하하하 유쾌하게 웃고 말았다. 난 직원들을 따돌리고 '너희들 나의 잠입 기술을 봤지?' 하며 속으로 웃고 있었는데 홍장원은 전체를 다 보고 있었다.

그리고 어느 가을날 홍 공사가 임무를 마치고 귀국했다. 얼마 안 있어 전화가 왔다. "특보님, 영국에서 인사드렸던 홍장원입니다. 귀국했습니다. 한번 찾아뵙고자 합니다." 그러자고 했으나 날짜를 정하지 않고 그렇게 하루하루 지났다. 나중에 들으니 1급 승진을 시키려 했으나 청와대 민정수석실 검증에서 전임 정권 원장들과 지나치게 밀접하다는 이유 아닌 이유로 승진시킬 수 없다는 결론이 났었나 보다. 서훈 원장이 애썼는데 참 아까운 인재를 놓쳤고, 그는 그렇게 국정원을 떠났다.

2022년 초 대통령 선거가 한참 뜨거워질 무렵 홍장원을 비롯해 상당히 많은 수의 전직 국정원 간부 출신들이 윤석열 캠프에 들어갔었다는 풍문이 돌았다. 그럴 수 있겠다 싶었다. '홍장원은 위험한데…'

우려는 현실이 되었다. 홍장원은 국정원장 특보를 거쳐, 2023년 11월 해외 및 대테러 담당 1차장이 되었다. 육사 출신이니 윤석열이 계엄을 하고 임무를 맡긴다면 김용현, 김태효보다 더 위협적이다.

그랬기 때문에 나는 국회 정보위 전체회의든 긴급 현안 질의든 간에 기회가 있을 때마다 홍장원을 경계하고 비판하는 질문을 던졌었다. 조태용 원장에게도 박지원 의원이 물었다.

"홍장원 차장의 공작자금 관리에 문제가 있었다는데 제대로 했는가? 감찰이라도 해야 하지 않나?"

"아무 문제 없습니다. 조사를 다 마쳤습니다. 과거 문재인 정부 국정원에서도 세 차례나 홍장원 차장을 감찰했으나 아무 문제 없었습니다."

정보위 간사인 나에게 국정원에서 개별 대면 보고를 왔다. 철저히 조사했는데 문제가 없었다고 한다. 해당 부서 사람들이 워낙 다 알고 있어 감추려야 감출 것도 없을 정도란다. "알았어요" 하고 마감 지었다.

나는 국정원이 다시 국내 정치에 개입하지 않을까를 늘 의심했다. 홍장원은 불쾌했을 것이다. 2024년 가을 의원회관에 업무보고차 방문했다가 작심한 듯 토로했다. 나를 간사가 아닌 차장이라 부르며 이렇게 말한다.

"차장님, 국내 정치 관여하지 않고 있습니다. 국정원맨으로 제대로 일하고 싶고 국정원을 강한 조직으로 키우고 싶다는 것 이외에 다른 생각 없습니다."

250126 홍장원
비하인드 스토리

"정말 그렇게 해주시면 얼마나 좋겠습니까? 워낙 유능해서 늘 경계하고 있는 것은 사실입니다."

악수하고 헤어졌다. 그로부터 한 달 반 뒤 이번엔 홍 차장을 내가 급하게 찾았다. 10월 12일 저녁 8시 반이 넘어 김여정 북한 노동당 부부장이 한국 무인기의 평양 침투와 전단 살포에 대해 매우 격한 어조로 비난하며, 한국 무인기가 재차 국경선을 침범할 시 "끔찍한 참변이 일어날 것"이라고 위협하는 긴급 담화가 나왔기 때문이다.

"홍 차장님, 황원진 제2차장이 연락이 안 되네요. 지금 김여정 담화가 뭡니까? 우리 쪽에서 무인기 보낸 일이 있나요?"

"모르는 일입니다. 황원진 차장에게 확인해보겠습니다."

한참을 기다렸는데도 답신이 오지 않았다.

"아니 어떻게 된 겁니까? 왜 답을 안 해주시죠?"

"아 네, 방금 확인했는데 황 차장도 모르는 일이라고 합니다."

그렇군. 뭔가 숨기고 있어.

국정감사를 위해 계룡대에 내려가 육군본부, 해군본부, 공군본부에 대해 질의하고 곽종근, 이진우를 몰아세우던 10월 18일 이번엔 홍 차장의 긴급 전화다.

"간사님, 곧 안보실에서 긴급 발표가 나갑니다. 그래서 사전 통보 드립니다."

"뭔가요?"

"북한에서 러시아로 만여 명 이상 특수부대를 파병한다는 정보를 입수해서 대통령 보고를 마쳤고 곧 언론에 보도자료가 나갑니다. 아주 상세하고 긴 분량의 보도자료가 나갑니다."

그리고 그 상세한 내용을 나에게 불러주었다. 상황이 급박했다. 얼마 안 있어 10월 국정감사가 끝나면 11월부터 상황이 복잡하게 돌아가겠군. 북풍이든 러시아-우크라이나 전쟁이든 뭐든 소재만 있으면 다 써먹으려 하겠어.

그리고 계엄이 한창 진행 중이던 12월 4일 새벽 0시 30분경, 나는 홍장원에게 문자를 보냈다. 한참 답이 없다가 계엄이 해제되고 얼마 안 지나 1시 45분경 "저도 TV만 보고 있습니다"라는 짧은 회신이 있었다. 국정원은 이번 계엄에서 무엇을 했을까? 조태용이 절대 손 놓고 있진 않았겠지.

윤석열과 긴밀한 관계를 유지한 국가정보원장 조태용

나는 조태용을 2003년 처음 보았다. 조태용은 노무현 청와대에서 의전담당 선임행정관을 하다 외교부로 내려갔다. 거기서 북핵 6자회담 실무자였고, 나는 북경 6자회담장에서 자주 그를 만났다.

조태용은 2023년 3월부터 12월까지 국가안보실장을 역임하며 윤석열에게 자주 대면 보고를 했다. 2024년 1월 국정원장으로 임명된 그는 대통령과 긴밀한 관계를 유지했다. 헌재 증언에서 그는 "보고 내용에 따라 비서실장 등이 배석했다"라며 공식 절차를 강조했지만, 이는 이후 그의 무책임한 태도와 대조된다.

2024년 3월 삼청동 안가 회동에서 조태용은 윤석열, 국방부 장관 신원식, 경호처장 김용현, 여인형과 함께 비상조치를 논의했다. 헌재에서 "윤석열이 '군이 나서야 하지 않겠느냐'라고 말했다"고 지적했으나, 조태용은 "'비상'이라는 단어는 기억나지 않는다"라며 모호하게 답했다. 그의 책임 회피적 태도의 시작이었다.

12월 3일 저녁 8시경 윤석열은 조태용에게 전화로 미국 출장을 가느냐고 물었다. 조태용은 "내일 떠납니다. 방금 미국 대사와 송별 만찬을 가졌습니다"라고 답했다고 한다. 그런데 윤석열은 조태용이 국내에 있음에도 해외에 있다고 착각하고 홍장원 1차장에게 직접 연락했다고 한다. 이것도 거짓이다. 윤석열은 못 미더운 조태용보다 처음부터 일처리가 확실한 홍장원에게 직접 연락하고 싶었을 것이다.

홍장원은 12월 3일 밤 윤석열 및 여인형과 통화한 내용을 조태용에게 보고했다. 밤 11시 30분경 정무직 회의 후 독대에서도 홍장원은 조태용에게 "대통령이 방첩사를 지원하라 했고, 이재명·한동훈을 잡으러 다닐 것 같다"라고 말했다. 그러나 조태용은 "내일 아침 논의하자"라며 피했다. 결정적인 장면이다. 조태용은 "홍장원의 보고가 선문답 같았다"라며 이해 부족을 핑계로 책임을 회피했다. 이에 홍장원은 "최소한의 지침이라도 달라"고 요청했지만, 조태용은 논의를 미루며 침묵으로 일관했다.

12월 4일, 홍장원은 조태용에게 "이재명과 안보 상황을 포함하여 전체 상황을 설명하는 통화를 해야 하지 않겠느냐"라고 건의했다. 혼란을 줄이기 위한 제안이었다. 그러나 조태용은 "정치적 중립 위반"이라며 이를 해임 사유로 삼았다. 홍장원이 이재명 대표에게 조태용 몰래 전화한 것도 아니고 차장으로서 원장에게 건의한 것이 어떻게 정치적 중립 위반이 되겠는가? 12월 5일 오후 4시, 조태용은 홍장원에게 사직을 요구했고, 12월 6일 오전 인사혁신처에 해임안을 제출했다. 조태용은 "대통령이 홍장원을 신뢰하지 못해 교체가 필요하다고 말했다"라며 책임을 윤석열에게 돌렸다.

누가 봐도 홍장원의 경질은 명백한 정치 보복이었다. 계엄 날 밤 방첩사의 정치인 체포를 지원하라는 윤석열의 지시를 따르지 않아서 괘씸죄에 걸린 것이다. 홍장원은 대통령의 불법 지시를 거부한 대가라며 조태용이 이를 방조했다고 증언했다.

조태용은 국정원장으로서 내란 관련 정보를 수집하고, 국가안전보장에 중대한 영향을 미치는 상황이 발생할 경우 이를 지체 없이 국회에 보고할 책임이 있었다. 그러나 그는 홍장원의 보고를 무시하고, 해임을 건의하며 중립을 핑계로 책임을 뒤집어씌웠다. 윤석열은 조태용을 배제하고 홍장원에게 직접 지시를 내리며 직권을 남용했다. 조태용의 침묵은 국정원을 정권의 도구로 전락시킨 사례로 남을 것이다. 홍장원의 메모는 내란의 실체를 폭로하고 국정원을 살렸지만, 조태용의 침묵은 바로 그런 홍장원의 메모를 조작으로 몰아 진실을 은폐하려는 것이다.

홍장원 차장과 윤석열 대통령의 통화

윤석열이 TV를 통해 비상계엄을 선포한 지 불과 30분 뒤인 밤 10시 53분, 홍장원 국정원 1차장은 윤석열로부터 직접 비화폰으로 전화를 받았다. 이 통화는 계엄 선포 당일 이미 예고된 것이었다. 홍장원은 국회 정보위원회에서 "오후 8시 20분쯤 대통령에게서 전화가 왔으나 받지 못했고, 8시 22분에 제가 직접 걸었다"라고 밝혔다. 헌재 증언에서 그는 "윤 대통령이 '별일 없냐'고 묻더니, '1~2시간 후 중요한 이야기가 있으니 전화기를 잘 들고 대기하라'고 지시했다"라고 말했다. 이는 계엄 선포 약 2시간 전으로 사전 준비를 암시하는 정황이다.

계엄 선포 30분 후인 밤 10시 53분의 통화에서 윤석열은 "비상계엄 발표하는 것 봤지? 이번 기회에 싹 다 잡아들여, 싹 다 정리해"라고 지시했다. 또 "국정원에도 대공수사권을 줄 테니 방첩사를 지원하라. 자금이면 자금, 인력이면 인력, 무조건 도와라"라고 말했다. 당시 윤석열의 목소리는 흥분한 듯 자랑스러워했다고 한다.

헌재에서 "'싹 다 잡아들여'를 어떻게 이해했느냐"라는 질문에 홍장원은 "말 그대로 이해했다"라고 답했다. 그러나 "누구를 체포하라는 지시인지 구체적으로 듣지 못했다. 반국가 세력을 전부

잡으라는 의미로 받아들였다"라고 진술했다. 이 모호한 지시는 이후 여인형과의 통화에서 구체화되었다.

홍장원은 곧이어 여인형에게 전화했다. 윤석열이 전화해 방첩사를 지원하라고 했다는 취지로 얘기했고, 여인형은 체포 대상을 불러주며 위치 정보가 필요하다고 답한다. 그 체포 대상은 "우원식 국회의장, 이재명 더불어민주당 대표 등 야당 인사를 포함해 총 14~16명에 달했다. 홍장원은 여인형이 명단을 불러주었고, 방첩사 구금 시설에서 들어오는 대로 감금 조사할 계획이라고 말했다고 증언했다.

홍장원은 윤석열의 지시에 강한 거부감을 느꼈다. 그는 국정조사에서 "대통령을 좋아했고 명령을 따르고 싶었지만, 명단을 보니 '대한민국이 그러면 안 된다'라는 생각이 들었다"라고 밝혔다. 헌재에서 "체포 지시를 실행하지 않은 이유가 무엇인가"라는 질문에는 "명단을 보고 이건 잘못됐다고 판단했기 때문"이라고 답했다. 그는 여인형이 "체포조가 나갔는데 소재 파악이 안 된다"라며 체포 대상의 위치추적을 요청했으나 "국정원에서 영장 없이 위치추적은 불가능하다"라는 이유로 거부했다.

이후 홍장원은 12월 5일 김태효 안보실 1차장에게 "대통령이 국민에게 진정한 사과를 해야 한다"라는 의견을 전달했다. "군이 안정화되지 않았고, 국민이 불안을 느낄 가능성이 크다"라는 판단에서였다. 그러나 같은 날, 그는 조태용으로부터 "대통령의 뜻"이라며 경질 통보를 받고 사직서를 제출했다.

홍장원은 12월 6일 신성범 위원장과 이성권 간사, 그리고 나 대신 참석한 김병기 간사 대행에게 자신이 작성한 메모를 보여줬다고 알려졌었다. 그러나 나는 그 자리에 없었고, 12월 7일 정보위에도 홍장원이 출석하지 않았기에 "나에게 그 메모를 보여줄 수 있느냐"고 카톡으로 물었다.

얼마 안 있어 홍장원은 그 체포 대상 명단이 들어 있는 메모지를 사진으로 찍어 내게 보내주었다. 그때까지 어떤 문건도 증거도 없는 상태에서 유일한 물증이었다. 12월 11일 국회 비상계엄 긴급 현안 질문에서 나는 그 메모지를 드러냈다. 그리고 "이것이야말로 윤석열 내란의 증거"라고 주장했다. 온 국민을 전율케 하는 순간이었다.

한편, 윤석열은 홍장원의 증언을 전면 부인했다. 윤석열은 헌재 변론에서 "홍 전 차장과의 통화는 '방첩사를 도우라'는 취지였을 뿐 계엄과 무관하다"라며 "기관장인 국정원장이 아닌 차장에게 지시한다는 건 비상식적"이라고 주장했다. 또 윤석열은 "간첩을 잡으라는 지시였다"라고 덧붙였으나, 홍장원은 "간첩 이야기는 없었다"라고 반박했다. 윤석열 측 대리인단은 통화 기록 조회를 통해 홍장원의 신빙성을 공격했으나, 홍장원은 "메모 작성 시각은 혼동했지만, 통화 내역은 존재한다"라며 일관성을 유지했다.

홍장원의 메모

체포 대상은 단순한 정치적 반대 세력이 아니었다. 국회와 사법부, 시민사회를 대표하는 핵심 인물들로, 정권에 저항할 수 있는 모든 힘을 제거하려는 의도가 명백했다. 윤석열은 '반국가 세력 척결'을 계엄의 명분으로 내세웠지만, 실상 그 목적은 정적 숙청이었다. '한 방에 정리하라'라는 윤석열의 지시는 독재의 본질을 적나라하게 보여준다.

최초 메모는 어두운 곳에서 휘갈겨 쓴 포스트잇이었다고 한다. 홍장원은 "일부 명단이 황당해 중간에 기록을 멈췄다"라며, 글씨가 알아보기 어려워 12월 4일 보좌관에게 정서를 지시했다고 밝혔다. 보좌관은 14명을 기록했으나, 이후 16명으로 수정되고 다시 12명으로 줄었다. 12월 4일 오후 "축차 검거", "위치추적", "감금 조사" 등의 표현이 파란색 필체로 가필되었다. 홍장원은 "파란색 글씨는 보좌관이 쓴 것"이라며 일관되게 진술했다. 이 메모는 12월 11일 검찰에 사진으로 제출되었다.

조태용은 "가필 흔적이 있다. 보좌관이 작성한 명단과 최종본이 다르다. 누가 가필했는지 확인할 수 없다"라며 신빙성을 문제 삼았다. 반면, 홍장원은 "메모들은 모두 같은 사건을 기록한 것이며, 오히려 체계적 정리가 증거력을 높인다"라고 반박했다. 일부 보수 유튜버들은 내 글씨체와 유사하다며 필체를 검증했다. 그러나 필자의 필체와 홍장원 차장의 평소 필체의 비교가 아니라, 내 필체 중 유사한 한두 글자를 떼다가 때려맞추기한 것이라 전혀 정확성을 담보하지 못하는, 감정이라고도 할 수 없는 것이었다. 나는 홍차장을 12월 4일 만난 적도, 만나려야 만날 수도 없었다. 게다가 체포를 지시했다는 것이 중요한 사실이고, 또 조지호, 여인형, 노상원 등 다른 관련자들로부터 확보한 체포 명단의 내용도 홍장원 메모와 유사하다.

메모에는 "1조~2조 축차 검거 후 방첩사 구금 시설에 감금 조사"라는 문구가 포함되어, 체포 후 대상자 처리를 계획했음을 보여준다. 이는 계엄을 넘어 장기 집권을 위한 숙청 계획이었다. 홍장원은 헌재 출석을 앞두고 국회에서 "대통령을 좋아했고, 원하는 것을 해주고 싶었다"라는 심경도 밝혔다. 그는 윤석열과 술자리를 함께하고 독대 보고를 할 만큼 신뢰받았지만, "법적으로 허용되지 않는 부분에서는 선을 그었다"라고 증언했다. 메모를 제출하며 망설였지만, 헌법기관 앞에서 진실을 말하는 게 맞다고 결심했다고 한다.

한편, 윤석열 측은 민주당의 인사 청탁설을 주장하고 나섰다. 홍장원은 기본적으로 민주당 정권에서 불이익을 받은 인물이다. 홍장원은 박근혜 정부에서 2급 공사로 영국에 파견되었으나, 문재인 정부 출범 후 감사와 감찰로 조사받았다. 서훈 원장이 핵심 부서 추천을 했으나, 청와대 민정수석실에서 거부해 승진이 좌절되었다. 그런데도 집권당이 아니라, 본인에게 피해를 주었던 민주당에 인사 청탁을 했다는 주장은 정치적 음모론에 불과하다.

홍장원의 메모는 12·3 계엄의 내란적 음모를 폭로한 역사적 증거다. 어떠한 음해가 있어도 그 본질인 '정치인 체포와 감금 계획'은 흔들리지 않는다. 윤석열과 내란 세력은 '가필과 박선원 공작'으로 진실을 왜곡하려 하지만, "메모는 내 손으로 썼고 국민 앞에 진실을 말할 뿐"이라는 홍장원의 결심은 굳건하다. 그 메모가 없었다면 내란은 덮였을 것이라는 국민의 목소리는 그 가치를 증명하고 있다.

국정원의 중앙선관위 보안 점검

국정원의 중앙선관위 보안점검은 부정선거 음모론을 확산시켜 21대 총선을 부정선거라고 먹칠하고 대한민국에서 선거제도 자체의 법적 실효성을 파괴하려는 국헌문란 행위의 출발이었다.

국정원은 2023년 7~9월 선관위에 대해 보안 점검을 실시한다. 그러나 국가정보원법 제4조는 국정원의 직무를 중앙행정기관, 지방자치단체, 대통령령으로 정한 공공기관에 대한 사이버 위협 예방으로 한정한다. 헌법기관인 선관위는 대상이 아니다. 정보통신기반보호법 제7조 3항 또한 "개인정보가 저장된 정보통신기반시설에 대한 기술적 지원"을 금지한다. 국정원이 선관위 점검 권한이 없음에도 강행된 것이다.

그러나 국정원은 행정안전부를 통해 공문을 보내고 직원에게 직접 연락하여 선관위를 압박했다. "선관위 직원 자녀 특혜 채용 문제를 꺼내며 협조를 강요했다"라는 헌재에서의 증언은 이 과정의 부당성을 드러낸다. 선관위는 결국 IP 현황, 서버 구성, 네트워크 구조, 소스 파일, 데이터베이스 정보 등을 제공했고, 방화벽

관련 영상 QR

250204 국회
내란국조특위
2차 청문회

과 침입방지시스템(IPS)을 해제하고 국정원 점검을 수용했다. 국정원이 선관위에 방화벽 해제와 예외 IP 허용을 요구한 것은 선관

위 입장에서는 마치 "사무실 문을 열고, 보안장치를 끄고, 내부 구조를 알려준 뒤 침입당한" 격이었다. 이렇듯 국정원의 보안 점검은 선관위 침탈이었다.

보안 점검과 보고서를 주도한 백종욱(국정원 3차장)은 2023년 정계 진출을 준비 중이었다. 그는 2024년 제22대 총선에서 국민의미래 비례대표 32번으로 공천받았으나 낙선했다. 즉, 백종욱이 정치적 야욕을 위해 국정원을 이용한 것으로 보인다. 2023년 10월 6일, 강서구청장 보궐선거 사전투표일에 발표된 1차 보고서를 윤석열이 질책하자 백종욱은 김○○(비서실장)·안○○(정보1처장)과 함께 선거 전날인 10월 10일 2차 보고서를 180도 뒤바꿔 발표했다.

이 보고서는 "선관위 시스템이 해킹에 취약하다"라며 "투표·개표 조작 가능성"을 과장했다. 그러나 백종욱은 헌재에서 "부정선거 흔적은 없었다"라고 시인하며 "기술적 취약점만 확인했다"라고 물러섰다. 백종욱이 정치적 입지를 위해 선관위를 희생양 삼은 것으로 볼 수 있다.

윤석열은 12·3 계엄을 정당화하며 "선관위 비밀번호가 '12345'로, 중국 민원 전화번호와 같다"라고 주장했다. 그리고 이후 헌재에 제출한 답변서에서도 이를 반복했다. 그러나 선관위 사무총장 김○○는 "비밀번호 하나로 모든 시스템을 통과할 리 없다. … 다층 보안 구조상 불가능하다"라고 반박했다. 예를 들어, 백신 프로그램이 '12345'를 사용하더라도 이는 클라이언트 단말기 수준일 뿐, 전체 데이터베이스나 서버에 접근할 수는 당연히 없다. 그런데도 당시 김규현 국정원장은 이상민 행안부 장관을 네 번이나 만났다. 어떻게든 중앙선관위를 부정선거의 온상으로 고발하여 권능에 직격탄을 날리기 위해서라고 의심된다. 반드시 수사가 이루어져야 한다.

그럼에도 윤석열은 국정원의 선관위 점검 결과를 계엄의 핵심 명분으로 삼았다. 2024년 12월 12일 대국민 담화에서 "선관위 시스템이 엉터리"라며 "국민이 선거를 신뢰할 수 없다"라고 주장했다. 윤석열은 극우 유튜버의 허무맹랑한 주장을 맹신해 그것을 계엄의 명분으로 삼았나? 선관위 시스템이 엉터리였다면 굳이 선관위원장부터 직원까지 고문해서 거짓 진술을 받으려고 했을까?

한편, 국정원의 선관위 보안 점검은 명백한 위법이다. '국가정보원법'과 '정보통신기반보호법'을 위반한 이번 행위는 감사원 감사와 검찰 수사를 통해 진상이 규명되어야 한다. 국정원이 헌법기관을 침해하며 정치적 도구로 전락한 이번 사건은 또다시 국정원에 두고두고 상처로 남을 것이다.

14장

외환유치

외환유치와 불법 내란의 상관관계

외환유치와 불법 내란은 한 덩어리다. 나는 외환유치를 위해 윤석열, 김용현과 계엄 핵심 세력이 거의 발악에 가까운 군사작전을 펼쳤다고 확신한다. 왜? 외부로부터 전란이나 사변이 있어야 비상계엄을 선포할 수 있고 그 틈에 자신의 정적을 체포, 구금, 때론 살육하여 영구 집권을 꾀할 수 있기 때문이다. 전제조건이자 필요조건이다. 반드시 북한으로부터 군사 공격이 있어야 한다. 없으면 만들면 된다. 이것이 윤석열, 김용현, 여인형, 노상원, 문상호 등 그 긴 세월을 함께한 이들의 공동 인식이다.

   1950년 6·25 이래 지난 75년 동안 남과 북은 어떻게 하면 상대방이 분노하고 군사적 행동이나 도발로 이어질 수 있을지 잘 알고 있다. 행동이 언어보다 강한 의사 표현이다. 굳이 사전에 회합하여 의사를 주고받을 필요 없이 일련의 연속된 행위를 서로 읽고 반응하는 상호작용의 원리와 규칙을 알고 있는 적대적 의존관계다.

윤석열이 어떻게 북한의 도발을 일으킬 것인가는 지난 7월 필리버스터에서 계엄 가능성을 처음 제기한 이래 우리에게 초미의 관심사였고 정보 수집의 대상이었다.

그리고 12·3 내란 직후, 윤석열 정부가 비상계엄의 명분 조성을 위해 북한의 무력 도발을 유도하려 했다는 제보가 왔었다. 너무 충격적이지만 중요한 제보였고, 교차 검증도 어느 정도 완료했다. 다만 언제 어떻게 공개할지가 문제였다. 불법 계엄을 자행한 군통수권자 윤석열과 국방부 장관 김용현을 쫓아냈지만 북한의 위협은 여전했다. 게다가 섣부른 폭로는 우리 군의 사기를 떨어뜨리고 민주당의 책임 정당으로서 면모에 해가 될 수도 있었다. 내란의 실체를 먼저 밝히는 것이 우선이라 여겨, 이 문제의 공개는 불가피하게 뒤로 미룰 수밖에 없었다. 나도 정동영 의원이 주관하는 외환유치진상조사단 간사였지만 공개 발언을 자제했다.

그러나 이제 더는 미룰 수 없다. 내란의 전모가 드러난 지금, 그날의 결정들이 어떤 계산과 유도 속에서 이루어졌는지까지 밝혀야 할 시점이다. 이제는 국가와 군의 명예를 위해서라도, 그 어두운 작전의 전말을 국민 앞에 명확히 드러내야 한다.

관련 영상 QR

251111 [긴급LIVE]
박선원TV
외환유치·불법
내란을 파헤치다

여기에는 크게 두 흐름이 있다.

첫째, 내란 수뇌부의 의지와 계획이다. 지난 2025년 11월 10일 특검에 의해 밝혀진 여인형 휴대폰의 메모 내용을 확인할 필요가 있다. 이 자료를 보면 북한이 도저히 침묵할 수 없도록

"반드시 대응할 수밖에 없는 타겟팅"으로 "평양, 핵 시설 2개소, 삼지연 등 우상화 본거지, 원산 외국인 관광지, 김정은 휴양소"를 공격 목표로 삼으려 했다. "저강도 드론 분쟁의 일상화"와 "고위력 미사일 시험발사, 사이버, 테러, 국지 포격, 격침 등"을 불사해서 최소 "안보 위기" 최대 "노아의 홍수"를 일으키려는 계획이었다. 그리고 '이재명'부터 '조해주'까지 14명이라는, 체포와 구금의 대상까지 구체화한다.

둘째, 핵심 수뇌부 움직임을 뒷받침하는 안보실과 정보사의 흐름이다. 김태효의 현안대응팀과 정보사의 공조가 핵심이다. 김태효의 현안대응팀은 국정원 최 모 단장을 팀장으로 하여 국정원 4급 과장과 정보사 중령으로 구성되어 있다. 2022년 8월, 정보사 속초부대(속칭 HID)의 실전정보요원 오 모 중령이 국가정보원장 비서실로 파견된다. 정보사 요원이 국정원장 비서실로 가는 것은 전례가 없는 일이다.

그는 국정원장 공작특보 아래에 배치되었고 8개월 후 국가안보실로 이동한다. 이때도 안보실 2차장 산하였지만 사실상 김태효 팀으로 통하던 이례적인 인사였다. 오 중령은 2023년 6월 1일 김태효가 속초부대를 방문할 때 동행했다. 국가정보원 공작부서 단장도 같이 갔었다.

김태효는 "대통령이 오고 싶어 했지만 내가 대신 왔다"라며 온갖 시범을 관람했다. 이미 2023년 3~4월 300단위 계획을 보고받은 터였다. 정보사 등과 긴밀히 협력하여 300단위 계획을 알파벳 공작으로 구체화해서 상부에 보고하고 이를 다시 정보사에 하달

2025년 11월 10일 내란 특검이 발표한 여인형 휴대폰의 메모 내용

| 활성 | 클립보드 | 생성일시: 2024-10-18 14:06:23 | Samsung Honey Board |

본문: 내용: 불안정한 상황에서 단기간에 효과를 볼 수 있는 천재일우의 기회를 찾아서 공략해야 합니다. 이를 위해서 불안정 상황을 만들거나 또는 만들어진 기회를 잡아야 합니다.
체면이 손상되어 반드시 대응할 수밖에 없는 타겟팅
- 평양, 핵시설 2개소, 삼지연 등 우상화 본거지, 원산 외국인 관광지, 김정은 휴양소
※ 최종 상태는 저강도 드론 분쟁의 일상화(정찰 및 전단작전, 그러나 영공침범시 물리적 격추)
2. 북한의 러시아에 전투병력 파견 공개
글로벌 안보 상황의 위험성을 국민들이 체감
3. 북 전략무기 시험발사 시 우리 고위력 미사일 시험발사 공개
4. 미대선 결과 즉시 정상급 공조 통화
공간이름: 보안 폴더

| 활성 | 클립보드 | 생성일시: 2024-10-23 09:24:37 | Samsung Honey Board |

본문: 내용: - 목적과 최종 상태
· 미니멈: 안보 위기
· 맥시멈: 노아의 홍수
공간이름: 보안 폴더

| 활성 | 클립보드 | 생성일시: 2024-10-23 14:21:42 | Samsung Honey Board |

본문:내용: *풍선, 드론, 사이버, 테러, 국지포격, 격침 등
*핵실험, ICBM 등 무력 시위 등
공간이름: 보안 폴더

| 활성 | 클립보드 | 생성일시: 2024-10-23 14:26:21 | Samsung Honey Board |

본문: 내용: - 충돌 전후 군사회담 先 제의 고려
· 대외적 명분과 적 기만 효과
공간이름: 보안 폴더

| 활성 | 클립보드 | 생성일시: 2024-10-23 14:33:22 | Samsung Honey Board |

본문: 내용: - 적의 전략적 무력시위시 이를 군사적 명분화할 수 있을까?
· 핵실험〉〉〉군사적 조치? 안보정국?
· ICBM〉〉〉
공간이름: 보안 폴더

| 활성 | 클립보드 | 생성일시: 2024-10-27 18:47:38 | Samsung Honey Board |

본문: 내용: ■ 포고령 위반 최우선 검거 및 압수수색
■ 휴대폰, 사무실, 자택주소 확인
행정망, 경찰망, 건강보험 등
공간이름: 보안 폴더

| 활성 | 클립보드 | 생성일시: 2024-11-05 22:53:35 | Samsung Honey Board |

본문: 내용: - ㅈㅌㅅㅂ의 공통된 의견임.
· 4인은 각오하고 있음.
· 적 행동이 먼저임. 전시 또는 경찰력으로 통제 불가 상황이 와야 함.
· 호기를 잡도록, 오판하지 않도록 직언드림.
ㅇ을 신뢰할 수 없음. (ㅈㅌㅅㅂ)
· 아무것도 모름. 감정만 앞선 것임.
· 강호의 사례 참고, 고통스러운 과정
· 보안 위험, 이너로 들어오면 안 됨.
· 두 분이 별도로 대화, 유사시 기계적으로 조치
적은 매우 수세적임.
· 끝으로 치닫고 있음. 기다리면 기회가 올 것임.
장병은 이제 정신 차리기 시작했음. 지금까지 체제수호 관점 없었음.
· 고위 리더십 공감 불충분
· 중령급 이하 대다수 교체되었음.
· 체제수호 사명 자각 이제 시작되었음.
· 복무여건 획기적 개선, 우군화해야 함.
※결론
· 체제수호 사명 인식 관점에서 군 장악 불충분
· 리더십 진용을 조기에 갖추고(ㅎㅇㅈ연)
· 적의 여건을 조성하고
· 인내하면서 당장의 위협을 완화하고,
· 결정적인 호기를 기다려야 함.
*회합은 ㅌㅅㅂ으로 한정
공간이름: 보안 폴더

| 활성 | 클립보드 | 생성일시: 2024-11-06 08:10:34 | Samsung Honey Board |

본문: 내용: · 최초부터 군 경 합동이 필수, 경찰 상황은?
공간이름: 보안 폴더

| 활성 | 클립보드 | 생성일시: 2024-11-09 15:01:01 | Samsung Honey Board |

본문: 내용: -이재명 조국 한동훈 정청래 김민석
우원식 이학영 박찬대
김민웅 양경수 최재영
김어준 양정철 조해주
공간이름: 보안 폴더

| 활성 | 클립보드 | 생성일시: 2024-11-15 15:53:56 | Samsung Honey Board |

본문: 내용: ■ 군사적 태세
공세적 조치 + 자위권적 응징태세
공간이름: 보안 폴더

했다. 이후 노상원의 지시를 받은 문상호는 이에 맞게 임무를 할당하고 장비를 구입, 훈련까지 실시했다. 최근 들은 바에 따르면 10월 말부터 11월 사이에 투입을 목표로 했다고 한다. 계엄이 저지된 후 정보사에 새로 부임한 한 장교는 이 계획을 확인하고 치가 떨릴 정도였다고 술회했다.

계엄 명분 조성을 위한 북한 도발 유도 의혹

군이 나서 대북 전단으로 북한을 자극

윤석열 정부는 2024년 새해 벽두부터 강원도 전방지역에서 포사격 훈련을 시작했고, 이후 대북 전단도 더 적극적으로 살포했다. 결국 북한은 2024년 5월 28일부터 남한의 대북 전단에 맞서 오물 풍선을 보내기 시작했다. 그 이후로 마치 짠 것처럼 남한에서 대북 전단이 올라가면 그에 맞춰 북한이 오물 풍선을 날려 보냈다. 맞대응의 공식이 작동하였다.

이 같은 북한의 도발이 반복되자, 윤석열 정부는 2024년 6월 4일 9·19 군사합의서의 효력을 완전히 중지시켰고, 곧바로 6월 9일 오후 1시를 기해 대북 방송을 공식적으로 송출하기 시작했다. 이에 맞서 북한은 대남 확성기로 괴소음 방송을 송출하기 시작했고, 강화도 등 북한과 인접한 접경지역 주민들은 큰 불안과 피해를 겪었다.

이와 관련한 중요한 제보가 있었다. 합참 심리전과에서 북한이 보면 아주 민감하게 반응할 만한 내용의 대북 전단을 제작해 전례 없이 많은 양을 살포하고 이를 민간단체가 보낸 것으로 위장했다는 것이다. 합참 대북심리전과 과장 서○○ 대령이 대북 전단 살포 작전을 준비하면서 이에 대한 법률 검토까지 받아놓으려 했을 정도로 철저하게 준비한 것이다. 서○○ 대령은 2024년 하반기 인사에서 준장으로 진급했다. 이 인사가 대북 전단 살포 작전 완수에 대한 보상성 진급이었는지 여부에 대해 철저한 진상규명이 필요하다.

의도적으로 방치된 북한의 오물 풍선

북한은 2024년 5월 26일, 국방성 부상 명의의 담화 발표를 통해 탈북민 단체의 대북 전단 살포를 비난하며 '남쪽에 오물 풍선을 날리겠다'고 예고했다. 이후 북한은 휴전선 접경지역을 포함해 전국 각지에 오물 풍선을 살포했다. 그렇게 날아온 오물 풍선에 대해 우리 군은 경보 이외에는 사실상 아무런 대처를 하지 않았다. 단순한 경보 체계 운영이나 경계 강화만으로 대응했을 뿐이다.

계엄령 발표 직전인 10월 하순, 우리 해군은 서해상에서 경주용 고속 드론을 활용한 오물 풍선 격추 시범 작전에 성공했다. 또 우리나라의 한 방산업체는 상공에서 그물을 이용해 드론을 포획할 수 있는 안티 드론 시스템을 성공적으로 시연한 바도 있었다. 이렇게 우리 군과 방산업체가 북한 무인기 및 오물 풍선에 대해 방어적인 대응 역량을 갖추고 있음에도 불구하고 김용현은 합참과의 회의에서 "오물 풍선의 원점을 타격하자"라는 공격적인 방안만을 준비하고 실행하려 했다.

이에 합참이 확전 가능성을 우려하며 반대하여 성사되지 못했지만, 북한의 도발을 빌미로 무력 충돌을 유도하려는 의도였다는 비판을 피할 수는 없다. 다른 방법들이 있음에도 왜 방치해두었다는 말인가?

북한 영공 무인기 침투

윤석열은 취임 이후 지속적으로 9·19 군사합의서 폐기를 언급해 왔고, 이를 무력화하기 위한 무리한 군사작전도 이어갔다. 그는 취임 첫해인 2022년 12월 29일 ADD를 방문해 전시된 국산 무인기를 보고 "이런 거 한 100대쯤 만들어 북한에 보내라"고 지시했다. 그러자 ADD는 무리하게 예산을 긁어모아 실제로 무인기 100대를 도입해 이듬해 신설되는 드론작전사령부에 "무상 증여" 했고, 이 중 하나가 2024년 10월 평양에 추락했다고 한다. '어명'

2010년 11월 23일 연평도 포격 도발전후 북한《로동신문》기사 제목

2010.11.16. 전쟁위험을 몰아오는 분별없는 소동
(한미연합군사훈련 '호국훈련' 비난 논평)

2010.11.23. 연평도 포격도발

2010.11.24. 우리 군대는 빈말을 하지 않는다
(조선인민군 최고사령부 보도)

평양 무인기 관련 북한《로동신문》기사 제목

날짜	《로동신문》기사 제목
2024.10.12.	주권사수, 안전수호의 방아쇠는 주저없이 당겨질 것이다
2024.10.13.	온 나라가 통채로 분노의 화산으로 화했다
	수천만 심장에 칼을 들이댄 극악한 원쑤를 어찌 용납하겠는가
	정녕 참을 수 없다 쏘자, 적의 아성을 단숨에 쑥대밭으로!
	지구상에서 당장 들어내야 할 망나니무리, 불량배국가
	한국군부는 중대주권침해도발의 주범 또는 공범의 책임에서 벗어나기 힘들 것이다
2024.10.14.	무모한 도전객기는 대한민국의 비참한 종말을 앞당길 것이다
	자기 국민의 목숨을 건 도박은 처참한 괴멸로 이어질 것이다
	조선인민군 총참모부가 국경선부근의 포병련합부대들과 중요임무수행부대들에 사격준비태세를 갖출데 대한 지시를 하달한데 대하여 발표
	조선인이 격노하였다
	신성한 우리의 주권을 침해한 원쑤들을 절대로 용서할 수 없다
	조선민주주의인민공화국 외무성 중대성명에 접하고 온 나라가 천백배 보복열기로 끓는다
	천만이 총폭탄되여 무자비하게 쓸어버리자
	증산의 불길로써 가장 무서운 철주를!

을 어찌 거역할 수 있었을까.

  이와 동시에 윤석열은 군에 드론사령부 창설을 지시했고, 2023년 9월 1일부로 합참 예하에 드론작전사령부가 공식 창설되었다. 그러나 충분한 준비와 검토 없이 부대가 서둘러 출범하면서 드론의 합동 운용 체계나 작전 교리 등 기본적인 운용 기반이 제대로 갖춰지지 못했다. 이러한 점에서 드론작전사령부의 창설은 실질적인 작전 수행보다는 윤석열의 '무인기를 활용한 대북 응징·보복' 지시를 보여주기 위한 상징적 조치에 가까웠다고 평가된다.

  드론작전사령부는 2024년 10월 최소 다섯 차례 평양 상공에 무인기를 보내 유인물을 살포하는 작전을 실시했다. 이 작전은 결국 북한에 의해 발각되어 북한 외무성과 김여정 부부장이 한국을 맹비난하는 공식 성명을 발표했다. 특히 주목할 점은, 당시 북한 매체의 보도 태도였다. 그들의 논조는 '2010년 연평도 포격 도발'을 예고했던 보도에 비해 표현의 강도와 횟수가 대폭 강화되었으며, 마치 전면전에 돌입하는 국가의 선전전처럼 긴박하게 고조되어 있음을 알 수 있었다.

또한, 평양 무인기 작전을 지휘한 합참 이승오 작전본부장은 조사 과정에서 '정보 계통을 통해 평양 군중이 동요하고 있다는 보고를 받았다'고 시인했다. 무인기가 평양 상공을 날며 김정은을 비난하는 전단이 평양 시내에 흩뿌려진 후 평양 주민들이 웅성거리며 '이러다 전쟁 나는 것 아니냐'는 즉각적인 내부 반응을 정보 계통을 통해 보고받은 것이다. 원천희 정보본부장은 상부 지시에 따라 평양 주민 동향을 수집하라는 첩보 수집 지시를 하달했고, 이 첩보 수집 지시의 결과로 모아진 정보를 이승오 작전본부장과 그 상급자들이 확인한 것이다.

윤석열과 김용현은 북한의 이런 반응을 실시간으로 보고받고 박수 치며 기뻐했고, 드론작전사령관에게 무인기 작전을 '또 하라'고 지시했다고 한다. 북한 내부의 동요와 매체를 통한 비난을, 군사적 대응이 임박했음을 암시하는 일종의 '신호'로 해석한 것이다. 그러한 기대감에 윤석열 정부 국방부는 11월에도 최소 다섯 차례 무인기 작전을 추가로 시행했다.

이 모든 행위는 북한과의 전쟁을 의도적으로 유발하거나, 적어도 '공격을 유도'하여 국내 비상계엄 선포의 명분으로 삼으려 한 시도였고, 대한민국 형법상 가장 중대한 반역죄인 외환유치죄를 적용해야 하는 이유가 된다.

해병대 포사격 및 아파치 헬기를 동원한 통합정보작전

2024년 1월, 6월, 9월, 11월 총 네 차례에 걸쳐 백령도와 연평도 인근에서 대규모 해병대 포사격 훈련이 있었다. 이때 우리 군이 2010년 북한의 연평도 포격 도발의 명분이 되었던 당시 우리 군의 포사격 지점을 동일하게 표적으로 설정했다는 의혹이 제기되었다. 만약 사실이라면, 북한을 의도적으로 자극한 행위로 볼 여지가 있다.

비슷한 시기, '통합정보작전'이라는 이름으로 육군 아파치 헬기가 위협 비행을 수행했다는 보고도 있었다. 당시 아파치 헬기들은 통상적인 항로를 벗어나 비행금지선(이하 NFL)을 넘어 남방한계선까지 접근했는데, 이곳은 평시라면 단 몇백 미터만 벗어나도 즉시 경고가 송신되는 지역이었다. 조종사들은 "군사분계선(이하 MDL) 바로 아래를 따라 비행했으며, 북한 군사시설에서 불과 2~3킬로미터 떨어진 지점까지 접근했다"라며 이례적이라고 증언했다. 또한 명령이 비화통신망이 아닌 일반통신망을 통해 하달되었다는 보고도 있었다. 이러한 정황으로 볼 때, 작전의 핵심은 적에게 의도적으로 노출되는 것이었다. 또한, 공군작전사령부에서는 북한이 반응 시 공대지 공격을 바로 개시할 수 있도록 항공 억제 전력을 대기시켜놓고 있었다고 한다.

군은 이 통합정보작전을 'UFS 연습 전후 강조된 새로운 전쟁 양상, 즉 북한의 회색지대 도발 대응을 위한 정보작전 개념'이라고 설명했다. 러시아-우크라이나 전쟁 사례를 교훈으로, 허위 정보와 심리전, 사이버전 등 하이브리드 전쟁 대응과 정보 우위 확보를 목표로 했다는 것이다.

그러나 실제로는 아파치 헬기를 동원한 작전이 정보 환경에서 우위를 확보하기보다는 오히려 북한의 군사적 반응과 도발을 유도할 가능성이 높았다.

나는 국방위원으로서 2025년 국정감사에서 국방부, 합참, 지작사, 육군본부, 공군본부를 상대로 관련 지휘 체계와 작전 경위를 질의했다. 당시 1군단장이며 현재 지상작전사령관인 주성운 대장은 국정감사에서 '통합정보작전'에 대해 알고 있었다고 답변했다. 그뿐만 아니라 "아파치 헬기가 왜 저렇게 떠 있지? 이상하네"라는 해당 지역 여단장의 진술도 확인했다. 이 작전은 합참 작전본부의 작전기획부장 계획과 지시에 따른 것으로 합동지휘통제체계(이하 KJCCS)에 공유되어 있었다.

비행금지구역에 대형 무장헬기가 진입한 만큼, 관련 지시와 책임 소재를 명확히 규명할 필요가 있다.

노상원의 기획

최근 특검 수사와 언론 보도를 통해 윤석열 정부의 군사작전 및 계엄령 구상이 임기 초반부터 기획된 정황이 속속 드러나는 가운데, 그 중심에 노상원 전 국군정보사령관의 수첩이 중요한 단서로 떠오르고 있다. 해당 수첩에는 'NLL에서 북의 공격을 유도'와 같은 구체적인 문구들이 적혀 있다. 또, 서해 모처로 이동시켜 "하차 후 이동 간 적절한 곳에서 폭파"한다는 계획도 세웠다.

250204 국회
내란국조특위 2차
청문회

나는 국방위원회 전체회의, 내란국조특위 등 자리에서 노상원의 수첩 내용과 우리 군이 실제 실행한 작전들과 상당한 일치점을 보이고 있음을 여러 차례 지적한 바 있다. 특히, 임무에 성공한 정보사 요원들을 상대로 폭파 조끼를 활용한 '살해 계획'까지 포함되어 있다는 충격적인 제보를 국회에서 공개하고, 당시 정보사 여단장 출신 박○○ 준장을 통해 확인한 바 있다.

노상원은 대북 임무를 수행하고 복귀하는 요원들에게 기폭회로와 폭발장치가 부착된 조끼를 입히고, 위성전화를 통해 원격으로 폭발시켜 제거하라는 지시를 내렸다고 한다.

이렇듯 노상원의 수첩은 망상 속의 계획이 아니다. 그의 메모 한 줄 한 줄이 모두 구체적인 목표들이었고, 김용현은 군을 동원해 이 엽기적인 노상원의 아이디어를 차근차근 실행하고 있었다.

정보사의 300단위 계획, 알파벳으로 시작되는 공작 계획

정보사에는 숫자와 알파벳으로만 불리는 정체불명의 공작 계획들이 존재한다.

이른바 '300단위 계획'이나 '알파벳으로 시작하는 공작 계획'은 모두 극비 중의 극비다. 노상원이 정보사령관으로 있을 때 평소 첩보영화에서나 등장할 법한 황당한 계획들을 참모들에게 언급하며 실제 실행을 지시했다고 전해진다. 앞서 언급한 폭사 장치가 그 대표적인 사례 중 하나다.

이런 계획들이 머릿속에 들어차 있는 노상원과 그에게 포섭된 정보사 인원들이 이 계획을 가지고 무엇을 하려고 했을까. 외환유치와 연관성이 있을 가능성이 크고, 이미 상당 부분 알려졌다. 이 부분도 반드시 철저한 수사를 통해 밝혀져야 한다.

정보사 요원들의 북한 대사관 접촉 시도

마지막으로 일부에서는 외환유치죄가 성립하려면, 단순한 도발 유도나 가능성을 넘어서 외국과의 통모, 즉 공동의 목적을 위해 의사를 교환했다는 점이 인정되어야 한다고 주장한다. 그러나 나는 지난 75년의 남북 대결의 역사를 감안하면 그럴 필요가 없다고 본다.

우리는 여기서 문상호 사령관이 정보사 장교들을 몽골에 급파했다는 사실을 떠올리지 않을 수 없다. 문상호는 2024년 11월 18일, 정보사 소속 중령과 소령 각 1명을 몽골 울란바토르로 파견했다. 그들은 몽골 입국 시 비즈니스 클래스를 이용했으며, 입국 서류의 방문 목적을 '관광'이라고 기재했다. 그러나 11월 몽골은 영하 20~30도 정도로 춥고 건조한 날씨로 관광 비수기다.

이들의 의심스러운 행동은 이것뿐만이 아니다. 여행객 신분으로 몽골에 입국하고도 몽골 주재 국방무관부에 공식 등록된 차량을 이용했으며, 무관부 행정원을 통해 호텔을 예약하는 등 전혀 일반 여행객으로 보기 어려운 움직임을 보였다. 이들은 이런 허술한 행동을 지켜보던 몽골 정보 당국에 의해 11월 22일 체포됐다.

정보사는 이들의 몽골 파견 목적에 대해 '정보사 군무원 기밀 유출 사건' 이후 무너진 공작망을 정상화하기 위한 '공작관 인수인계'라고 밝혔다. 그러나 간첩 사건으로 무너진 공작망이 2024년 10월 31일 부대 해편과 11월 1일 조직 명칭과 위치를 바꾸는 개편으로 하루 만에 재건될 수는 없는 일이다.

또한 두 사람은 몽골어와 러시아어 등 현지 공작에 필수적인 언어에 능통하지 않았다. 이는 그들이 실제 몽골 공작관으로 파견된 것이 아님을 드러낸다. 그렇다면 이들의 진정한 목적은 무엇이었을까.

이번 파견의 목적은 공작망 재건이 아니다. 문상호도 공작 여건 재구축에 상당한 시간이 필요하다고 정보위에서 진술했다. 우리와 말이 통하는 북한 대사관과 용무가 있었던 것으로 보인다.

게다가 이들은 실제 북한 대사관의 문을 두드렸다고 한다. 북한 대사관에 무언가를 제안하려 했을 가능성이 있다. 이 일은 바로 '비상계엄 선포 약 열흘 전'에 벌어진 사건이다.

따라서 이 사건은 정보사가 계엄 직전까지 계엄 선포를 위한 여건 조성을 위해 추진한, 이른바 '북풍' 공작의 일환일 가능성이 크다. 아직 베일에 싸인 이 사건의 진실 역시 밝혀져야 할 부분이다.

무력 사용은 최후의 수단

우리의 적인 북한에 대해 휴전 중인 우리나라가 군사적 조치나 작전을 수행한 것이 왜 문제냐는 이들도 있다. 그러나 설령 전쟁을 시작하더라도 그것은 헌법과 법률, 국제법에 따른 절차를 거쳐야 하며, 군사작전의 정당성 원칙에 기반해 실시되어야 한다. 민주주의 국가에서 무력 사용은 권력자의 자의적 판단이 아니라, 헌정질서 안에서 이뤄져야 할 최후의 수단이다.

이제 다시는 군사적 긴장과 정쟁, 그리고 정권 유지를 위한 수단으로 한반도 안보를 악용하는 일이 없어야 한다.

외환유치 타임라인

위와 같은 제보들을 기반으로 시기별로 정리하면 다음과 같다.

전방지역 실사격 훈련
- 1월 1일: 육군 3보병사단 포병여단, 강원 철원군 갈말읍 문혜리

포병사격장에서 '신년맞이 즉·강·끝 대응태세 확립 포탄사격 훈련' 실시. 장병 330여 명, K9·K55A1 자주포 18문, 150발 투입

- **1월 5일**: 북한 포격 도발 대응 사격으로 해병6여단, 연평부대 서북도서 해상 사격훈련 실시. 2018년 9·19 군사합의 이후 6년 만. 북한 200발 대비 두 배인 400발 사격
- **5월 27일**: 북한 군사정찰위성 발사 예고 관련, 전투기(F-35A, F-15K, KF-16) 약 20대 투입해 공격편대군 비행·타격훈련 실시
- **6월 26일**: 9·19 군사합의 효력 정지 후 첫 서북도서 해상 사격훈련. 해병6여단·연평부대, K-9 자주포, 다연장 로켓 천무 등 약 290발 사격
- **7월 2일**: 강원 화천군 칠성사격장과 경기 연천군 적거리사격장에서 군사분계선 5킬로미터 이내 포병 사격훈련 재개. 7보병사단 K105A1 6문, 5포병여단 K9 6문, 총 140발
- **9월 5일**: 해병대 6여단·연평부대, 백령도·연평도 서북도서 인근에서 K-9 자주포·천무 사격훈련, 약 390발 발표
- **10월 17일**: 육군 1군단, 강원 고성 일대 동해상 표적지에 130밀리미터 로켓탄 천무 실사격. 9·19 군사합의로 금지된 MDL 이남 5킬로미터 이내 위치
- **11월 6일**: 공군, 미사일방어사령부 참가하에 천궁Ⅱ·패트리어트 지대공 유도탄 실사격 훈련 시행
- **11월 7일**: 육군 미사일전략사령부, 충남 태안 안흥 사격장에서 단거리 탄도미사일 현무-Ⅱ 1발 해상 표적 명중. 북한 최근 도

발 대응 차원

- 11월 27일: 해병대 서북도서방위사령부 부대, K-9 자주포 200여 발 사격훈련

대북 확성기 방송

- 6월 2일: 대통령실 NSC 긴급 상임위원회 확대 회의서 대북 확성기 방송 재개 및 9·19 군사합의 효력 정지 시사
- 6월 4일: 국무총리 주재 국무회의서 9·19 군사합의 전부 효력 정지 의결. 군사훈련과 대북 확성기 방송 재개 법적 근거 마련
- 7월 19일: 오후~새벽 약 10시간 동안 북한 오물 풍선 부양 지역 맞춰 일부 고정식 확성기 가동
- 7월 21일: 합동참모본부, 전선 전면 대북 확성기 방송 시행 발표. 북한의 오물 풍선 살포 대응

통합 정보 작전

- 7월 30일: 아파치 헬기, 경기 파주 탄현면 오두산 인근 NFL 넘어 약 40킬로미터 비행, 남방한계선 인근 비행
- 8월 23일: 아파치 헬기, 오두산 인근서 철원 복계산까지 약 120킬로미터 비행. 조종사 '고도 높여 적에게 노출' 지시 증언. NFL 이탈, 일반 통신망으로 '적 타격' 교신
- 11월 5일: 아파치 헬기·공군 전투기 위협 비행. 아파치 헬기 군사기지 2~3킬로미터 근접 비행, 무선 통신으로 적 타격 교신 확인

무인기 작전

- **10월 3일:** 백령도 101대대 무인기 2대 새벽 2시~6시 평양 15호 관저 일대 비행 및 임무 수행
- **10월 8일:** 북한, 무인기 4대 평양 상공 침투 및 대북 전단 살포 주장. 국방부 장관 드론작전사령부 격려금 지급 날짜와 일치
- **10월 10일:** 드론사령부 예하 부대, 야간에 무인기 이용 평양 상공 대북 전단 살포. 북한, 이를 중대 도발로 규정
- **10월 31일:** 무인기 이용 대북 전단 살포
- **11월 5일:** 평양 상공 무인기 이용 대북 전단 살포
- **11월 8일:** 북한, 평양 상공에서 무인기 활동 주장
- **11월 13일:** 드론작전사령부 무인기 1대 남포 지역 목표로 투입, 평양 외 지역 활동 확장 사례
- **11월 19일:** 무인기 이용 대북 전단 투하·정찰 임무 지속

정보사 공작

- **10월 14일:** 김용현, 문상호에 '노상원 장군 지원' 지시
- **11월 17일:** 노상원, 문상호·정○○와 1차 회동, A4 10장 분량 지시 사항 전달
- **11월 22일:** 정보사 파견 공작관, 몽골 정보국에 체포
- **11월 25일:** 문상호 대만 방문. 대만 민진당, 12월 3일 계엄 지지 SNS 글 올렸다가 삭제

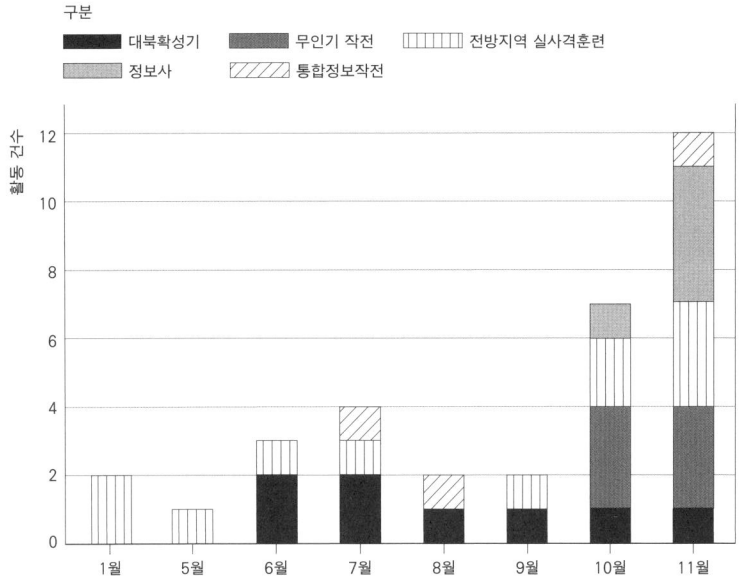

각각의 사건들은 하나씩 놓고 보면 정상적인 군사작전처럼 보이지만 데이터로 만들어서 분석해보면 그 의도가 분명해진다. 12월 3일을 향해 가면서 점점 긴장을 고조시키고 북측이 어떤 반응을 하더라도 모두 불법 내란의 명분으로 삼으려 했다는 것이 적나라하게 입증된다. 특히 계엄 직전인 11월에는 군사적 역량을 총동원했다. 이들이 북한의 선제 공격을 유도하려 얼마나 무모한 시도를 벌였는지 보면 탄식이 절로 나온다.

15장
국가안보실과 국민의힘

국가안보실 제1차장 김태효

윤석열과의 특수 관계에 기댄 김태효의 권력 기반

김태효 국가안보실 1차장은 윤석열 정부에서 외교·안보 정책의 실질적 주도자다. 윤석열 정부 집권 초기 김태효는 안보실에서 1인 체제를 구축하며, 주요 인사 결정에서 '함께 일할 사람인지 아닌지'를 판단하는 역할을 맡았다고 한다. 이는 윤석열이 그를 단순한 참모가 아닌 정책 설계의 컨트롤 타워로 삼았음을 보여준다. 일각에서는 두 사람의 관계를 "혈통적·종교적 일체감"으로 묘사하며, 정책적 유대감보다는 개인적 신뢰가 더 강하다고도 지적했다.

이러한 신뢰는 12·3 비상계엄에서 극명히 드러났다. 윤석열은 계엄 선포 연설에서 '종북 반국가 세력'을 척결 대상으로 지목했는데, 이는 법률적인 근거가 없는 표현이었다. 자신에게 반대하면 곧 반국가 세력이자 북한 공산주의 추종 세력이라는 담론의 설계자로 지목되는 사람이 바로 김태효다.

김태효는 MB 정부에서 대외전략비서관으로 대북 강경책을 주도했고, 2022년 윤석열 인수위에서도 외교·안보를 설계하며 반국가 세력 프레임을 강화했다. 12·3 내란이 한 달 정도 지난 2025년 1월 6일 정동영 의원은 "김태효 차장이 골드버그 주한 미 대사를 만나 반국가 세력을 척결하기 위해 계엄이 불가피했다는 강변을 되풀이했고, 골드버그 대사는 그 이야기를 듣고 경악했다"라고 주장했다. 김태효는 그런 일이 없다고 부인했다. 정동영 의원은 제보자가 있었고, 김태효는 아무런 알리바이도 대지 못했다. 평상시 그의 신념과 사고 체계를 보면 충분히 가능한 주장이었다.

김태효의 친일 성향도 반국가 세력 담론에 큰 영향을 미쳤다. 2009년 일본 나카소네상을 수상한 그는 일본 극우와 연계되어 있다는 주장이 꾸준히 제기되고 있다. 이에 나는 국회에서 김태효가 일본의 이익을 국익보다 우선시한다고 비판하면서 반일 감정을 '반국가 세력'으로 규정해 일본과의 협력을 강화하려는 것이 그의 의도라고 지적했다.

국가안보실 현안대응TF

김태효의 이 같은 사고는 국가안보실 현안대응TF 운영에서 극명히 드러났다. 국가안보실에서는 이를 '정보 융합팀'이라 주장했지만, 중령급 실무자 2~3명과 2급 간부 1명으로는 경찰, 국정원, 외교부, 정보사, 국방부 등의 정보를 융합할 체계를 갖출 수 없다.

더욱이 안보실 내에는 이 TF 외에도 정보를 취합할 수 있는 조직이 여럿 있었다. 때문에 초기에 나는 이 조직이 야당 정치인과 시민사회 인사들을 감시하고 반국가 세력으로 몰기 위해 이명박 정부 국정원이 만든 일명 '포청천TF'의 후신이라고 의심했다.

이를 뒷받침하는 단서로, 2023년 6월 1일 김태효가 이례적으로 대북 특수임무를 수행하는 HID(북파공작부대)를 방문했고, 2023년 3월부터 운영된 현안대응TF에 HID 출신 중령이 포함되어 있었다는 사실이 있다. HID는 대북 첩보 수집과 공작 임무를 주로 수행하는 특수부대로, 정보 분석과는 거리가 멀다. 국회 답변에 따르면, 현안대응TF 상급자인 인성환 안보실2차장은 해당 TF에서 어떠한 보고도 받지 않았다고 한다. 2차장 산하이면서도 김태효 안보실1차장이 직접 관리하는 비정상적 운영 방식도 문제로 지적되었다.

김태효의 반국가 세력 담론과 친일적 행보, 비밀 TF 운영, 외교안보 라인 장악 등은 그의 왜곡된 신념과 결합해 끔찍한 외교 참사로 비화되었다. 북-러 전략동반자 조약, 용산 대통령실 도청 사건, 한일 관계 개선 과정에서의 논란 등이 이를 잘 보여준다.

윤석열 정부 출범 이후 국가안보실 위기관리센터 내에는 국정원, 정보사, 방첩사 요원들이 포함된 현안대응TF가 생겼는데, 이들의 역할과 임무는 안보실 내 행정관들도 알기 어려울 정도로 비밀리에 운영됐다.

HID 요원이 현안대응TF에서 근무한 것은 전례 없는 일이었으며, 그들의 주 임무가 정보 분석과는 맞지 않는 공작 중심이라는 점에서, 이 TF를 '정보 융합팀'이라고 주장한 것은 거짓일 가능성이 높다. 이는 마치 대형마트에서 텃밭을 직접 가꾸는 것과 같은 상황이다. 이 TF의 구성원들로 미루어 보았을 때 12·3 계엄 사전 공작이나 '북풍 공작'은 물론, 반국가 세력 감시와 타격 임무까지 준비했을 가능성이 크다.

계엄을 옹호했던 국민의힘

당시 여당인 국민의힘은 윤석열의 계엄 선포를 옹호하며 "민주당의 독주를 막으려는 조치"라는 궤변을 늘어놓았다. 나아가 계엄령이 실패했으니 문제 삼을 필요가 없다는 몰상식·몰지각한 주장을 서슴지 않았다. 이와 같은 국민의힘의 맹목적 행태는 스스로를 파멸로 몰아갈 것이다.

국민의힘은 계엄령을 둘러싼 논란 속에서 민주주의와 헌법을 정면으로 부정하는 행태를 보였다. 당론으로 윤석열 탄핵을 반대하고, 민주당의 저지를 "정치적 과잉"이라 비판하며 계엄을 정당화했다. 강 모 의원은 국회 질의에서 "군인들이 적극적으로 조처할 대테러 상황이 아니었다"라면서도 "민간인들이 군인들에게 폭행을 가했다"라고 물타기를 시도했다(2025년 2월 21일 국회 내란 국조특위 4차 청문회). 이는 윤석열이 말한 "국민에게 군인이 억압을 가한 사실이 없다" 또는 "아무 일도 일어나지 않았다"라는 궤변을 되풀이한 것이다.

국민의힘이 간과하는 것은 계엄령이 성공했다면 그들 중 적지 않은 의원들 역시 살아남지 못했을 것이라는 점이다. 역사적으로 군사 쿠데타는 여야를 가리지 않고 기존 정당을 해체하며 권력을 재편했다. 1961년 5·16 쿠데타 당시 국회는 해산되고, 국가재건최고회의가 입법·행정·사법권을 장악했다. 당시 여당인 민주당은 흔적도 없이 사라졌고, 일부 정치인은 공화당에 흡수되었으나 대다수는 군 출신으로 대체되었다. 1979년 12·12 군사반란 후 1980년 계엄 확대에서도 국회는 해산되었고 국가보위비상대책위원회, 이른바 국보위가 권력을 독점했다. 여당인 공화당은 해체되었으며 김종필 총재는 보안사로 끌려가 재산을 헌납하고 강제 은퇴당했다.

12·3 계엄이 성공했다면 유사한 운명이 반복되었을 것이다. 포고령 1호는 "국회와 정당 활동을 금지한다"라고 명시하며 입법부를 무력화했다. 민주당 의원들이 제거된 후 다음 타깃은 한동훈을 포함한 국민의힘 의원들이었을 가능성이 크다. 윤석열 정권은 군과 검사 중심의 비상 입법 기구를 구성해 기존 정치인을 배제하고, 충암고 인맥 등 측근으로 권력을 채웠을 것이다. 국민의힘이 호가호위를 꿈꿨다면 착각이다. 역사적 전례는 계엄 성공 시 계엄 세력에 조력한 정당조차 군부 아래에서 소멸했음을 보여준다.

국민의힘의 논리는 황당함을 넘어 위험하다. "민주당의 독주를 막기 위한 조치"라는 주장은 계엄을 정치적 도구로 미화하며 국민을 무시하는 태도를 드러내는 언사일 뿐이다. "12·3 비상계엄은 내란이라고 확정되지 않았다"라는 억지는 진실을 은폐하려는 책임 회피일 뿐이다. 국민의힘이 계속 내란 우두머리 윤석열을 옹호하며 내란 수사를 방해한다면 정치적 심판을 피할 수 없을 것이다. 국민의힘이 끝까지 궤변을 늘어놓는다면, 국민은 즉시 민주주의의 적으로 심판할 것이다. 헌정 파괴에 동조하면 누구도 살아남지 못한다.

16장
부서진 권력의 잔해 위에서 헌법과 민주주의를 위해서

계엄 저지의 숨은 주역들

12·3 계엄은 결국 실패했다. 그 중심에는 맨몸으로 계엄군을 막아선 시민들, 국회 본회의장을 사수한 국회의원들, 그리고 보좌진과 국회 직원의 저항이 있었다. 계엄 소식을 듣고 달려온 시민들이 계엄군을 결사적으로 막아 국회 본회의장에서 계엄 해제가 될 수 있도록 시간을 벌었다. 그날 밤, 국회 경내·외에서 울려 퍼진 시민들의 외침과 보좌진의 눈물, 그리고 군인들의 망설임은 민주주의를 구한 감동적인 역사로 남을 것이다.

의원 보좌진 및 국회 직원들
12월 3일은 국회의원과 보좌진들에게 비교적 평온한 하루로 기억될 뻔했다. 2024년 12월은 제22대 국회가 첫해를 마무리하는 시기이자 총선 이후 6월 임기를 시작한 의원들이 의정 활동에 적응을 끝내는 시기였다. 제22대 국회는 임기 시작 이후 6개월 동안 사실상 '상시 국정감사'에 가까운 분위기였다. 윤석열 정부의 정책과 예산 집행에 대한 비판이 이어졌고, 국회는 이를 견제하는 데 집중했다. 이에 대해 윤석열 정부는 '입틀막'으로 대표되는 반대 세력에 대한 정치적 탄압에만 골몰하고 있었다.

8월부터는 정부의 예산을 검토하는 결산심사, 9월 정기국회, 10월 국정감사, 11월 차기년도 예산심사가 연이어 진행되면서 국회는 고강도 일정을 소화하고 있었다. 보좌진들과 국회 직원들도 상임위별로 정부 부처와 공공기관의 문제점을 조사하고, 예산 확보 전략과 예결위 대응 등에 몰두해 있었다. 6월부터 11월까지 보좌진들은 사실상 쉬는 날 없이 강행군을 이어오고 있었다.

2025년도 예산안 심사는 초반부터 난항이 예상되었다. 윤석열 대통령은 11년 만에 예산안 시정 연설에 불참했고, 이후 민주당이 검찰·경찰·국정원 등 6대 권력기관의 특수활동비, 정보비, 특정업무경비의 불투명한 운영을 지적하면서 여야간 갈등이 깊어졌다. 협상은 교착 상태에 빠졌고, 민주당은 12월 2일 예산안 처리 법정 기한을 맞추기 위해 11월 29일 예산결산특별위원회에서 '감액 예산안'을 단독 의결했다. 이에 정부·여당은 강력히 반발했고, 국회의장은 12월 10일 예산안 처리를 목표로 여야 협의를 촉구했다. 예산안 처리가 미뤄지면서 국회 내부의 긴장감은 일시적으로 완화된 듯 보였다. 국회의원과 보좌진들은 연말을 맞아 송년회, 의정 보고회 등의 일정을 소화하며 한 해를 정리하는 분위기였다.

예상은 하고 있었다고 하나, "비상계엄을 선포합니다!"라는 윤석열 대통령의 담화에 모두 경악할 수밖에 없었다. 국회의원 모두 텔레그램 단톡방을 통해 소식을 주고받았다. 모두 국회로 모이자고들 했다. 이재명 대표도 라이브를 켜고 "국회로 와 주십시오, 의원들만으로는 안 됩니다. 국회의원을 보호해야 합니다. 계엄을 해제해야 합니다"라고 했다. 당시 동시 접속자가 30만 명이었다. 이 메시지가 여러 유튜버에게 퍼졌고 전국 곳곳에서 어둠을 뚫고 많은 시민이 국회로 달려왔다. 위기 상황에서 리더의 결단력이 정말 중요하다는 것을 보여준 순간이었다.

국회 밖에는 시민들도 모이고 있었다. 윤석열 대통령이 TV 생중계로 비상계엄을 선포한 직후 국회 앞으로 약 2,000명의 시민이 모여들었고, 새벽 1시 해제 결의안이 가결될 무렵에는 4,000명으로 불어났다. 이들은 "계엄 철회"와 "윤석열 퇴진"을 외치며 국회 정문 앞에서 군용 차량을 막아섰고, 일부는 몸으로 저항하며 병력 진입을 차단했다. 밤 11시경 우원식 국회의장은 "모든 의원은 본회의장으로 모이라"고 공지했다.

계엄령 선포 직후인 밤 11시 이전에 국회에는 이미 약 60명의 국회의원이 도착해 있었다. 민주당 의원들은 소속 상임위별로 전화를 돌리며 동료들을 소집했고, 침묵 속 긴장으로 가득 찼다. 일부 의원들은 문 밖에서 들려오는 헬기의 굉음과 이어지는 몸싸움 소리에 "이게 현실이냐"며 믿기 어려워했다. 국회 직원들과 보좌진이 함께 건물을 지켰지만, 특전사와 수방사 병력들이 국회를 포위하며 들어왔다.

밤 11시 37분 조지호 경찰청장의 '국회 전면 통제' 명령에 의원들의 국회 출입마저 차단되었다. 시민들은 경찰과 몸싸움을 벌였다. 곧이어 군 병력이 국회 본청으로 이동한다는 소식이 전해지면서 긴장감이 최고조에 달했다. 국회의원과 보좌진, 국회 직원, 시민 등은 경찰을 헤치고 국회로 들어오거나 경찰의 눈을 피해 국회 담을 넘어서 국회로 들어왔다.

계엄령 선포 1시간이 지나자 멀리서 헬기 소리가 들려왔다. 자정이 가까운 시간, 여의도 하늘을 가득 메운 헬기 소리는 모든 사람을 불안 속으로 몰아넣었다. 헬기 12대가 24회 왕복하며 707 부대원 197명을 투입했으나, 당시 국회 방호과 보고로는 280명 정도라고 했고 480명에 달한다는 얘기도 돌았다. 국회 운동장 상공에서 멈춰선 헬기들이 국회를 감시하는 듯한 모습이었다. 이윽고 TV 화면에는 소총을 든 군인들이 등장했다. 휴대폰이 쉴 새 없이 울렸다.

이윽고 자정 무렵 비상계엄 해제 결의안을 상정하기 위한 절차가 시작되었다. 최소 20명 이상의 서명이 필요했는데, 민주당 의원 전원이 서명해 의안과에 제출했다. 정족수 확인, 전산 업로드까지 25~38분이 걸리는 과정에서 "절차가 지연되면 윤석열이 무효화할 빌미를 잡을 것"이라는 우려가 커졌다. 의장은 "항의가 많았지만, 법적 하자가 생기면 안 된다"라며 철저히 진행했다. 국회 내부는 숨소리조차 들릴 듯한 침묵 속에서 "빨리 올려!"라는 다급한 외침이 간간이 터졌다.

12월 4일 새벽 0시 30분, 본회의장에 의원들이 속속 도착하여 150명을 넘겼다. 그 직후 본청 2층 유리창이 깨지고 계엄군이 본청으로 진입했다. 그 무장한 특전사 병력은 본회의장 앞까지 돌진

했다. 보좌진과 직원들은 소화기와 집기류를 동원해 저항했다. 한편, 국회 경내에서는 시민들이 정문을 뚫고 들어와 계엄군을 막았다. 보좌진들은 본청 방어를 위해 집기류로 문을 막았다.

박선원 탄핵 활약상 몰아보기

새벽 1시 1분, 의장이 비상계엄 해제 결의안을 상정했다. "재석 190명, 찬성 190명, 반대 0명, 기권 0명"이었다. 새벽 1시 3분 해제안 공식 가결이 선언되었다. 의원들은 박수치며 "만세"를 외쳤고, 본회의장 밖에서는 시민들이 "계엄 철회"를 외치고 있었다. 의원들은 본회의장을 떠나지 않고 상황을 주시하다가, 새벽 4시 18분 국무회의에서 계엄 해제를 의결하자 회의를 정회했다.

계엄군의 망설임과 철수

계엄군의 소극적인 대응도 내란을 막은 한 요인이 되었다. 우리나라 최정예 병력으로 구성된 계엄군들 일부가 유리창을 깨고 국회에 난입했지만, 나머지 군인들은 시민에게 폭력을 행사하지 않았다. 몸은 비록 명령에 따라 국회에 와 있지만, 마음속으로는 '이건 아니다' 하고 생각했다는 방증이다. 군인들의 눈빛에는 명령과 양심 사이의 갈등이 스쳤다.

국회에서 계엄 해제 표결이 이루어지자, 계엄군은 스스로 알아서 철수했다. 12월 4일 새벽 1시 6분경, 특전사가 철수를 결정하면서 계엄군의 작전은 실패로 돌아갔다. 국회에 진입한 계엄군이 철수하자 밖에서 대기하고 있던 계엄군도 같이 철수했다.

국회에서 표결 진압이 실패하자 내란이 실패했음을 직감한 윤석열은 합참 전투통제실을 방문해 김용현에게 이렇게 말한다. "거 봐라, 내가 1,000명 보내라고 했지? 이제 어떻게 할 거야?" 그러나 경찰이나 군대가 미온적으로 대응하고, 명령 없이 병력을 철수시킨 이상 어찌해볼 방법이 없어 새벽 4시 30분에 계엄 해제를 선언했을 것으로 보인다.

국회 밖 시민과 계엄군의 대치

한편, 밤 11시 48분경 특전사 707 소속 헬기 3대가 국회 본청 뒤를 지나는 장면이 생중계되자 시민들은 국회 정문과 측면 담장을 둘러싸며 국회로 진입했다. 시민들은 경찰 및 군인과 몸싸움을 하기도 했다. 일부는 군용 차량 앞에 드러누워 이동을 저지하기도 했다. 헬기가 국회 상공을 맴돌며 착륙할 때, 군인들이 창문을 깨고 본청으로 돌입하려 하자 시민들이 "계엄 해제"를 외치며 맞섰다. 국회 안팎은 혼란 그 자체였다. 시민들은 물리적 대치뿐만 아니라 감정적 호소도 이어갔다. 일부 시민은 출동한 계엄군에게 "너희도 우리 국민 아니냐"라며 눈물로 설득했다. 이에 반응한 몇몇 병사는 고개를 숙이며 사과하거나 시민을 위로하는 모습을 보였다.

시민의 여망은 단 하나, 민주주의 회복이었다. 국회 앞에 모인 이들은 1980년 5월, 그리고 1987년 6월 항쟁 때처럼 "계엄 철폐"와 "독재 타도"를 외치며 추운 날씨에도 물러서지 않았다. 수많은 시민이 출입구 봉쇄로 진입하지 못하는 국회의원들을 돕기 위해 몸으로 사다리를 만들어주었다. 우원식 국회의장이 담을 넘어 본회의장으로 향할 때 시민들은 박수와 환호로 그를 응원했다.

일부 시민은 출동한 소형 전술 차량을 맨몸으로 밀어내고, 병사들 앞에 서서 "쏘려면 쏴"라고 외쳤다. 현장에 나왔던 한 50대 남성은 "1987년 6월 항쟁 때도 거리에 나왔는데, 다시 이런 날이 올 줄 몰랐다. 내가 죽더라도 민주주의는 살려야 한다"라고 절규했다. 국회로 진입한 시민들은 소화기를 들고 본청 내부에서 저항하는 국회 보좌진들과 연대하며 계엄군의 진입을 몇 분이라도 늦추려 했다. 한 노인이 "내가 여기서 죽으면 너희가 민주주의를 죽인 거다"라고 군인들에게 소리쳤다. 또 계엄군의 병력 수송 차량을 막아선 중년의 시민들은 "살 만큼 산 우리가 먼저 계엄군을 막을 테니, 청년들은 나중에 나서라"라고도 외쳤다.

본회의장에서 계엄 해제 결의안이 만장일치로 가결되자, 국회 앞 시민들이 "대한민국 만세"를 외치며 환호했다. 시민들은 서로를 끌어안고 눈물을 흘리며 승리의 기쁨을 나눴다. 한 시민은 "우리가 해냈다. 민주주의가 살아났다"라며 울먹였다. 계엄군은 2시간 반 만인 새벽 1시 50분경 철수하기 시작했고, 시민들은 떠나는 군용 차량을 보며 "다시는 돌아오지 마라"라고 외쳤다.

시민들의 여망으로 민주주의는 다시 살아났다.

내란을 막은 시민들의 힘

한편, 국회 앞에 자발적으로 모인 시민은 "계엄 해제! 독재 타도!"를 외쳤다. 군인을 태운 버스가 도착하자 4명이 가부좌를 틀고 앉았고 "(군인들은) 돌아가라"고 소리치는 시민도 있었다. 계엄령 선포 소식을 듣고 달려온 시민의 규모가 5,000여 명을 넘고 있었다. 경찰 1,963명과 특전사 등 계엄군이 국회를 봉쇄하려 했지만, 수천 명의 시민이 온몸으로 막아섰다. 국회 진입을 시도하는 계엄군의 차량을 온몸으로 막고, 국회를 봉쇄한 경찰의 방패를 밀어내고, 계엄군의 총부리도 무서워하지 않은 그런 시민이 있었기에 민의의 전당인 국회를 지킬 수 있었다.

한 시민이 움직이는 군용 차량을 막아서자 주변에 있던 이들이 가세해 차량 이동을 저지했다. 한 젊은이는 전술차량 앞에 서서 "안 돼 멈춰! 우리 이러지 말자!"라고 외쳤고, 그 목소리에 감동한 시민이 하나둘 달려와 함께 몸을 던졌다. 나이 든 시민은 "젊은 세대를 위해 나이 먹은 사람들이 앞장서자"라며 선두에 섰다. 몇몇은 차 밑으로 기어들어갔고, 의원과 보좌진을 국회 안으로 들여보내려고 경찰을 밀쳐냈다.

SNS와 유튜브 생중계는 치열한 현장의 분위기를 전국으로 퍼뜨렸다. 이재명 대표가 담을 넘어가는 영상을 238만 명이 지켜봤고, 계엄군의 유리창 파괴 장면은 실시간으로 공유되었다.

응원봉과 키세스단, 그리고 '12·3 시민혁명'

12월 3일의 계엄은 6시간 만에 해제됐지만, 이어진 탄핵 정국에서 시민의 저항은 새로운 형태로 나타났다. 그 중심에 '응원봉'과 '키세스단'이 있었다. 응원봉은 아이돌 팬덤에서 비롯된 도구로서 비폭력 저항의 빛나는 상징이 되었고, 은박 담요를 두른 키세스단은 계엄의 추위와 공포를 이겨낸 저항의 아이콘이 되었다. 두 상징은 2025년 4월 4일 헌법재판소의 윤석열 탄핵안 인용까지 이어진 집회에서 민주주의를 지키는 동력이 되었다. 언론은 이를 "MZ세대의 창의적 항쟁"으로 평가했다.

응원봉은 원래 공연장에서 사용하는 응원 도구다. 그러나 12·3 계엄 이후 저항의 상징으로 변모했다. 12월 6일 국회 앞 집회에서 2030 여성들이 응원봉을 들고 나타났다. 2016년 촛불집회 당시의 "촛불은 바람에 꺼진다"는 조롱을 기억한 MZ세대의 역반응이었다. X(구 트위터)에서 "킹블레이드나 응원봉을 들고 가자"라는 글이 퍼지며 유행이 확산됐다.

응원봉의 등장은 우연이 아니었다. 12월 7일 1차 탄핵안 표결이 국민의힘 불참으로 무산되자, 시민들은 분노를 '빛'으로 표현했다. 집회 참가자들은 각자 좋아하는 아이돌의 형형색색 응원봉을 들고 여의도로 모였다. 12월 14일 탄핵안이 가결되던 순간, 수십만 개 응원봉의 물결이 여의도를 뒤덮었고, 빨강·파랑·초록 등 다양한 빛은 계엄군의 무장과 뚜렷이 대조되며 비폭력 저항의 상징으로 각인됐다.

'키세스단'의 이름은 초콜릿 브랜드 '키세스'의 은박 포장지를 닮은 비상용 보온 담요에서 유래했다. 12월 4일 계엄 해제 직후, 국회 앞에서 밤샘 농성을 이어가던 시민들이 추위를 막기 위해 은박 담요를 둘렀고, '키세스단'이라는 별칭과 함께 집회의 상징으로 자리 잡았다.

키세스단이 본격적으로 부각된 것은 탄핵 정국 후반이다. 12월 22일 남태령에서 농민 트랙터를 지원하던 시민들이 은박 담요를 두르고 "차 빼라!"를 외쳤다. 이른바 '남태령 대첩'에서 키세스단은 눈보라 속에서도 자리를 지켰다. 2025년 1월 5일에는 용산 대통령 관저 앞 집회에서 사흘째 농성을 이어갔다. 은박 담요는 체온을 유지해 추위를 버티게 하는 실용적 도구였다. 이들은 단순한 시위대를 넘어 계엄의 공포를 이겨낸 시민 공동체가 됐다.

응원봉과 키세스단은 탄핵 정국에서 강력한 메시지를 전달했다. 응원봉은 '윤석열 퇴진'을 밝은 빛으로 외쳤고, 키세스단은 혹한 속에서도 꺾이지 않는 의지를 보여줬다. 12월 14일 탄핵안 가결의 순간, 여의도는 응원봉의 빛과 키세스단의 은빛이 어우러져 장관을 이뤘다. 이는 계엄군의 총칼에 맞선 비폭력의 힘이었다. 사회적으로도 의미가 깊었다. 12·3 계엄으로 생긴 시민의 '내란성 불면증'과 불안을 응원봉과 키세스단이 희망으로 바꾸어냈다.

'12·3 내란'은 윤석열과 그 세력에 초점을 맞춘 명명이다. 이에 대응하는 '12·3 시민혁명'은 민주주의를 수호한 시민의 희생과 단합을 전면에 둔다. 시민은 자발적 판단으로 국회로 달려와 군부대 차량을 막아섰고, 본청 진입을 저지했다. 일부 군인조차 "이성을 잃지 말라"라며 동료와 시민을 다독였다. 이는 내란 주도 세력과 대비되는 민주적 태도였다.

12월 3일의 사건은 최고 권력자의 반민주적 시도를 되돌린 전환점이었다. 계엄이 성공했다면 국회는 해산되고, 선관위는 장악되며, 헌법기관은 무력화됐을 것이다. 그러나 시민의 저항은 이를 막아냈고, 더 나은 민주 체제로 가는 발판을 마련했다. 이는 1987년 6월 항쟁처럼 민중의 힘으로 역사를 바꾼 혁명적 순간이었다. '12·3 시민혁명'이라는 명칭은 그날의 본질을 정확히 표현한다. 바로 민주주의를 쟁취한 시민의 승리다.

'12·3 시민혁명'은 국회와 국민에게 새로운 책무를 부여했다. 민주적 가치를 내면화하고 실천하기 위한 구체적 실행 계획을 여야가 함께 고민해야 한다. 이에 나는 민주당에 '내란 제보센터'를 설치해 시민 정보를 취합하고, 유튜브를 연락망으로 활용해 긴급 상황에 신속 대응할 체계를 구축했다.

12월 3일은 윤석열의 내란 시도가 아니라, 시민의 희생적 노력으로 민주주의를 지켜낸 혁명으로 기억되어야 한다. 군사작전을 맨몸으로 막아선 시민, 국회를 지킨 의원, 소극적으로나마 폭주를 제어한 군인. 그 모두가 민주시민이었다. '12·3 시민혁명'은 한국 민주주의를 한 단계 도약시킨 역사적 전환점이다. 국회와 국민은 이 승리를 토대로 더 강한 민주 체제를 만들어가야 한다.

민주당의 윤석열 탄핵 추진

2024년 초, 김용현이 경호처장으로 재직할 때 특전사·수방사·방첩사 사령관이 공관에서 모임을 가졌다는 제보와, 방첩사의 계엄 관련 실기동 훈련 등 제보가 이어졌고, 이는 계엄령 선포를 예측하는 데 결정적 단서가 됐다. 또 윤석열이 보안이 유지되는 군 골프장을 반복 방문해 707 요원들과 골프 모임을 가졌다는 정황 역시 심상치 않았다. 이에 나와 민주당 소속 국방위원들은 군의 정치 개입과 비상계엄 선포 가능성에 대해 2024년 7월 이후 지속적으로 의혹을 제기했고, 국방위 국정감사에서 오만하고 비협조적이었던 내란 세력의 답변에도 불구하고 꾸준히 계엄 모의에 관한 질의를 이어갔다.

당시 내가 지속적으로 계엄 가능성을 경고하자, 계엄 핵심 기획자인 여인형은 측근 참모들을 의심했다고 한다. "진짜 믿을 놈 하나도 없네"라며, 사전에 계엄 작전에 관한 상의를 누구와도 하지 못했다고 털어놨다. 방첩사 간부들 사이에서도 "야당이 계속 떠드는데 진짜 계엄 하려는 거냐" 하는 분위기가 퍼졌다고 한다. 여인형은 12월 3일 간부들을 소집했지만, 계엄을 직접 언급하지 못한 채 뚜렷한 지시 없이 시간을 보냈다. 원래는 두 시간 전까지 모든 준비가 끝나 있어야 했으나 명령이 지연됐고, 이것이 결국 실행 실패의 한 요인으로 작용했다. 민주당의 지속적인 경고가 군 내부의 과도한 비밀 유지와 혼선을 야기하며 실행을 늦춘 측면이 있었다.

실제 계엄이 선포된 날, 나는 몇 시간 전 지도부에 신속히 상황을 전파했다. 보안이 새어나갈 것을 두려워한 계엄군은 최소 병력으로 국회를 기습 장악하려 했으나, 민주당이 예상보다 빨리 정족수를 채우고 본회의장에 집결하면서 계획이 좌절됐다. 12·3 계엄은 국회의 빠른 대응으로 실패했다. 긴박한 순간에 의원들이 속히 집결하지 못했다면 계엄이 성공했을지도 모른다. 반대로 계엄군이 의원 집결 전에 본청을 선제 장악했다면 상황은 훨씬 심각해졌을 것이다.

12·3 계엄은 12·12 사태와 차이가 뚜렷하다. 12·12에서는 정승화 계엄사령관이 전두환 세력에 의해 제거되는 방식으로 진행되었고, 반대 세력의 저항 가능성 탓에 대규모 병력이 동원됐다. 반면 정보력이 뛰어난 민주당의 지속적인 경고에도 불구하고 자행된 12·3 계엄은 대규모 병력보다는 보안 유지에 용이한 소수 병력으로 국회를 제압하는 것을 목표로 했다. 그러나 민주당의 신속한 대응과 시민의 저항은 이 작전을 무력화했다. 5·18 당시와 달리, 12·3에서는 계엄군 일부가 직접적 학살에 주저하는 모습도 보였다. 민주당의 경고와 시민 저항이 군 내부에도 영향을 미쳤음을 시사한다.

계엄 해제 직후, 민주당은 윤석열에 대한 탄핵을 추진했다. 12월 4일 더불어민주당 등 6개 야당은 탄핵안을 발의했다. 야당은 192석을 보유했으나, 국민의힘(108석)의 협력이 필요했다. 12월 7일 1차 탄핵안 표결이 시도됐지만, 김상욱, 김예지, 안철수 의원을 제외한 국민의힘 의원 전원이 불참해 재석 195명으로 의

결정족수에 미달하여 투표가 불성립되었다. 국민의힘은 당론으로 부결 기조를 유지했고, 이에 국민 여론은 급속히 악화됐다. 같은 날 여론조사에서 73.6%가 탄핵에 찬성했다는 결과가 발표되자, 국민의힘 내부 균열이 드러났다. 한동훈 대표는 "김용현 국방부 장관 해임"을 요구했고, 일부 의원은 '국민 뜻을 따르겠다'며 이탈을 시사했다.

12월 12일 윤석열은 대국민 담화에서 "계엄은 정당한 통치 행위"라 주장하며 끝까지 대치하겠다는 입장을 밝혔다. 12월 13일 서울 도심에서 수십만 명이 '탄핵'을 외쳤고, 야당은 2차 탄핵안을 준비했다. 12월 14일 국회는 2차 탄핵안을 표결에 부쳤고, 국민의힘에서 최소 12명이 찬성으로 이탈했다. 표결 결과는 찬성 204, 반대 85. 우원식 의장이 "가결"을 선언하는 순간 본회의장은 환호로 가득 찼고, 대통령의 직무는 즉시 정지됐다.

윤석열 체포 노력과 사실상의 탈옥

시민의 피와 땀으로 막아낸 내란이지만, 책임자 처벌 과정은 어이없는 꼼수와 무책임으로 얼룩졌다. 가까스로 이루어진 윤석열의 구속기소, 그 후 법원의 구속 취소와 검찰의 항고 포기는 국민의 분노를 더욱 키웠다. 윤석열 체포 이후 진행된 사법부의 처리 과정은 사법 정의를 조롱하고 민주주의를 위협하는 결과를 낳았다.

사상 초유의 대통령 체포 작전

윤석열의 체포는 헌정사상 초유의 난항을 겪었다. 2025년 1월 3일, 공수처가 체포영장을 집행하려 했을 때 대통령경호처가 물리력으로 저지했다. 박종준 경호처장이 "공포탄을 쏘고, 필요하면 실탄까지 발포하라"라고 지시했다는 제보가 경호처 내부에서 흘러나왔다. 경호처는 철조망을 설치하고 살수차 지원을 요청했으나, 경찰청이 지원을 거부하면서 무산됐다.

경호처 직원들은 과도한 근무와 부당한 지시에 지쳐 있었고, 일부는 "저항하지 않겠다"라는 의사를 내비쳤다. 결국 공수처는 1월 15일 수 시간 대치 끝에 윤석열을 체포했지만, 그 과정은 군사작전을 방불케 했다. 내란 주도자가 경호처라는 방패 뒤에 숨은 모습은 그의 책임 회피 성향을 적나라하게 드러냈다.

구속기소까지, 그리고 무너진 수사 의지

체포 후 공수처는 1월 19일 구속영장을 발부받았고, 검찰은 1월 26일 윤석열을 내란 우두머리 혐의로 구속기소했다. 12·3 내란 발생 54일 만에 이루어진, 헌정사 초유의 현직 대통령 기소였다. 검찰은 김용현 등 공범 10명의 수사 결과를 토대로 "대면조사 없이도 혐의 입증이 가능하다"고 자신했다. 그러나 법원은 구속 기간 연장을 두 차례 불허했고, 윤석열은 조사 전 과정에서 진술을 거부했다. 공소장은 100여 쪽에 달했으나, 핵심 당사자의 진술이 빠진 상태에서 작성된 한계가 명확했다. 국민은 철저한 수사를 기대했지만, 검찰은 시간에 쫓겨 사건을 서둘러 넘겼다.

법원의 '시간 단위 계산': 구속취소의 황당한 이유

2025년 3월 7일, 서울중앙지법 형사합의25부(지귀연 부장판사)는 윤석열의 구속취소 청구를 인용했다. 그 이유는 놀라웠다. "검찰이 구속기간을 잘못 계산했다"라는 사상 초유의 논리였다. 재판부는 구속 기간을 '날짜'가 아닌 '시간 단위'로 계산해야 한다며, 체포적부심과 피의자 신문 기간을 포함할 경우 구속 기간은 1월 26일 오전 9시 7분까지인데, 공소 제기가 같은 날 오후 6시 52분경 이뤄졌으므로 구속 기간 만료 시기를 도과했다고 판단한 것이다.

또한 재판부는 "공수처의 내란죄 수사권이 불명확하다"라는 변호인 측 주장을 받아들였다. 이는 형사소송법과 기존 판례의 취지를 왜곡하며 윤석열에게 특혜를 부여한 결정이었다.

검찰의 항고 포기: 국민을 배신한 침묵

법원 결정 이후 검찰은 7일 이내 즉시항고할 수 있었다. 그러나 믿기 어렵게도 검찰은 항고를 포기했고, 윤석열은 곧바로 석방됐다. 국민적 비판이 거세게 일었다. "검찰이 왜 항고하지 않는가?"라는 의문이 터져 나왔다. "고의적이고 계산된 착오로 보인다"라는 비판이 쏟아졌다. 검찰은 "적법성 논란을 피하기 위한 결정이었다"라고 해명했지만, 설득력 없는 변명이었다. 구속취소 후 재구속에 법적 제한이 없었음에도 아무런 조치를 취하지 않은 검찰의 태도는 의혹을 키웠다.

윤석열은 석방 직후 관저로 돌아가 지지자들 앞에서 미소를 지었고, 극우 세력을 다시 결집하며 정치적 재기를 노리는 듯한 행보를 보였다.

　12·3 시민혁명은 시민이 맨몸으로 군 차량을 막아내며 지켜낸 민주주의였다. 그러나 윤석열의 체포, 구속, 석방 과정은 그 희생을 무색하게 만들었다. 체포는 경호처의 저항으로 혼란스러웠고, 구속기소는 미완성이었으며, 법원은 터무니없는 논리로 구속을 취소했다. 검찰의 항고 포기는 국민에 대한 배신의 정점을 찍었다.

2025년 4월 4일, 운명의 날

　헌재의 평결은 좀처럼 나오지 않았다. 우리는 3월 10~16일에는 윤석열이 파면될 것이라고 기대했었다. 그러나 늦어졌다. 온갖 불안과 두려움이 나라를 다시 뒤덮었다. 이미 불길한 조짐은 일찍부터 있었다. 1월 26일 윤석열 구속을 결정하기 위해 심우정 검찰총장이 전국 검사장 회의를 소집했다. 이건 또 뭐냐! 박세현 특별수사본부장이 구속하면 그만이지 뭘 검찰총장이 나서는가? 이미 긴 설 연휴를 앞두고 모두 긴장이 풀릴 대로 풀려버렸는데 토요일을 지나 일요일에 전국 검사장 회의를 한다고? 무슨 꼼수가 나올지 모를 일이다.

　나는 상황실장으로서 의원들 텔레그램 단톡방에 경계 경보를 울렸다. 점심시간 넘으면 뭔가 잘못되어 가는 것이다. 질질 끌다가 밤에 석방해버리면 끝장 아닌가? 대변인을 비롯해 적극적으로 입장을 내고 검찰에 경고해야 한다. 행정안전위원장은 국수본에 상황을 체크하고 검찰에 줄을 댈 수 있는 의원들은 모두 경각심을 갖고 뭐가 어떻게 되고 있는지 확인하고 바로잡아야 한다.

지방에 내려간 의원들, 수도권에 있더라도 각자 바쁜 개인 일정 때문에 집중력이 떨어졌지만 최고위원회 단톡방에서는 분주했다. 한민수 대변인이 "박 선배, 오늘 언론 브리핑만 네 번 했어요"라고 한다. 결국 김민석 최고위원도 국회소통관 기자회견장에 나타나 경고를 날렸다.

저녁 6시경 윤석열은 구속되었다. 손에 땀을 쥐었다. 정말 힘들었다. 누워 있었다. 몇 분 지나지 않아 전화가 왔다. 가급적 이른 시기에 보고 싶다는 의향이 주한외교사절단 가운데 한국 정치를 가장 잘 아는 최고위급 인사로부터 왔다. 좋다.

2월 4일 만났다. "윤석열이 언제쯤 탄핵당할 것이라고 생각하나?"라는 질문을 받았다. 나는 "3월 15일 전후라고 본다"라고 답했다. 그러자 그 외교관은 "그럴까? 윤석열 탄핵과 이재명 대표의 선거법 2심 재판 결과가 거의 비슷한 시기에 나올 것이다. 윤석열 - 이재명 동시 아웃! 이렇게 흘러갈 것 같다"고 말했다.

이게 무슨 소리인가. 그렇다면 3월 말까지 헌재 판결이 미뤄지고 이재명 대표의 2심 선고도 유죄로 나와서 피선거권을 박탈하겠다는 건데 결코 그런 일은 있을 수 없다고 장담했다. 그가 워낙 한국 보수층의 요로에 선이 깊숙이 닿아 있는 인물이라 무시할 순 없지만, 너무나도 황당한 전망에 아직 한국의 정치적 역동성에 익숙하지 않아 그러는가 보다 하고 넘어갔다.

하지만 그게 아니었다. 공군 전투기가 포천 한 마을에 포탄을 떨어뜨려 소동이 벌어졌다. 열심히 차를 몰고 현장을 가고 있는데 속보가 떴다. "윤석열 석방." 3월 7일 지귀연 부장판사가 시간 단위 구속기간 계산으로 풀어준다고 한다. 이게 도대체 뭐야? 조금 지나니 검찰에서 항고를 하면 아무 문제가 없단다. 그래 그렇겠지 했다. 그런데 검찰이 항고를 하지 않는다. 이런 경우가 있나. 다시 비상이다. 국회에서 대기하며 거의 매일 광화문으로 행진하며 집회를 한 달 가까이 이어갔다.

그런데 헌재 내부 동향에 대해 온갖 불길한 소문이 돈다. 주한 외교관의 말이 생각났다. "윤석열 - 이재명 동시 아웃!" 그런 계략을 펼치고 있군. 하루하루 쉽지 않았다. 잠을 잘 수 없었다. 불면의 밤이 이어졌다. 신경은 날카로워졌다. 이러다 정말 윤석열 탄핵이 기각된다면 어떻게 되는가? 젊은 층에선 "그러면 내전이다!"라고 하지만 그럴 수는 없는 일이다. 4월 4일 헌재 평결에서 탄핵이 인용되지 않고 계속 미뤄지면 헌법재판관 가운데 진보적인 2명이 물러난다. 보수가 우위를 점한다. 그리고 아무것도 하지 않거나 기각해버리면 끝이다.

3월 20일부터 다시 투쟁의 고삐를 최대치로 끌어올려야 했다. 3월 26일 이재명 대표 2심! 최대 희소식이 전해졌다. 이재명 대표 선거법 위반 무죄! 그런데도 윤석열과 그 주위 사람들은 헌재 기각을 확신하고 있다는 소문이다. 피가 마른다.

그러다 마침내 4월 4일로 헌법재판소의 평결 날짜가 확정되었다. 너무도 다행이었다. 그러나 늘 좋지 않은 상황을 염두에 두는 것이 이미 몸에 밴지라 걱정이 떠나질 않는다. 웃을 수 없었다. 기각되면 윤석열은 군을 동원할 필요도 없다. 감옥에 있는 내란 주동자들은 모두 석방될 것이다. 경찰은 민주당 인사 한 사람 한 사람을 체포하여 온갖 죄명으로 투옥시키고 또다시 인간 사냥에 나설 것이다. 언론을 비롯해 모든 이익 집단과 권력 기관들은 전면 공세를 펼칠 것이다.

　우리 손을 떠났잖아! 이제 운명의 주사위는 던져졌는걸. 슬퍼할 일도 크게 흥분할 일도 아니다. 역사는 그렇게 흘러가는 것. 각자 자신의 몫만큼 하다 가면 그만이지 뭘 더 하겠나. 4월 3일 밤, 나는 김민기의 〈늙은 군인의 노래〉를 얼마나 불렀는지 모른다. 눈에 따스한 물기가 볼을 타고 내린다. 내 아파트 밑으로 보이는 원적산 공원 불빛이 어느 때보다 정겨웠다. 독자 여러분들도 부디 한번 들어보시기 바란다. "군인"을 "투사"로 바꾸어서.

　　나 태어난 이 강산에 군인이 되어
　　꽃 피고 눈 내리기 어언 삼십 년
　　무엇을 하였느냐 무엇을 바라느냐
　　나 죽어 이 흙 속에 묻히면 그만이지
　　아 다시 못 올 흘러간 내 청춘
　　푸른 옷에 실려간 꽃다운 이 내 청춘

4월 4일은 벚꽃이 흐드러지게 핀 정말 아름다운 봄날이었다. 그러나 우리는 그 어느 때보다 긴장해 있었다. 국회 윤석열 탄핵소추단 일원인 나는 아침부터 방탄복을 챙겨 입고 이날 11시 헌법재판소의 윤석열 탄핵 심판 선고에 참석하기 위해 국회에서 가회

동으로 향했다. 화창한 날씨와는 달리 이날 헌법재판소 주변의 경계는 "삼엄하다"를 넘어 진공 상태에 가까웠다. 2017년 박근혜 탄핵 선고 당일 사망자가 나온 적도 있는 데다, 얼마 전 발생한 서울서부지방법원 점거 폭동으로 극우 시위대의 폭력이 도를 넘었다는 것이 명백해졌기 때문이었다.

헌법재판소도 헌법재판소지만 이때까지도 나를 포함한 민주당 의원들에 대한 극우 세력의 테러 위협은 멈출 줄 몰랐다. 특히 내란 진상규명에 누구보다 앞장섰던 나는 저들에게 눈엣가시 같은 존재였을 것이다. 하루에도 여러 번 날아오는 협박 문자 때문에 휴대전화를 열어볼 때마다 진짜 문자를 가려내느라 힘들었고, 2024년 12월 어느 날 새벽에는 괴한이 아파트 동 입구에서 우리 집 호수를 누르고 모니터 화면에 얼굴을 들이대고 간 적도 있었다. 이런 협박이 나의 행동을 움츠러들게 하지는 못했지만 그럼에도 불구하고 신경 쓰이는 것은 사실이었다. 특히 불과 10여 개월 전 이재명 대표의 생명을 노렸던 테러 상황을 생생히 기억하는 나는 아침마다 나도 모르게 목을 감싸는 옷을 골라서 입고 다녔다. 날카로운 칼에 이런 옷이 얼마나 효과가 있을까? 순전히 마음의 평안을 위해서였으리라.

그러던 어느 날 보좌관이 방검복을 구해왔다. 2주 후 주문 제작한 방탄·방검복이 도착하자 그것으로 바꿔 입혀줬다. 그리고 절대로 혼자서 다니지 말라고 신신당부했다. 법원의 말도 안 되는 결정으로 윤석열이 석방된 지난 3월 이후 장외 투쟁에 나섰을 때는 보좌진끼리 경호팀을 편성하여 나와 같이 다녔다. 내 경호팀은 어디서 구해왔는지 방탄 가방 2개를 들고 와서 유사시에 나를 둘러싸고 막는 훈련을 했고, 어떤 날에는 나를 급하게 차에 태워 대피시키는 훈련도 했다.

치안이 좋은 것으로 정평이 난 21세기 민주주의 국가 대한민국에서 국회의원이 방탄복을 입고 방탄 가방을 든 경호팀의 보호를 받고 다닌다는 것은 말도 안 되는 일이었지만 그때는 그만큼 상황이 엄중했다. 내란 주범들에게는 사형 아니면 무기징역밖에 없다. 그들은 탄핵을 당하지 않기 위해, 그리고 정권을 빼앗기지 않기 위해 무슨 짓이든 할 터였다. 계속해서 내란의 진상을 폭로하고 숨어 있는 관련자들을 찾아내서 처벌을 촉구하던 나는 그들이 제거하고 싶은 목표 중 하나였을 것이다.

선고 당일 헌법재판소 주변 경찰 차벽 바깥에는 탄핵 찬성 시위대와 탄핵 반대 시위대가 밀려들었다. 두 시위대의 분위기는 천양지차였다. 탄핵 찬성 시위는 마치 축제처럼, 문화제처럼 평화롭고 활기찬 분위기였던 반면, 극우세력이 점령한 탄핵 반대 시위는 욕설과 괴성으로 가득 찼다. 전날부터 격앙되던 극우세력의 시위 보도를 보던 보좌관이 걱정스러운 어조로 얘기했다.

"의원님, 아무래도 내일 헌재 가실 때 저희가 따라가야 할 것 같습니다."

"자네들은 재판소 안으로 못 가는데?"

"저희가 인근에서 대기하고 있다가 무슨 일이 나면 바로 치고 들어가서 의원님을 구출해 오겠습니다."

헌법재판소의 탄핵 선고에는 양측 변호인단과 국회 탄핵소추위원단만 들어갈 수 있었다. 이날 나는 다른 탄핵소추 위원들과 함께 국회에서 제공한 버스를 타고 헌법재판소로 이동했다. 내 경호팀은 내 차를 타고 헌법재판소에 접근할 때까지 접근한 다음 근처 카페에서 대기했다. 버스에서 옆자리 앉은 박범계 의원에게 말했다. "밤새 김민기 씨의 〈늙은 군인의 노래〉 불렀어요. 잘 되겠죠." 모두 탄핵이 인용될 것이라 믿고 있었지만, 일말의 가능성 때문에 말이 없다. 표정은 결연했다.

나중에 들은 얘기지만 이때 내 차에 온갖 장비들이 실렸다고 한다. 방탄 가방 2개, 방탄조끼 여분과 방독면, 전술응급처치키트 등 방호 장비는 물론이고, 휴대폰이 끊겼을 때 비상 통신용으로 쓸 생활 무전기 및 유사시 폭도들을 돌파하기 위한 삼단봉과 야전삽 등 장비가 실렸다. 심지어 장기간 고립될 상황에 대비해서 전투 식량과 많은 양의 물도 준비했다.

오전 11시, 드디어 운명의 순간이 되었다. 문형배 헌재 소장 권한대행이 결정문을 읽어 내려가는 동안 나는 눈을 감고 문장 하나하나의 의미에 집중했다. 초반에는 어떤 방향인지 종잡을 수 없었지만 5분여가 지나면서 윤석열이 왜 파면되는지 이유가 하나둘씩 나오기 시작했다. 기각이 안 되는 이유와 절차상 하자가 없다는 점을 꾹꾹 눌러 짜듯 "이 사건 탄핵 심판 청구는 적법하다."

이 대목에서 옆에 앉은 김기표 의원에게 낮은 목소리로 말했다. "됐다. 파면이다." 피청구인을 파면할 만큼 중대한 것인지 살펴보겠다며 선고는 정점을 향해 치닫는다. 나만 그렇게 느꼈을까? 문형배 소장의 목소리에 힘이 들어가고 조금씩 빨라졌다. "대통령의 권한은 어디까지나 헌법에 의해 부여받은 것입니다." 이제 윤석열은 끝났어. 아! 드디어 이분들이 나라를 살리는구나.

"피청구인의 법 위반행위가 헌법 질서에 미친 부정적 영향과 파급 효과가 중대하므로, 피청구인을 파면함으로써 얻는 헌법 수호의 이익이 대통령 파면에 따르는 국가적 손실을 압도할 정도로 크다고 인정됩니다."

'파면은 확실하구나.' 이제 재판관 만장일치로 주문을 선고한다. 오전 11시 22분.

"주문, 피청구인 대통령 윤석열을 파면한다."

전율과 함께 와! 탄성이 절로 터져 나왔다. 기자들 앞에서 소감을 말하는데 왜 그리 떨리던지. 4월 4일은 벚꽃이 흐드러지게 핀, 정말로 아름다운 봄날이었다. 서럽게 아름다운 그날은 오고야 말았다. 하늘은 또 왜 그렇게 파란가! 아! 이제 뭐하지? 자야지.

에필로그

그래도 남은 의문들

조희대의 법란: 윤석열의 마지막 승부수?

4월 4일 윤석열은 파면되었다. 이제부터 대선 국면이다. 모든 일이 순리대로 풀릴까? 절대 아니지. 가진 자들, 극우 보수세력에 포기란 없다. 끝날 때까지 끝난 게 아니었다.

5월 1일 새벽, 전화벨이 울렸다. 평소 잠을 제대로 잘 수 없어 이른 아침 전화를 받지 않으려고 무음으로 해놓는데, 이날 아침은 벨이 크게 울렸다. 윤석열 쪽을 잘 아는 선배의 다급한 목소리가 겨우 새벽잠에 들었던 머리를 망치로 때린다.

"이번 사건에 우리나라 최대 로펌의 A 변호사가 관여되었다는 정황이 있어 긴급히 전화했다. 이런 점에 대해 알고 있나?"

"전혀 모릅니다. 처음 듣는 얘기입니다."

"그것도 모르면 어떻게 하냐! A 변호사와 조희대 대법원장과의 관계도 모르냐?"

"몰라요. 들어보지도 못했습니다."

"서울 법대 친윤 검사 출신 4명과 다른 한 사람을 더해 윤석열 5인방이 있다. 그중 한 사람이다. 이 사람들이 이재명 대표를 후보직 박탈시키고, 한덕수가 정권 찬탈하려는 계획이다. 그런 라인이 작동한다는 것도 알지 못하고 어떻게 국회의원을 하냐. 3시 대법원 판결, 4시 한덕수 총리 사퇴 선언이라는 계획이 이해가 안 가? 윤석열이 쿠데타까지 일으켜서 영구 집권을 꾀한 사람인데 이 정도 할 거라고 생각을 못 했나? 소위 말하는 법조 카르텔의 기본 구조를 모르면 최악의 상상력을 발휘해도 너는 틀릴 거다. 두고 봐라. 일사천리 전광석화처럼 해치우니까."

"뭘 해치워요?"

"갑갑하네. 에이 젠장, 잘 들어요. 이재명을 후보에서 쫓아내는 쪽으로 이미 계획 다 세워서 철저하게 진행되고 있어. 대법원만 이렇게 빨리 갈 것 같냐? 고법도 빨리 간다. 지금 이재명 후보 날리기 공작이다. 이거는 최소한 3월 28일부터 시작된 거다. 이들이 이미 다 준비가 끝났다. 이재명 후보를 후보 자리에서 쫓아내는 걸로, 박탈하는 걸로 이미 계획이 다 세워져 있다. 그리고 최대한 빠른 시간에 집행에 들어간다. 정신 좀 똑바로 차려라. 큰일 났다. 에이 정말!"

그런데 그날 정말 그렇게 되고 말았다. 5월 1일 수요일 오후 3시, 조희대 대법원은 공직선거법 위반 혐의로 재판에 넘겨진 이재명 대표에게 무죄를 선고한 원심을 깨고 유죄 취지로 파기 환송했다. 그 직후 기다렸다는 듯 한덕수가 대선 출마를 위해 총리직을 그만둔다고 발표했다. 그리고 5월 2일. 고등법원에 파기환송 서류 송달, 합의 7부로 사건 배당, 재판기일 확정, 기일 통보 지시까지 모든 것이 하루 만에 끝났다.

갑자기 호흡이 턱 막히는 기분이었다. 사법의 원칙이 깨지고 어떤 광기 어린 집단의 힘이 작동했다. 그 힘이 결집해 기본 절차까지 다 무시해버리는 일이 현실이 되었다. 조희대의 범죄적 사법 반란은 윤석열의 불법 비상계엄도 없던 일로 만들고, 대한민국을 다시 유신 시절로 돌려놓을 수 있었다. 다행히 고등법원 합의7부에서 재판기일을 대선 이후로 연기한다고 발표했지만, 12·3 내란의 망령을 되살리려는 사법 반란의 불씨는 아직 꺼지지 않았다.

재판부의 기일 연기와 관련해서도 앞서 말한 제보자의 덕이 컸다. 이 책에선 그 비하인드 스토리에 대해 얘기하지 않겠다. 아직은 말할 수 없다. 계속 싸워야 하니까.

김건희의 역할은 무엇인가?

12월 3일의 불법적인 계엄 시도에서 김건희의 역할을 둘러싼 의혹은 여전히 끊이지 않고 있다. 윤석열은 '종북 반국가 세력 척결'을 명분으로 내세웠지만, 계엄의 실질적 기획과 실행은 노상원 등 군 출신 인물들이 주도했다는 정황이 이미 드러났다. 그렇다면 김건희는 이 과정에서 정말 몰랐던 것일까? 아니면 주술적 신념과 정보사 OB들과의 친분을 통해 간접적으로 연루되어 있었던 것일까?

김건희는 계엄 당일까지 조태용 국정원장과 연락을 주고받았다. 김건희는 윤석열의 정치적 결정을 좌우하는 '숨은 권력'으로 작용해왔다. 김건희의 주술적 신념과 노상원과의 연결 가능성은 이번 계엄 의혹의 핵심 중 하나다.

문건 작성자는 누구인가

최상목 부총리 겸 기획재정부 장관에게 전달된, 이른바 '최상목 문건'의 실체는 아직 명확히 밝혀지지 않았다. 다음은 2025년 2월 6일 국정조사특위의 국회 속기록 중 발언을 요약한 것이다.

박선원 위원: 그 문건 어떻게 접어서 호주머니에 넣으셨습니까?

증인 최상목: 접은 상태에서 받았습니다.

박선원 위원: 어떻게, 가로로 접었습니까, 세로로 접었습니까?

증인 최상목: 설명을 드리기는 그런데 쪽지 형태로 접었습니다. 접혀 있는 상태의 쪽지를 받았습니다.

박선원 위원: 그러면 접혀 있는 상태가 세로입니까, 가로입니까?

증인 최상목: 가로입니다.

박선원 위원: (접힌 종이를 들어 보이며) 이겁니까?

증인 최상목: 아닙니다.

박선원 위원: 가로?

증인 최상목: 가로로 두 번 정도 접혀 있고 또 한 번 더 접혀 있었습니다.

(중략)

박선원 위원: 이미 보시기도 전에 따르지 않겠다고 했는데 이 내용을 보니 더욱 말이 안 된다, 이런 말씀이신가요?

증인 최상목: 그 내용을 다 읽지도 않았습니다, 정확히 말씀드리면.

군 최고 서열 합참의장은 정말 몰랐었나

합참의장 김명수의 인지 및 개입 여부는 여전히 의문이다. 그러나 합참은 평시·국지도발·전시 상황에서 각 군 작전부대를 지휘·감독하며 합동작전을 수행하는 핵심 기관이다. 서울로 병력이 이동하고 국회 진입을 시도한 상황에서 합참이 이를 모를 수는 없다.

계엄 당일 707과 제1공수특전여단, SDT 등 280여 명이 국회로 투입되었다. 이러한 대규모 병력 이동은 합참의 KJCCS를 통해 실시간 모니터링되며, 지휘통제실 상황 팀의 기록으로 남았을 가능성이 높다. 굳이 따질 필요도 없이, 합참이 군의 이동 상황, 즉 수도 서울로 들어오는 병력을 파악하지 못했다는 건 말이 안 된다. 더구나 당시 2급 경계 태세가 발령되어 있지 않았는가.

결국 12·3 계엄에서 김명수 합참의장의 인지·개입 여부는 중대한 미해결 의혹이다. 더 나아가 합참의장의 군령권을 무시했다면 불법이고, 합참이 병력 이동을 몰랐다면 이 또한 불법이자 무능 또는 배제의 문제이고, 알았다면 보고 체계 붕괴와 직무 유기의 책임이 따른다.

강호필 지작사령관은 진짜 계엄과 무관할까

윤석열의 계엄 모의 모임에서 반복적으로 거론되는 인물이 강호필 지상작전사령관(육군 대장)이다. 의혹은 2024년 6월 삼청동 안가 회동에서 비롯된다. 이때 윤석열은 김용현, 여인형, 이진우, 곽종근, 강호필 등과 술자리를 가졌다. 김용현은 "이 네 장군이 대통령께 충성할 장군들"이라며 윤석열에게 소개했다. 당시 강호필은 4성 장군으로 합참 차장을 역임 중이었으며, 해군 출신 합참의장 김명수가 제외된 상황에서 육군 중심 내란 세력의 핵심으로 자리 잡았을 가능성이 있다.

12·3 계엄 당시 그의 역할도 의문이다. 김용현이 주재한 마지막 화상회의에 방첩·수방·특전사령관 외에 강호필이 참석했고, 합참의장이 아닌 지작사령관이 전방 통제를 맡았다는 주장도 있다. 한 언론 보도에 따르면 강호필 전 지작사령관은 노상원 전 정보사령관과 계엄 석 달 전부터 20여 차례 통화했다고 한다.

또한 11월 행적도 논란이다. 강호필(22~25일), 이진우(22~24일), 김용대 드론사령관(21~24일)이 동시에 휴가를 냈다. 계엄 직전 각 사령관의 이례적 동시 휴가는 모의 의혹을 낳았다.

놓쳐버린 초반의 진실 규명 기회

군 핵심 관계자들에게 증거인멸 시간이 충분히 주어진 점도 문제다. 김용현은 검찰 출석 전에 '집사' 양 모씨를 통해 공관에서 세절기로 자료를 파쇄하고, 노트북과 휴대전화를 망치로 파괴했다. 중요 증거는 이미 사라졌다. 12월 24일부터 방첩사를 비롯한 군 내부에서 자료가 대량 파기되기도 했다. 이는 실패한 내란의 책임을 회피하려는 시도로 볼 수 있다.

국방부와 합참, 직할부대에 대한 수사는 일반 정부 기관과 달리 복잡한 지휘·통신 체계와 비밀 관리 시스템 때문에 난항을 겪는다. KJCCS로 작성된 문건이 비문함에 보관되었거나, 웹미팅의 채팅으로 주요 명령이 전파되었을 텐데, 이에 대한 압수수색이나 수사가 제대로 진행되지 못했다. 결과적으로 수사는 카카오톡, CCTV, 군 관계자 진술에 의존할 수밖에 없었고, 핵심 증거가 은폐된 채 수사가 부실해질 위험이 커졌다. 단편적 증거만으로는 기소 유지도 어렵다.

이러한 맥락에서 국방부 합동수사단 구성은 절실했다. 육군 중심이 어렵다면 해군·공군 중심으로 수사 인력을 꾸리고, 방첩사·조사본부·군 검찰단·각 군 감찰·국방부 감사관실 등이 참여했어야 한다.

누가 포고령을 썼는가

김용현이 포고령 작성자로 지목된 결정적 단서는 그가 며칠 전부터 들고 다니던 노란 봉투였다. 그는 12·3 계엄 당일 노란 봉투에 포고령을 담아 박안수 육군참모총장에게 전달했으며, 포고령 내용은 이미 완성되어 있었다. 다만 그가 포고령을 '직접' 작성했다는 주장에는 한계가 있다. 그는 컴퓨터를 다루지 못하는 '컴맹'이기 때문이다. 포고령은 법적 조항을 포함한 복잡한 문서로, 설령 그가 구술했다고 해도 구성·검토·출력 과정에는 조력자의 지원이 필수적이다. 그 조력자가 누구인지는 확인되지 않았다. 당시 상황과 조문 작성 경위 등 세부를 알고 있을 것으로 추정되는 인물의 특정이 필요하다.

인멸된 증거들에는 무엇이 담겨 있었나

김용현의 '집사' 역할을 한 양○○은 계엄 직후 그의 지시에 따라 중요 증거를 인멸한 인물로 지목된다. 양○○은 3사령관(노상원·여인형·곽종근)과 김용현의 회동 당시 한남초등학교까지 차량으로 안내한 인물이었다. 계엄 준비 과정에서 실무 조력자로 활동했을 가능성이 높고, 컴퓨터 사용이 서툰 김용현을 대신해 전산작업이나 전자결재·서류 검토를 수행했을 개연성이 있다. 김용현은 작전본부장 시절 컴퓨터를 사용하지 않았고, 헌재 증언에서 1980년대 워드프로세서를 언급할 정도로 기술에 무지했다.

12월 5일 김용현 공관에서 "2층 서재 책상 위 자료 모두 세절하라"라는 지시를 받고 3시간 동안 세절기 통을 세 번 비울 만큼 문서를 파쇄했다. 또한 휴대전화를 파기·교체하라는 지시에 따라 망치로 파손했고, 서랍 속 노트북을 파괴하다 손가락을 다쳤다.

이 정황은 양 씨가 김용현의 문서 작성에 실질적으로 관여했을 가능성을 높인다. 포고령 1호와 같은 복잡한 법률 문건은 김용현이 구술하고 양 씨가 컴퓨터로 작성했을 개연성이 있다. 다만 양 씨는 이를 부인하며 침묵을 지키고 있다.

양 씨가 파기한 노트북과 휴대전화에는 무엇이 들어 있었을까? 포고령 초안, 국회 장악 계획, 언론 통제 지시 등이 저장되어 있었을 가능성이 크다. 또한 비화폰을 통한 윤석열·김용현·박성재 간 통신 기록이 남아 있었을 수도 있다. 이는 계엄 실행의 구체적 증거가 될 수 있었다. 양 씨의 증거인멸은 형법 제155조(증거인멸죄)에 해당한다.

글을 마치며

2025년 6월 3일, 이재명 대통령이 탄생했다.

지난하고도 힘든 과정이었다.

윤석열의 내란은 국민과 역사에 깊은 상처를 남겼다.

이 내란을 막아낸 것은 시민이었다. 국회로 달려온 시민들, 장갑차를 가로막은 사람들, 불법 명령에 저항한 군인들, 목숨 걸고 담을 넘은 국회의원들이 계엄을 멈췄다. 1980년 광주의 피로 지켜낸 민주주의가 2024년 내란의 밤을 구했다. 한강의 말처럼 "과거가 현재를 도왔고, 죽은 자가 산 자를 구했다." 이는 국민의 필연적 저항이자 민주주의의 저력이다.

대한민국 만세!
민주주의 만세!

* 이 책의 내용은 법원의 재판에 의해 판결로 확정되기 이전 정보에 기초한 것임을 밝힙니다.

부록

2024년 3월부터 비상계엄 선포와 해제까지

2024년 3월 29일	윤석열이 김용현, 신원식, 조태용, 여인형과 밥을 먹으며 "정상적인 정치 상황으로 가기 어려워졌다. 비상한 조치를 해야 하지 않겠는가?"라는 취지로 말했다.
4월 중순	김용현이 한남동 공관에서 여인형, 곽종근, 이진우와 식사하며 "노동계, 언론계 등 반국가 세력 때문에 나라가 어렵다"라고 시국 상황을 언급했다.
5월	여인형, 곽종근, 이진우가 강남에서 만나 비상조치, 즉 계엄의 현실성을 논의했다.
5~6월	윤석열이 김용현, 여인형과 삼청동 안가에서 만나 "비상대권이나 비상조치가 아니면 나라를 정상화할 방법이 없는가?"라고 말했다.
6월 중순	윤석열이 삼청동 안가에서 김용현, 여인형, 곽종근, 이진우, 강호필과 저녁을 먹었다. 김용현이 "이 4명이 대통령께 충성을 다하는 장군"이라며 소개했다.
8월 초	윤석열이 관저에서 김용현, 여인형과 만나 "사법 체계로는 정치인, 민주노총 관련자들을 어떻게 할 수 없다. 비상조치권을 써야 한다"라고 말했다.
8월 12일	윤석열이 김용현을 국방부 장관 후보자로 지명했고, 민주당은 "계엄 준비 인사"라고 비판했다.

8월 26일	대통령실 대변인이 "계엄령 준비는 근거 없는 괴담"이라고 일축했다.
9월 2일	김용현 국방부 장관 후보자 인사청문회에서 박선원 의원이 계엄 논의 여부를 묻자, 김 후보자는 "군도 따르지 않을 것"이라며 의혹을 부인했다.
10월 1일	국군의 날 시가행진 후 윤석열이 김용현, 여인형, 곽종근, 이진우와 국방부 장관 공관에서 만나 "특별한 방법이 아니고서는 해결할 방법이 없다"라고 말했다.
11월 24일	윤석열이 관저에서 김용현과 차담을 하며 야당 공천 개입 의혹, 이재명 재판 수사 관련 판검사 탄핵 가능성, 김용현 장관 탄핵 가능성 등을 언급하며 "특단의 대책이 필요하다"라고 말했다. 이에 김용현은 계엄 선포문, 대국민 담화문, 포고령 초안 준비를 시작했다.
12월 1일	윤석열이 김용현에게 "지금 만약 비상계엄을 하게 되면 필요한 것은 무엇이냐", "병력 동원을 어떻게 할 수 있느냐" 등을 물었다. 김용현은 "특전사·수방사 3,000~5,000명 정도 가능하다"라고 답하며 포고령 초안 등을 보고했다. 윤석열은 야간 통행금지 삭제 등 수정을 지시했다.
12월 2일	김용현이 수정한 초안을 윤석열에게 다시 보고했고, 윤석열은 별다른 수정 없이 "됐다"라고 말했다.

12월 3일 16시	김용현이 육군참모총장 박안수에게 "21시 40분 장관 대기실로 오라"고 지시했다.
12월 3일 저녁	윤석열과 김용현이 삼청동 안가에서 회동했고, 19시에 조지호 경찰청장과 김봉식 서울경찰청장을 호출했다. 윤석열은 국회, 탄핵, 특검, 예산 등을 언급하며 "비상계엄을 하겠다"라고 말했다. 김용현은 '22시 국회, 23시 민주당사' 등이 기재된 A4 용지를 나눠주었다.
12월 3일 20시 25분경	김봉식이 주○○ 서울경찰청 경비부장에게 전화해 야간에 사용할 수 있는 경찰 인력을 문의하며 "확인해서 준비시키라"고 말했다.
12월 3일 20시경	윤석열이 조태용 국정원장에게 전화했고, 통화 직후 강의구 부속실장이 조태용에게 '대통령실로 들어오라'는 지시를 전달했다. 윤석열은 홍장원 국정원 1차장에게도 "1~2시간 후 중요 이야기가 있으니 대기하라"고 지시했다. 이어 윤석열은 한덕수 총리, 박성재 법무부 장관, 김영호 통일부 장관, 조태열 외교부 장관을 대통령실로 호출했고, 김용현은 이상민 행안부 장관을 불렀다. 윤석열이 계엄 선포 계획을 밝히자, 한덕수는 만류하며 국무위원을 더 부르자고 건의했다. 이후 최상목 기재부 장관, 조규홍 복지부 장관, 오영주 중기부 장관, 송미령 농식품부 장관이 도착했고, 22시 17분부터 22시 22분까지 회의가 열렸다. 회의 중 김용현은 곽종근 사령관에게 병력 출동을 지시했다. 회의 후 윤석

	열은 "국무회의 심의도 했고 발표해야 하니 나는 간다"라며 자리를 떠났다.
12월 3일 22시 23분	윤석열이 대국민 담화문을 발표했고, 22시 27분 비상계엄이 선포되었다. 윤석열이 담화를 발표하는 사이 곽종근은 예하 지휘관에게 병력 출동 준비를 지시했다. 이상현 제1공수여단장에게 국회의사당과 의원회관 봉쇄 지시, 김정근 제3공수여단장에게 과천 선관위 청사 확보 지시가 내려졌다.
12월 3일 22시 27분	김용현이 여인형에게 전화해 "한동훈, 우원식, 이재명, 조국 등 10여 명 체포"를 지시하고, 경찰에 위치 파악 및 국회 출동을 명령했다. 문상호 정보사령관은 과천 선관위 인근 대기 중이던 요원들에게 청사 진입 및 서버실 점거 지시를 내렸다.
12월 3일 22시 28분	김용현이 합참 지하 전투통제실에서 전군 주요 지휘관 회의를 열었다. 김용현은 "이제부터 전군은 장관이 지휘한다. 명령 불복 시 항명죄로 처벌한다"라고 말하며, "수방사령관·특전사령관은 기존 임무를 정상적으로 수행하라"고 지시했다. 또 박안수 육군참모총장을 계엄사령관으로, 정진팔 합참차장을 계엄 부사령관으로 임명하고 계엄상황실 설치를 명령했다.
12월 3일 22시 30분	곽종근이 특수작전항공단장에게 헬기 출동을 지시했다. 같은 시각 정보사 요원 10여 명이 과

천 선관위 당직실에 진입해 당직자 및 방호원의 휴대전화를 압수했다.

12월 3일 22시 31분	곽종근이 김현태 707특수임무단 단장에게 헬기 12대로 병력을 태워 국회로 출동시키라고 지시했다. 김봉식이 조지호에게 "계엄 선포에 따라 기동대 병력을 배치하겠다"라고 보고했다.
12월 3일 22시 40분	김용현이 이진우 수방사령관에게 국회 출동 및 봉쇄, 계엄 해제 요구안 의결 저지를 지시했다.
12월 3일 22시 41분	조지호가 김○○ 경기남부경찰청장에게 과천 선관위와 수원 연수원 출입 통제를 지시했다.
12월 3일 22시 45분	이진우가 부대에 위병소 폐쇄, 장병 스마트폰 보관, 장갑차 배치, 국회 출동 준비를 지시했다.
12월 3일 22시 46분	김봉식이 국회 출입 전면 차단을 지시했다.
12월 3일 22시 47분	곽종근이 예하 부대장들에게 소총, 공포탄, 테이저건, 케이블타이 등을 휴대하되, 실탄은 대대장 이상이 보관하고 비화폰만 소지하라고 지시했다.
12월 3일 22시 48분	특수작전항공단이 서울 상공 진입 비행 승인을 요청했으나 목적을 설명하지 못해 보류되었다.
12월 3일 22시 50분	곽종근이 김세운 특수항공단장에게 헬기 출동 재지시를 내렸다.
12월 3일 22시 53분	윤석열이 홍장원 1차장에게 전화해 "이번 기회

	에 싹 다 정리하라. 방첩사를 도우라. 필요한 자금·인력은 무조건 지원하겠다"라고 말했다.
12월 3일 22시 55분	김봉식이 국회의원 3~4명의 출입 시도 상황을 보고받고 참모들과 법률 검토를 진행했다.
12월 3일 22시 59분	김봉식이 조지호에게 "계엄 선포와 담화만으로 국회의원 출입을 금지할 법적 근거가 없다"라고 보고했다.
12월 3일 23시	이진우가 출동 준비 상황을 점검하고 국회로 출발을 지시했다. 여인형은 김대우 방첩수사단장에게 합동수사본부 구성 및 14명 체포, 수방사 벙커 이송을 지시했다.
12월 3일 23시 4분	707 대원들을 태우기 위한 특수작전항공단 헬기 12대가 특전사령부로 출동했다. 김대우 단장은 체포조 편성을 지시했다.
12월 3일 23시 6분	김봉식이 국회의원·출입증 소지자의 출입을 일시 허용하라고 지시했다. 같은 시각 홍장원과 여인형이 통화했다. 여인형은 "체포 대상자 명단이 나왔는데 소재 파악이 안 된다"며 홍장원에게 지원을 요청했다.
12월 3일 23시 7분	이진우가 김봉식에게 계엄군의 국회 진입 협조를 요청했고, 김봉식이 군 출입 허용을 지시했다.
12월 3일 23시 9분	과천경찰서 등 115명이 과천 선관위 정문을 봉쇄하고 출입 통제에 들어갔다.

12월 3일 23시 17분	수원 서부서 등 111명이 선관위 연수원 출입을 봉쇄했다.
12월 3일 23시 19분	제2특임대대가 수방사를 출발했고, 23시 22분 707특임단이 헬기에 탑승해 국회로 출동했다.
12월 3일 23시 23분	박안수 계엄사령관이 포고령 1호를 발령했다. 윤석열은 조지호에게 포고령 하달을 알리라고 박안수에게 지시했다.
12월 3일 23시 28분	박안수는 김용현의 휴대전화로 조지호에게 경찰력 증원과 국회 출입 차단을 요청했다.
12월 3일 23시 30분	윤석열이 조지호에게 국회의원을 포고령 위반으로 체포하라고 지시했다.
12월 3일 23시 31분	곽종근이 이진우에게 헬기 진입 승인을 요청했고, 이진우는 이를 계엄사령부에 전달했다. 3분 뒤 박안수가 헬기 진입을 승인했다.
12월 3일 23시 32분	정보사 대원 10명이 과천 선관위 통합관제실로 이동해 근무자들의 휴대전화를 압수하고 전산실을 촬영한 뒤 폐쇄했다. 방첩사 수사조정과장은 경찰 100명과 호송차 지원을 요청했다.
12월 3일 23시 36분	조지호가 김봉식에게 포고령에 따른 국회 전면 통제를 지시했다.
12월 3일 23시 37분	김봉식이 국회 전면 통제를 지시했다.
12월 3일 23시 40분	윤석열이 곽종근에게 헬기 위치를 묻고 출동을

	서두르라고 지시했다.
12월 3일 23시 42분	제3공수여단 본대 병력 118명이 무장 상태로 출동했고, 후속 병력 22명은 탄약을 적재해 뒤따라 이동했다. 수방사 경비단과 대테러 부대, 제9공수여단도 동시에 출동했다.
12월 3일 23시 49분	707특임단 96명을 태운 헬기 12대가 국회 후면 운동장에 착륙했고, 김현태 단장이 국회 후문 봉쇄를 시도했다.
12월 3일 23시 50분	김용현이 곽종근에게 707특수임무단 추가 투입을 지시했다.
12월 3일 23시 54분	김봉식이 정치 활동 금지를 포함한 추가 지시를 내리고, 국회의원 및 보좌진·사무처 직원의 출입도 금지하도록 명령했다. 경찰은 기동대·차량을 총동원해 국회를 완전히 봉쇄했다.
12월 3일 23시 55분	여인형이 방첩사 1처장에게 선관위 전산센터를 통제하고 서버를 복사하거나 탈취하라고 지시했다.
12월 3일 23시 57분	제1공수특전여단 병력이 국회로 출동했다.
12월 3일 23시 59분	김현태가 국회의사당 정문 봉쇄를 시도했다.
12월 4일 0시 4분	수방사 군사경찰단이 국회에 도착했다.
12월 4일 0시 5분	제9공수여단 133명이 선관위 연수원으로 출발했다.

12월 4일 0시 20분	윤석열이 곽종근에게 "정족수가 안 채워졌으니 국회의사당 문을 도끼로 부숴서 의원들을 끌어내라"라고 지시했다. 김용현도 "국회의원이 150명이 넘지 않도록 막아라"라고 말했다.
12월 4일 0시 24분	제3공수여단이 관악 선관위에 도착했고, 수방사 대테러 특임부대가 담을 넘어 국회에 진입했다.
12월 4일 0시 24분	우원식 국회의장이 본회의장에 착석했다.
12월 4일 0시 30분	윤석열이 이진우에게 "아직도 못 들어갔냐. 문을 부수고 의원들을 끌어내라. 총을 쏴서라도 부숴라"라고 재차 지시했다. 제1공수 병력 48명도 무장한 채 담을 넘어 국회로 진입했다.
12월 4일 0시 34분	김현태를 포함한 707특임대가 국회의사당 유리창을 깨고 내부로 침투했다.
12월 4일 0시 38분	김대우 방첩수사단장이 이재명 등 3명에 대한 체포를 명령했다.
12월 4일 0시 39분	수방사 군사경찰단 후속 부대가 국회 인근에 도착했고, 제9공수여단이 과천 선관위를 점거했다.
12월 4일 0시 45분	제1공수여단이 실탄 5만여 발을 탄약 차량에 적재했고, 제9공수여단은 관악 선관위 경내를 점거했다.

12월 4일 0시 48분	707특임단 제2제파 병력을 태운 헬기 12대가 국회에 착륙하기 시작했다.
12월 4일 0시 49분	비상계엄 해제 의결을 위한 국회 본회의가 개의되었다.
12월 4일 0시 50분	제3공수여단이 여론조사 꽃 건물 앞에 도착해 외부 출입을 통제했다. 윤석열은 다시 국회의사당 문을 부수고 의원들을 끌어내라고 지시했다. 같은 시각, 곽종근이 김현태·이상현에게 "대통령께서 필요하면 전기라도 끊으라고 지시하셨다"라고 전달했고, 방첩사령부도 국회·선관위·여론조사 꽃으로 출동을 시작했다.
12월 4일 01시 01분	계엄 해제 요구안이 본회의에 상정되었다.
12월 4일 01시 03분	국회의원 190명이 찬성해 계엄 해제 요구안을 의결했다.
12월 4일 01시 15분	제3공수여단 제12대대가 수원 선관위 연수원에 도착했다.
12월 4일 01시 18분	707특수임무단 병력 101명이 국회 도착을 완료했다.
12월 4일 01시 40분	수방사 군사경찰단이 국회에 담을 넘어 진입했다.
12월 4일 01시 45분	김봉식이 경찰 철수를 지시했고, 방첩사령부 방첩수사단도 복귀를 시작했다.

12월 4일 02시경	과천 및 수원 선관위에 배치된 경찰이 선관위 출입 통제를 종료했다.
12월 4일 02시 13분	김용현이 곽종근에게 선관위 병력 재투입을 문의했지만, 곽종근은 "이미 병력이 철수했고 재투입은 어렵다"라고 보고했다.
12월 4일 04시 26분	윤석열은 비상계엄 해제를 발표했다.
12월 4일 04시 32분	한덕수가 국무회의를 주재해 비상계엄 해제안을 의결했고, 국방부가 병력 복귀를 발표하며 계엄이 종료되었다.

결코 물러설 수 없다
박선원의 12·3 내란 추적기

초판 1쇄 2025년 12월 3일 발행
초판 5쇄 2026년 1월 5일 발행

지은이 박선원
펴낸이 김현종
기획총괄 배소라 **출판본부장** 안형태
편집 최세정 진용주 황정원 김수진 장진경
디자인 조주희 김연주 **마케팅** 김예리 신잉걸
방송사업·미래전략본부 정태준 문상철 이주리 백범선 남궁주철 김대준

펴낸곳 (주)메디치미디어
출판등록 2008년 8월 20일 제300-2008-76호
주소 서울특별시 중구 중림로7길 4
전화 02-735-3308 **팩스** 02-735-3309
이메일 medici@medicimedia.co.kr **홈페이지** medicimedia.co.kr
페이스북 medicimedia **인스타그램** medicimedia
유튜브 medici_media

ⓒ 박선원, 2025
ISBN 979-11-5706-497-7 (03300)

이 책에 실린 글과 이미지의 무단 전재·복제를 금합니다.
이 책 내용의 전부 또는 일부를 재사용하려면 반드시 출판사의 동의를 받아야 합니다.
파본은 구입처에서 교환해 드립니다.